Siegfried Hetz

Wandern mit Weitblick im Lungau

Erlebnis Salzburger Land Band 2

Siegfried Hetz

Wandern mit Weitblick im Lungau

Erlebnis Salzburger Land Band 2

VERLAG ANTON PUSTET

Impressum

Bibliografische Information der Deutschen Nationalbibliothek
Die Deutsche Nationalbibliothek verzeichnet diese Publikation in der Deutschen Nationalbibliografie; detaillierte bibliografische Daten sind im Internet über http://dnb.d-nb.de abrufbar.

Grafik, Satz und Produktion: Tanja Kühnel
Lektorat: Markus Weiglein
Druck: Florjančič tisk d.o.o.
Gedruckt in der EU

ISBN 978-3-7025-1061-9

www.pustet.at

Inhaltsverzeichnis

Ein Collier aus Tälern: Auf der Südseite der Schladminger Tauern

Im südöstlichsten Eck: Tamsweg und seine Umgebung

Sanfte Höhen, milde Kuppen: Wandern in den Nockbergen

Wo der Bach zum Fluss wird: Beidseits der Mur entlang

In bester Nachbarschaft: Am Rand der Hohen Tauern

Anhang

Mit Weitsicht zum Weitblick

Bewegung ist Leben. Dieser Satz hat das Zeug, zu einer Maxime, zu einem Leitsatz des persönlichen Handelns zu werden. Er bezieht sich auf viel mehr als nur auf das Gehen von einem Ziel zu einem anderen. Nicht das Anhäufen von Kilometern und das Abarbeiten einer Liste von Touren und Routen soll uns in den Bann ziehen, sondern eine umfassende und nachhaltige Wahrnehmung der Besonderheiten eines Ortes oder einer Region. Nur wenn ich um das Besondere weiß, achte ich darauf und kann mir so im Gehen die Welt neu erschließen. Dabei können die Ausschnitte dieser Welt klein und banal, einzigartig oder pompös sein: Wenn sie mich zum Staunen bringen, bereichern sie mich, erweitern meinen Horizont und verschaffen mir mehr Weitblick.

Wandern wird zu einem nachhaltigen Erlebnis, wenn „alles passt" und der Mensch sich nicht über die äußeren Umstände erhebt. Das jeweilige Wetter ist dann ein guter Begleiter, wenn ich die Tour den entsprechenden Bedingungen anpasse und nicht dem Irrtum erliege, dass es sich „schon irgendwie ausgehen wird". Schuld an manch vermeidbaren Wandertragödien trägt nicht die Natur, sondern der Mensch, der sich nicht angemessen verhält.

Je besser ich informiert bin, umso mehr erlebe ich. Wenn ich eine richtige Vorstellung von der Länge der Strecke, von den zu überwindenden Höhenmetern und sonstigen Herausforderungen habe, kann ich mich voll und ganz auf die unmittelbare Wahrnehmung meiner Umwelt konzentrieren, um die Gerüche wahrzunehmen, die Tierwelt zu beobachten oder mich ganz simpel über die Schönheit der Natur zu freuen, die mich von einem Moment auf den anderen erfasst und mich mit offenem Mund staunen lässt.

Damit „alles passt", muss ich auch richtig ausgestattet sein. Das beginnt bei der Bekleidung, umfasst die elektronischen Geräte ebenso wie Wanderstöcke, Sonnenbrille und die jeweils richtige Kopfbedeckung. Ist der Proviant ausreichend, sind die Wasserflaschen gefüllt und allenfalls auch alle Medikamente und das Heftpflaster für alle Fälle eingepackt? Ist das Mobiltelefon eingeschaltet und der Akku aufgeladen? Auf Schusters Rappen unterwegs zu sein, ist ein etwas antiquiertes Bild für das, was heute unter Wandern verstanden wird. Aber es ist ein wichtiges Bild, um uns bewusst zu machen, dass wir auf die richtigen Schuhe zu achten haben. Je weniger Übung und Erfahrung für die Bewegung in alpinen Landschaften vorhanden sind, umso besser sollte das Schuhwerk sein. „Besser" heißt in diesem Zusammenhang kompakter, und zum kompakten Schuh gehört eine Sohle mit entsprechendem Profil. Wenn ich mit dem jeweiligen Untergrund richtig in Kontakt komme, schützt mich das auch vor flüchtigen Fehlern, die fatale Folgen haben können.

Der Klimawandel macht sich im Gebirge deutlich bemerkbar. Wasserknappheit auf Hütten ist eine Folge davon, Ausschwemmungen nach Starkregen und Felsstürze können zu massiven Beeinträchtigungen der Wege führen. Die Schäden, die durch die Auflösung von Permafrost entstehen, sind hier noch gar nicht berücksichtigt. Sperren und Umleitungen sind zu befolgen – und Warnungen vor Steinschlag nicht auf die leichte Schulter zu nehmen. Bereits ein Stein in der Größe eines Tennisballes kann im freien Fall – trifft er einen Menschen – zu schweren Verletzungen führen.

Die 45 beschriebenen Wanderungen, Ausflüge, Spaziergänge und Radtouren sind als Leitfaden und Hinweisgeber gedacht, um den Lungau als Ganzes wie auch im Detail mit seiner faszinierenden Bergwelt, die durch die imposanten Täler und einer charakteristischen Kulturlandschaft geprägt wird, kennenzulernen oder neu zu entdecken. Neben den Burgen und zahlreichen Höfen, die sich mit vielen verschiedenen Gesichtern zeigen, sind es die sogenannten Troadkästen – die Vorratskammern früherer Jahrhunderte –, welche die Rolle des sprichwörtlichen i-Tüpfelchens übernommen haben.

Dafür wurde der eigenwilligste Bezirk des Landes in sechs Regionen eingeteilt: Wir bewegen uns zwischen Riedingtal und Obertauern, wandern im Süden der Schladminger Tauern, erkunden Tamsweg und seine Umgebung, dann die Nockberge, spazieren entlang der Mur und gelangen schließlich bis zu den Ausläufern der Hohen Tauern. Wegen der speziellen geografischen Lage des Lungaus ist eine Anreise mit der Bahn nicht primär zu empfehlen – weshalb in diesem Band im Bereich der öffentlichen Verkehrsmittel der Fokus auf den Regionalbussen liegt.

Einen intensiven Moment der Wahrnehmung für die Ewigkeit einfangen zu wollen – dieser Wunsch des Menschen bildet sich im wahrsten Sinne des Wortes auf allem Bildlichen ab, das reicht von prähistorischen Felszeichnungen über klassische Gemälde und Graffitis bis zur Fotografie und dem verführerischen Selfie, das der optimalen Wirkung wegen zu waghalsigen Schritten herausfordert. Wir wissen aber, dass am Ende des Tages entscheidend ist, welche Bilder in unseren Köpfen sind.

Wo sich Burgen, Bergseen und Brauchtum ein Stelldichein geben

Der schönste Weg in den Lungau führt über den Radstädter Tauernpass, der auf 1 738 Metern liegt und sich ideal als Empore anbietet. Das Land von oben zu erkunden, öffnet den Blick und die Wahrnehmung, aus der der Weitblick erwächst. Außerdem dient die Passhöhe als Ausgangspunkt einiger sehr lohnenswerter Touren, allen voran ins Lantschfeld und zu den Schönalmseen, die mit Nachdruck belegen, welche Naturschönheiten der Lungau zu bieten hat.

Weil es hinunter immer schneller geht als hinauf, steht man rascher vor den Mauern der Burg Mauterndorf, als zu erwarten war. Mächtig steht sie da und offensichtlich stolz auf ihre große Geschichte, die letztlich bis auf die Römer zurückgeht. Seit Neuestem gibt es eine stählerne Zugbrücke, die Teil eines neu angelegten Burgenweges ist und auf die Bedeutung der Mautburg verweist. Der Transit von Nord nach Süd ist ein wesentlicher Aspekt in der historischen Entwicklung des Bezirks „entan Tauern". Der Weg über Radstadt und weiter über den Tauernpass war jahrhundertelang die einzige Verbindung zwischen der Residenzstadt und der von der Welt abgeschiedenen Gegend, die sonst nur von der Steiermark aus zu erreichen war.

Das erzbischöfliche Interesse am Lungau lag zum einen am bedeutenden Handelsweg und zum anderen an den Erzadern, die über mehrere Jahrhunderte die Kassen klingeln ließen. Mauterndorf hat vom Bergbau besonders profitiert, weil hier die Verarbeitung des Eisenerzes stattfand, praktisch das Ende des Wertschöpfungsprozesses, wo gemeinhin am meisten herausspringt. Die stattlichen Bürgerhäuser mit den charakteristischen Treppengiebeln bilden diesen einstigen Wohlstand bis heute sehr eindrücklich ab. Die Burg Mauterndorf, Traumburg des jugendlichen Hermann Göring, die für ein paar Jahre sogar in seinem Besitz war und wo er die letzten Tage in Freiheit verbrachte, ehe er von US-amerikanischen Soldaten in Gewahrsam genommen wurde, erzählt neben Moosham und Finstergrün Jahrhunderte Lungauer Geschichte, die von den fürsterzbischöflichen Landesherren geprägt wurde.

15 Gemeinden sind es, die sich die Landesfläche untereinander aufgeteilt haben – von Muhr im Westen, deren Einzugsgebiet noch zum Nationalpark

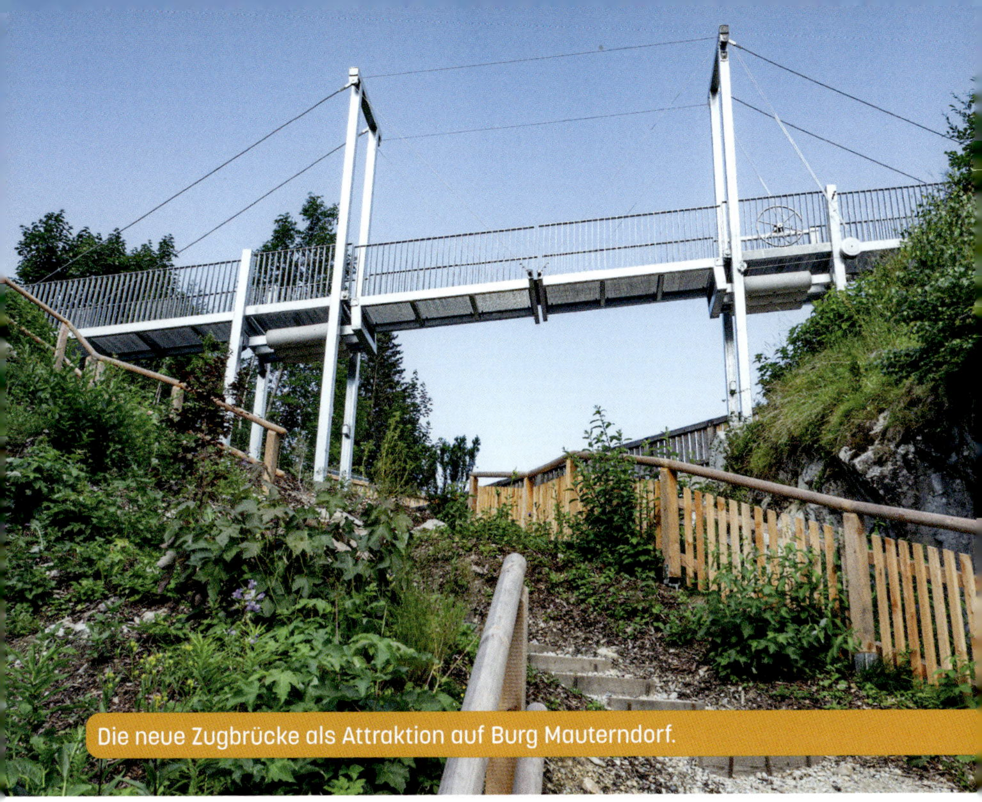

Die neue Zugbrücke als Attraktion auf Burg Mauterndorf.

Hohe Tauern zählt, über Mariapfarr im Norden, die sich ab 2023 Marktgemeinde nennen darf, und Ramingstein im Südosten, das als einziger Ort des Lungaus unter der Höhe von 1 000 Metern liegt, bis St. Margarethen am Fuße der Nockberge; und dazwischen liegt Tamsweg, der Bezirkshauptort mit slawischen Wurzeln. Die Topografie des Bezirks präsentiert sich so einfach wie eindrücklich. Der Zentralraum bildet den Handteller ab und die Täler gehen davon strahlenförmig ab und reichen bis auf eine Höhe von weit über 2 000 Metern, wo die vielen Bergseen wie funkelnde Edelsteine ruhen und dem Ganzen eine Krone aufsetzen, wie man es kein zweites Mal zu sehen bekommt.

Der Zentralraum nimmt nur einen kleinen Teil der Grundfläche für sich in Anspruch, der überwiegende Bereich zieht sich durch die langen Täler hinauf bis zu den Satteln, Graten und Kämmen. So kommt es, dass der Lungau, dessen Grundfläche mit gut 1 000 Quadratkilometern fast gleich groß ist wie die des Flachgaus, nur etwa 20 000 Einwohner hat, während der Flachgau seit Kurzem mehr Einwohner als die Stadt Salzburg zählt und nach wie vor Zuwachsraten zu verzeichnen hat.

Bilder von Orten, die an den Rändern ausfransen und deren Grenzen verschwimmen, kennt der Lungau nicht oder nur an wenigen Punkten. Das ist eine wesentliche Besonderheit des Bezirks und ein deutlicher Ausdruck dessen, dass man hier Bewusstsein und Augen dafür hat, die Größenverhältnisse zu wahren. Was wiederum Voraussetzung dafür ist, das Bestehende in seiner Besonderheit zu erfassen und höchst behutsam dem Lauf der Zeit anzupassen.

2022 sind es zehn Jahre her, dass der Biosphärenpark Lungau gegründet wurde, der es sich zur Aufgabe gemacht hat, Gesellschaft, Wirtschaft, Tourismus und Kultur auf dem gemeinsamen Weg in die Zukunft zu begleiten. Es hat sich etwas getan, es tut sich etwas. Wenn wir vor zehn Jahren noch geschrieben haben, dass es sich mit dem Lungau ein wenig verhält wie mit dem Frosch, der eigentlich ein Prinz sein könnte, dem Ganzen aber nicht so traut und es deshalb vorzieht, doch alles so zu belassen, wie es ist, dann überwiegen heute die Geschichten von jenen Fröschen, die sich mit einem beherzten Sprung in ein neues Bewusstsein selbst überrascht haben.

Von der Sonne verwöhnt und mit einer Luftqualität gesegnet, die ihresgleichen sucht, ist die Region südlich der Niederen Tauern und nördlich der Nockberge, zwischen den Hohen Tauern sowie Preber und Gstoder im Osten eine Musterlandschaft zum Wandern und Radeln. Das Auge muss sich in dieser Gegend gehörig anstrengen, um etwas Störendes zu finden. Deshalb wird der Lungau von den Insidern auch so geliebt. Wer ihn bislang nicht kannte, kommt aus dem Staunen nicht heraus, und wer wiederkommt, stellt recht bald fest: Wenn es ihn nicht gäbe, müsste er erfunden werden.

Die 45 beschriebenen Wanderungen, Ausflüge, Spaziergänge und Radtouren sind wie ein Notizzettel voller Anregungen und Ideen zu verstehen, die dabei helfen und unterstützen sollen, den Lungau mit all seinen Besonderheiten, überraschenden Momenten und beglückenden Eindrücken kennenzulernen. Dieses Unterfangen lässt sich keineswegs in einigen Wochen oder gar Tagen erledigen. Es bedarf einer gewissen Zähigkeit – den Hauern gleich, die in den vielen Lagerstätten nach Erz schürften –, um in der Annäherung an den Kosmos Lungau Fortschritte zu erzielen. Aber besteht nicht darin der besondere Reiz in der Aneignung alles Neuen? Reich an armen Lagerstätten wurde die Gegend einst beschrieben, als hier noch Bergbau betrieben wurde. Reich an beglückenden Plätzen, Wegen, Menschen und Geschichten nennen wir sie heute und freuen uns, dass es ihn gibt – den Lungau.

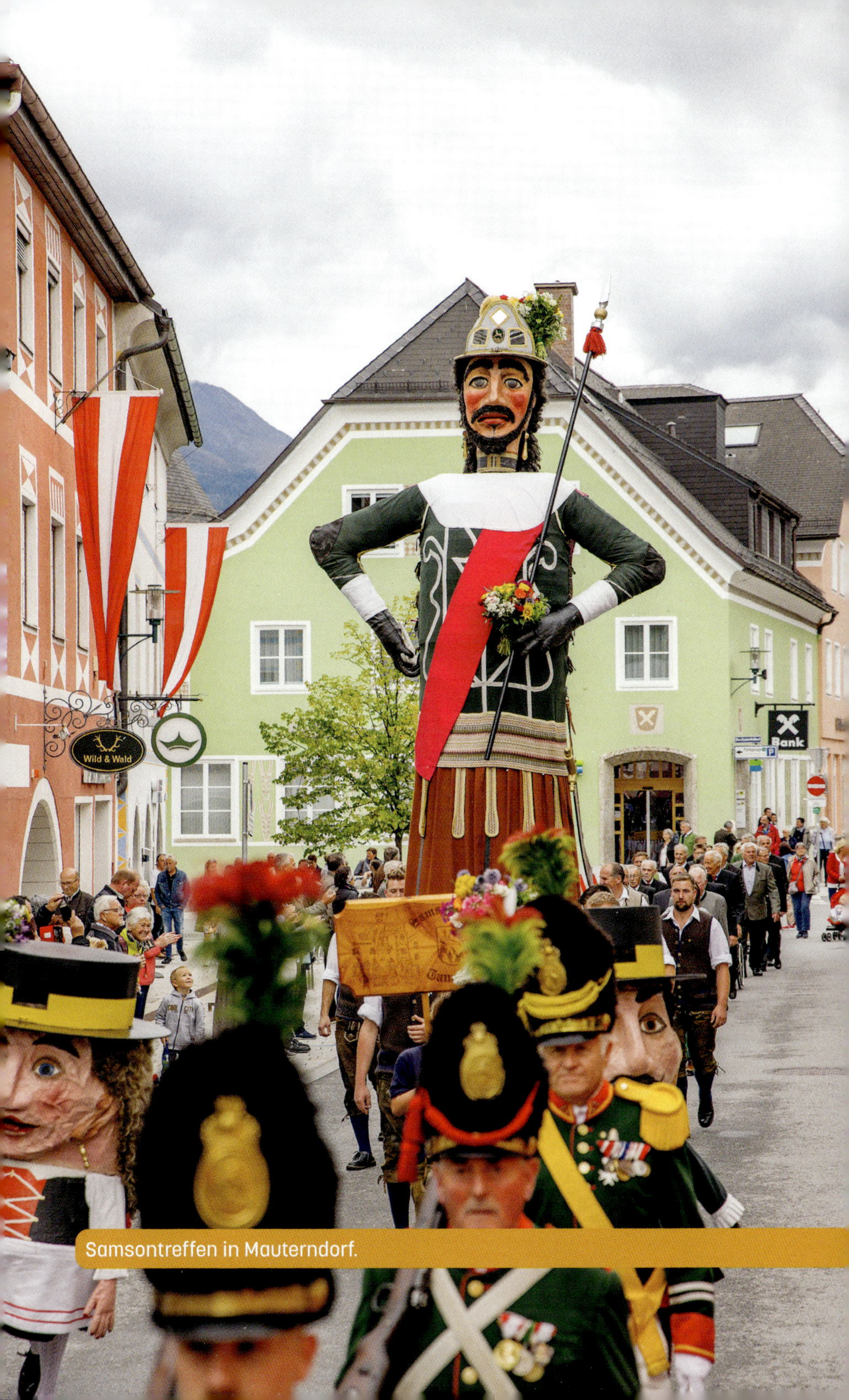

Samsontreffen in Mauterndorf.

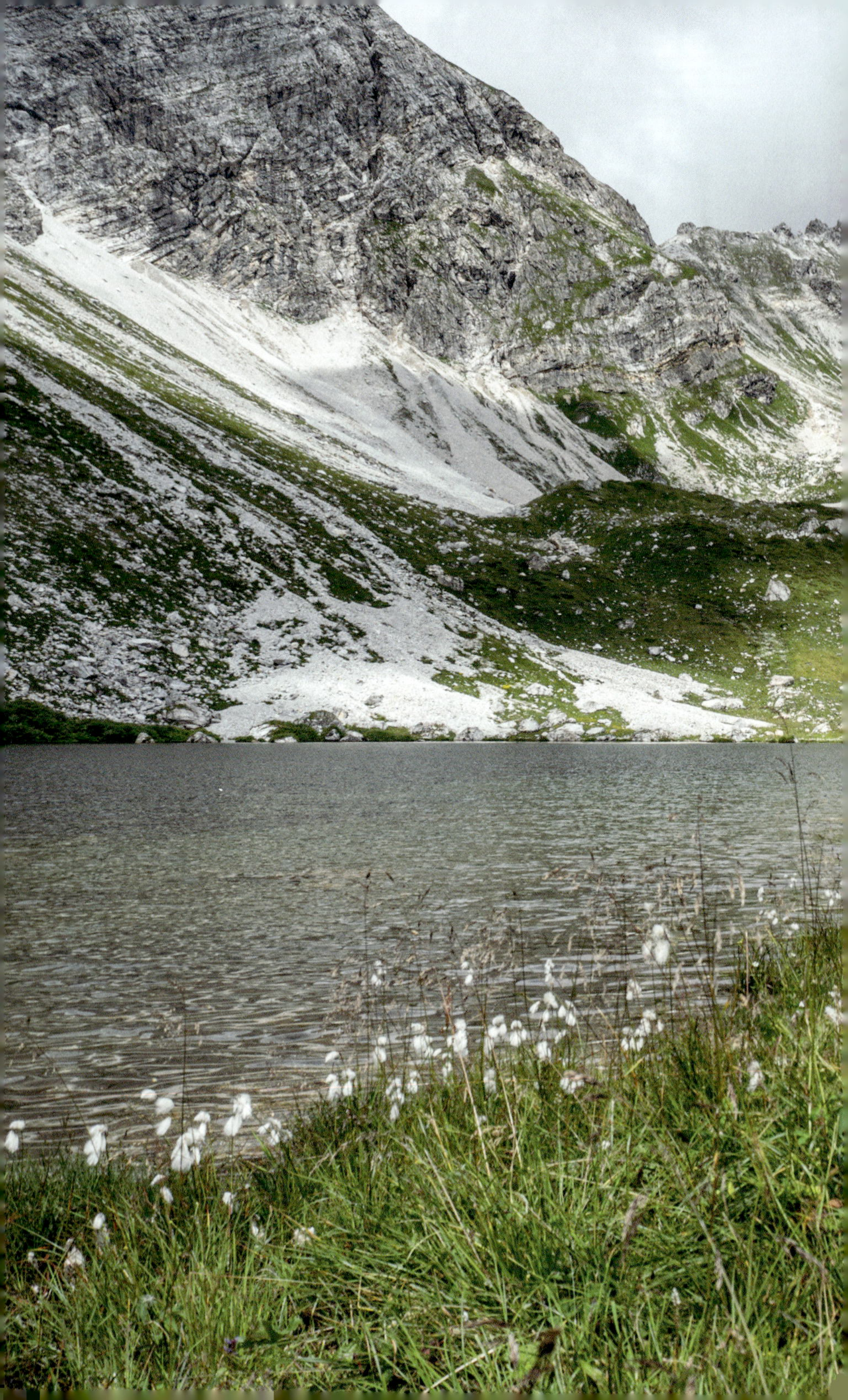

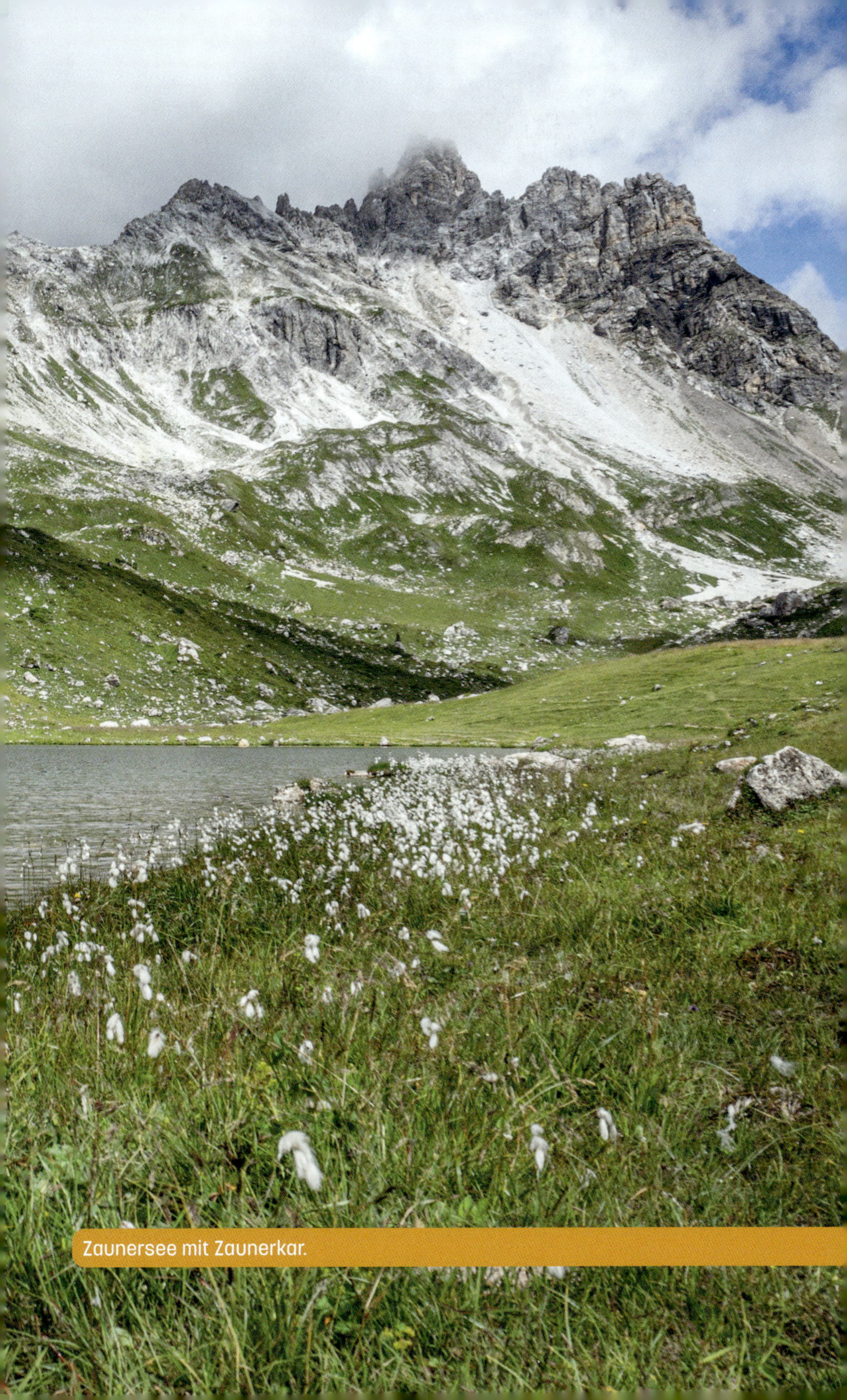

Zaunersee mit Zaunerkar.

Auf alten und neuen Wegen

Zwischen Riedingtal und Obertauern

Der einzige direkte Weg der Lungauer in die frühere Residenz- und spätere Landeshauptstadt Salzburg war beschwerlich und im Winter nicht selten tagelang unpassierbar. Die Route führte über den Radstädter Tauernpass, dessen Scheitelstrecke auf 1738 Meter Seehöhe liegt. Gestern wie heute verbindet die Radstädter Tauernstraße (B 99) Mauterndorf auf der Lungauer und Radstadt auf der Pongauer Seite – und es ist nach wie vor der schönste Weg, um in den Lungau zu kommen. Schneller geht es freilich über die Tauernautobahn, die seit Mitte der 1970er-Jahre in Betrieb ist.

Die erste Begegnung mit dem Lungau nach der Fahrt durch den knapp sieben Kilometer langen Tauerntunnel ist Zederhaus. Der Legende nach bedeutete früher die sogenannte Zederhauser Umkehr das Ende der Welt. Zederhaus ist die mit 130 Quadratkilometern größte Gemeinde des Lungaus. Das gleichnamige Tal erstreckt sich von der Einmündung des Zederhausbaches in die Mur bis hinauf zum Kamm der Radstädter Tauern, wo es an die Pongauer Gemeinden Flachau, Hüttschlag und Kleinarl grenzt. Im Osten grenzt Zederhaus an das südliche Taurachtal und damit an das Gemeindegebiet von Tweng.

Untrennbar mit dem Zederhaustal ist der Naturpark Riedingtal verbunden, der sich vom Nebelkareck im äußersten Südwesten bis zum Mosermandl im Nordosten erstreckt und insgesamt eine Fläche von 36 Quadratkilometern umfasst, wobei die östlichen Ausläufer über dem südlichen Tunnelaustritt enden. Auf dem Weg von Flachauwinkl in südlicher Richtung ist es das 2 680 Meter hohe Mosermandl, das einen fast magisch anzieht. Mindestens ebenso spektakulär ist der Blick vom Riedingtal gegen Norden auf den wohl bekanntesten Berg der Radstädter Tauern.

Das spektakuläre Hochtal stellt sich als eine vielfältige Naturlandschaft mit Almen, Bergwäldern, Bergwiesen, bizarren Felsformationen sowie Seen, Tümpeln, Mooren und dem ungeregelten Riedingbach dar. Der Schlierersee und die spitz aufragende Pyramide der 2266 Meter hohen Riedingspitze zeigen sich beim Betreten des Naturparks ganz unvermittelt und können als Appetitmacher wahrgenommen werden. Die Wanderwege im Naturpark reichen von Erlebniswegen fast zu ebener Erde über Höhenwege auf etwa

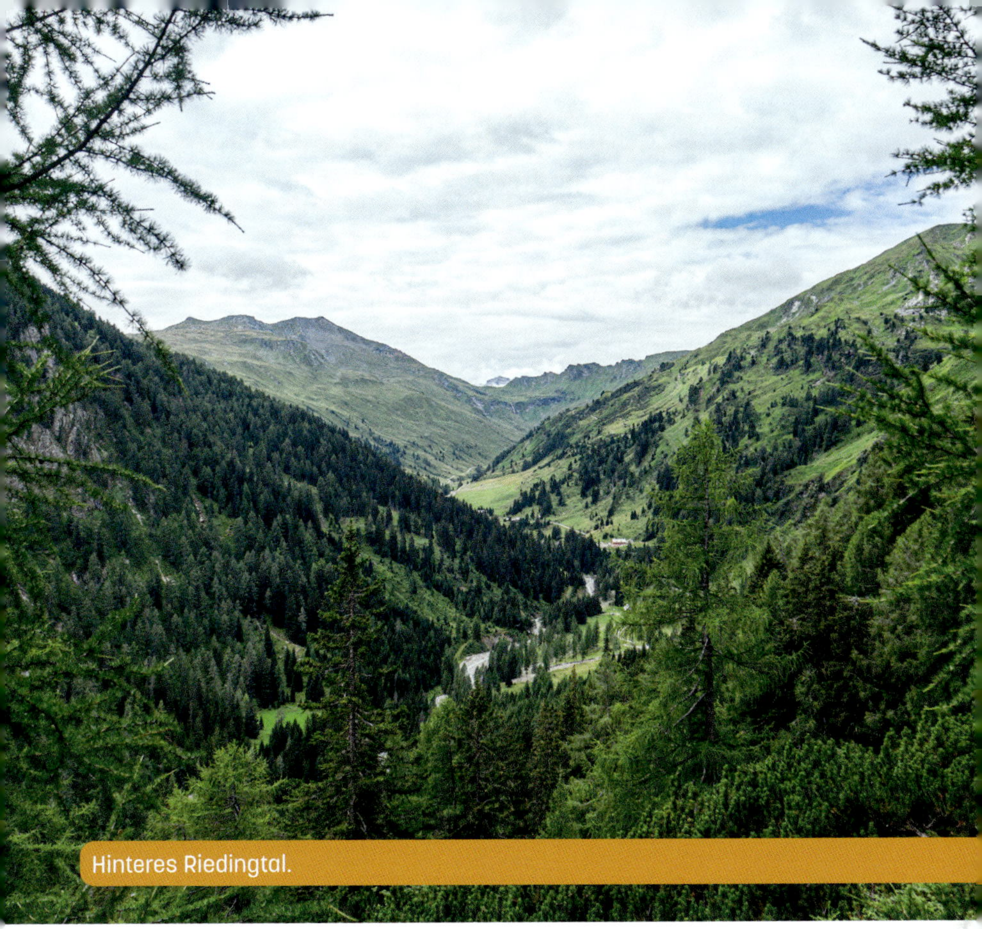

Hinteres Riedingtal.

2000 Metern bis zu den hochalpinen Routen. Ein größerer Kontrast als zwischen dem Naturpark und dem Wintersportzentrum Obertauern ist kaum vorstellbar – und trotzdem liegen beide Welten nur eine Tageswanderung voneinander entfernt. Je weiter man sich jedoch vom Skizirkus im Sommerkleid entfernt, desto stärker entfaltet sich auch der Charme dieser Wanderregion, die sich noch dazu unkompliziert mit dem des Weißpriachtales verbinden lässt.

Geht es von Obertauern auf der Passstraße in Richtung Süden, fährt man durch die kleine Gemeinde Tweng, um dann schneller als erwartet und ganz unvermittelt die Burg Mauterndorf vor sich zu sehen, die seit dem Frühjahr 2022 die Besucher vom Norden her mit einer stählernen und in der Sonne glänzenden Zugbrücke empfängt, die händisch hochzuziehen wäre, sollte Gefahr drohen. Die Marktgemeinde Mauterndorf ist der älteste Markt des Bezirks und ein Kulminationspunkt der Lungauer Geschichte in jeder Hinsicht.

1 Naturpark zum Kennenlernen

Almenweg im Riedingtal

Regionalbus 270, ab Zederhaus Autobahnanschluss; Tälerbus 772, Haltestelle Schliereralm · 12 km (hin und zurück) · 4 h · 250 hm · Naturparkhaus · Zauneralm

Almenwanderung mit Tälerbus

Das Riedingtal zählt zu den imposantesten Tälern des Lungaus, aber auch zu den bekanntesten. Das mag zum einen am Naturpark liegen, der den Bekanntheitsgrad einer Region hebt, das hat andererseits aber auch sehr viel damit zu tun, dass es sich dabei um ein Hochgebirgstal mit Autobahnanschluss handelt. Unmittelbar nach dem Tauerntunnel steht das entsprechende Hinweisschild.

Der 2002 gegründete Naturpark Riedingtal ist vieles in einem, vor allem aber eine ideale Gegend zum Wandern und Kennenlernen alpiner Landschaften und ihrer Besonderheiten. In diesem Fall sind es Almen, die in der heimischen Landwirtschaft nach wie vor eine wesentliche Rolle spielen. Allein im Lungau gibt es rund 350 bewirtschaftete Almen, wo die Nutztiere – allen voran Kühe – seit Jahrhunderten ihre Sommerferien verbringen. Almwirtschaft bedeutet aber nicht nur die tägliche Versorgung der Tiere und die Verarbeitung der Milch, Almwirtschaft bedeutet immer auch Pflege und Erhaltung unserer unvergleichlichen alpinen Kulturlandschaft. Sie hilft eine Verödung der Böden und damit die Gefahren von Muren- und Lawinenabgängen zu verhindern oder deren Auswirkungen zumindest zu mildern. Deshalb kann die Bedeutung der Almwirtschaft gar nicht hoch genug eingeschätzt werden, dies vor allem auch in Hinblick auf die aktuelle Situation der klimatischen Veränderungen auf Grund der Erderwärmung. Wenn die Temperaturen im Tal steigen, kommt den Almen noch mehr Bedeutung zu.

Ein Naturpark ist nicht nur als geschützter Erholungsraum ausgewiesen, sondern dient auch dem Schutz der Natur und hat weiters die Aufgabe, ein Motor der Regionalentwicklung zu sein. Darüber hinaus übernimmt er auch Bildungsaufgaben und wird zum Gegenstand der Wissenschaft.

Dass das Leben auf der Alm gesund ist, wissen wir seit Langem. Das hat vor allem mit der Luft zu tun. Es gibt aber noch ein paar zusätzliche Komponenten, die die Präsenz auf einer Alm zu einem Kuraufenthalt machen. Welche Phänomene dabei eine Rolle spielen, wird im Rahmen eines

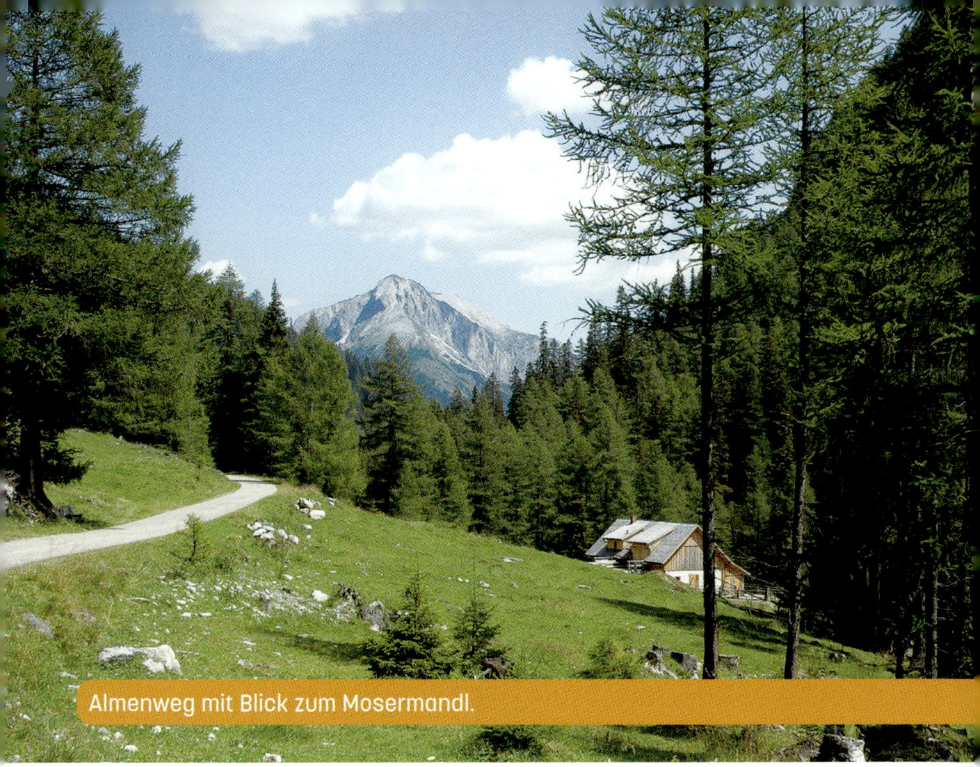

Almenweg mit Blick zum Mosermandl.

wissenschaftlichen Forschungsprojekts der Paracelsus Medizinische Privatuniversität Salzburg untersucht. Es handelt sich dabei um die weltweit erste Studie, die herausfinden will, ob und wie sich das menschliche Mikrobiom – damit ist die Gesamtheit aller menschlichen Mikroorganismen gemeint – verändert, wenn wir uns länger zwischen Milch und Kuhmist aufhalten, um es knapp zu formulieren.

Mit all diesen Gedanken im Rucksack machen wir uns auf den Weg zu unserer Almwanderung, die beim Nationalparkhaus beginnt, zuerst am Schlierersee vorbeiführt, in dem sich bei passendem Wetter die imposante Riedingspitze mit ihrer stattlichen Höhe von 2 266 Metern spiegelt, um anschließend auf dem Wanderweg 742 entlang des Riedingbaches taleinwärts zu gehen. Der Hintere Riedingbach hat im Laufe der Jahrtausende eine sehr urwüchsige Bachlandschaft geschaffen, die die Aufmerksamkeit der Besucher auf sich zieht. Die gesamte Wegstrecke bis zur Örgenhiasalm beläuft sich auf etwa sechs Kilometer. Wer sich für weitere Details über den Naturpark interessiert, wird bei jeder Almhütte fündig, wo jeweils ein anderes Thema präsentiert wird.

Auf dem Rückweg kann der Tälerbus jederzeit angehalten werden. Wer sich für den Fußmarsch entscheidet, hat talauswärts das Mosermandl im Blick, und östlich davon türmt sich die 2 518 Meter hohe Zwillingswand auf.

2 Ausblick vom Balkon

Karwanderung mit Seenbegleitung

Regionalbus 270, ab Zederhaus Autobahnanschluss; Tälerbus 772, Haltestelle Schliereralm 10 km 4 h 550 hm Franz-Fischer-Hütte Karseen

Tagestour – auch für Anfänger mit Grundkondition

Das 2680 Meter hohe Mosermandl bildet den nördlichen Abschluss des Naturparks. Südlich des imposanten Bergs sind im Verlauf der Gebirgsbildung mächtige Kare entstanden. Von Osten nach Westen sind das neben dem Moserkar noch das Gruber- und Zaunerkar. Die Wanderung entlang der Karschwelle macht deutlich, was Kare auszeichnet und wie sie sich entwickelt haben. Das Kar hat schon dem Namen nach etwas Umschließendes, leitet es sich doch vom althochdeutschen „Kar" ab, was so viel wie „Gefäß" oder „Geschirr" bedeutet. Bei Karen handelt es sich meist um ebene oder muldenartige Böden, die von einer steilen Rückwand halbkreisförmig umschlossen werden. In den Mulden bilden sich meist Karseen, was hier auch beim Jakober-, Gruber- und Zaunerkar der Fall ist. Der Karriegel, auch

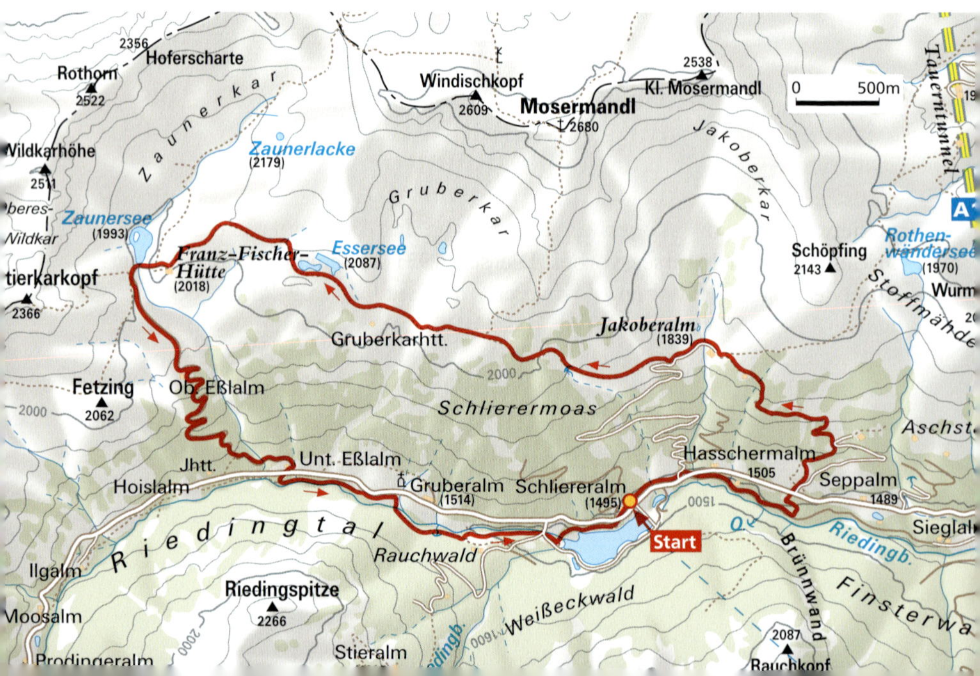

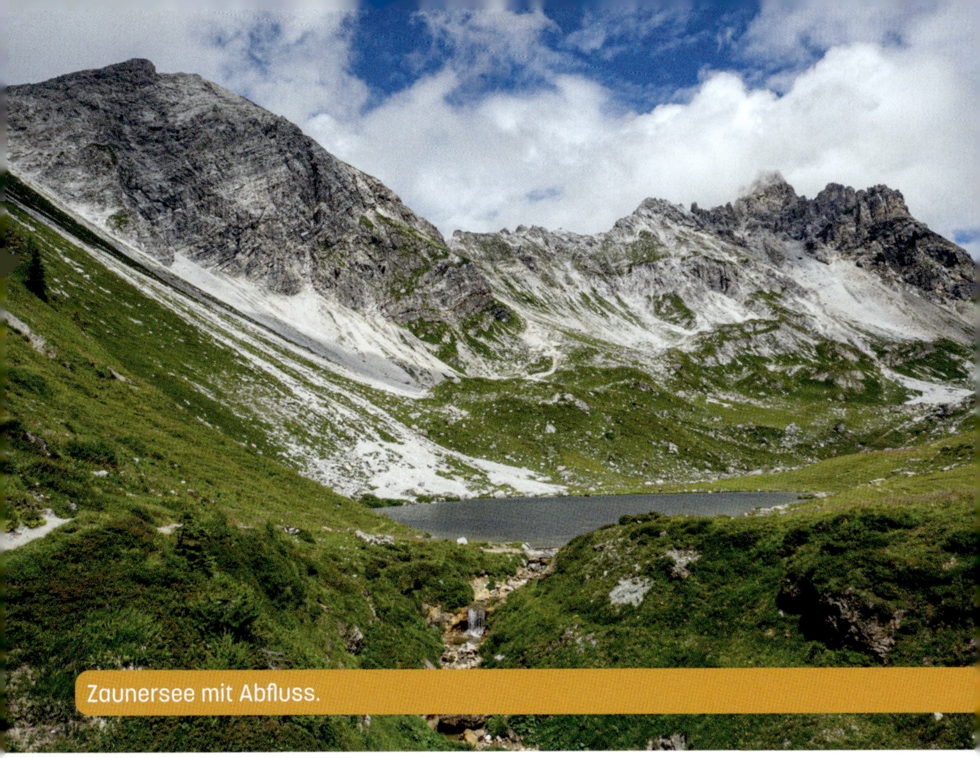

Zaunersee mit Abfluss.

„Karschwelle" genannt, auf und vor dem der Weg verläuft, ist meist mit lockerem Material bedeckt. Je nach Seehöhe säumen Blumen oder steiniges Geröll den Abschnitt. Was aber vor allem zählt, ist die grandiose Sicht auf den gesamten Naturpark – wie von einem Balkon.

Wir starten mit dieser Tagestour, die im Naturpark als „Kleine Riedingtalrunde" ausgewiesen ist, beim Naturparkhaus. Dabei orientieren wir uns nach Norden und an der Beschilderung „Richtung Jakoberalm". Sie liegt auf 1839 Meter Seehöhe unterhalb des gleichnamigen Kars, und über ihr thront das Mosermandl, umgeben vom Kleinen Mosermandl und vom Windischkopf.

Auf dem stetig ansteigenden Wanderweg 702 setzen wir unsere Tour fort, passieren dabei das Jakober- und Gruberkar und kommen auf dem letzten Drittel noch am Essersee vorbei. Die seit 1931 bestehende Franz-Fischer-Hütte des Österreichischen Alpenvereins darf auf keinen Fall links liegen gelassen werden. Sie wurde in den Jahren 2012 und 2013 komplett neu gebaut, ihre Küche bietet fast ausschließlich vegane und vegetarische Gericht an.

Wir verlassen die Hütte in südlicher Richtung, passieren dabei den Boden des Zaunerkars, der vom gleichnamigen See ausgefüllt wird. In Serpentinen geht es über den Weg 711 zur zentralen Route durch das Tal zurück. Die letzte Etappe bis zum Eingang des Naturparks wird je nach Lust und Laune zu Fuß oder mit dem Tälerbus zurückgelegt.

3 Eine kleine Runde für alle

Einmal um den Schlierersee herum

Regionalbus 270, ab Zederhaus Autobahnanschluss; Tälerbus 772, Haltestelle Schliereralm · 3 km · 1 h · 50 hm
Aussichtsplattform Brünnwandquellen · Schliereralm

Familienspaziergang

Wandern hat viele Facetten. Für die einen steht die Bewegung im Fokus, weil das zu ihrem Lebensstil gehört, die anderen verbinden die Bewegung mit dem Erlebnis Natur und freuen sich über die Begegnungen mit der jeweiligen Fauna und Flora. Wiederum andere kommen nur dann zum Wandern, wenn die Zeit gekommen ist, um Pilze zu sammeln oder nach Beeren Ausschau zu halten. Die richtig sportliche Variante ist das Wandern bis zum Gipfel hinauf. Der Lohn ist die innere Genugtuung und die Freude über den Blick in die Ferne, vor allem aber auch nach unten. Eine ausgedehnte Wanderung mit Gipfelblick muss für gar nicht so wenige Menschen ein Wunsch bleiben, weil es ihnen aus unterschiedlichen Gründen versagt bleibt, mobil zu sein. So vielfältig die Facetten beim Wandern sind, so unterschiedlich findet auch die Begegnung mit der Natur statt. Manchmal genügt schon ein Spaziergang, um dem Wunsch nach „frischer Luft“ zu entsprechen.

Der Schlierersee am Eingang zum Naturpark bietet die ideale Kulisse für einen Familienausflug, der ältere, gebrechliche oder immobile Menschen einschließt. Alle wesentlichen zentralen Orte wie Infozentrum und Almbetrieb sind nah beieinander und die Wanderung rund um den See ist auf eine Stunde angelegt. Auch wer generell noch wenig Erfahrung mit dem Wandern und dem Aufenthalt in freier Natur hat, ist hier gut aufgehoben und bekommt erste Informationen: über den Betrieb von Almen und ihre Bewirtschaftung, über Fauna und Flora und insbesondere auch über Jagd- und Wildtiere.

Neben dem Parkplatz „Hundbühel“, der etwa einen Kilometer vom Zugang zum Schlierersee entfernt ist, wurde eine Aussichtsplattform errichtet, die einen Blick auf das Naturdenkmal „Brünnwandquelle“ auch für nicht mobile Menschen freigibt. Das Besondere an diesen Quellen, die seit 1973 als Naturdenkmal ausgewiesen sind, ist, dass es sich um direkt aus dem Felsen sprudelnde Bächlein handelt, deren Wasser dann im freien Fall nach unten purzelt, da die Wand schroff nach hinten abfällt.

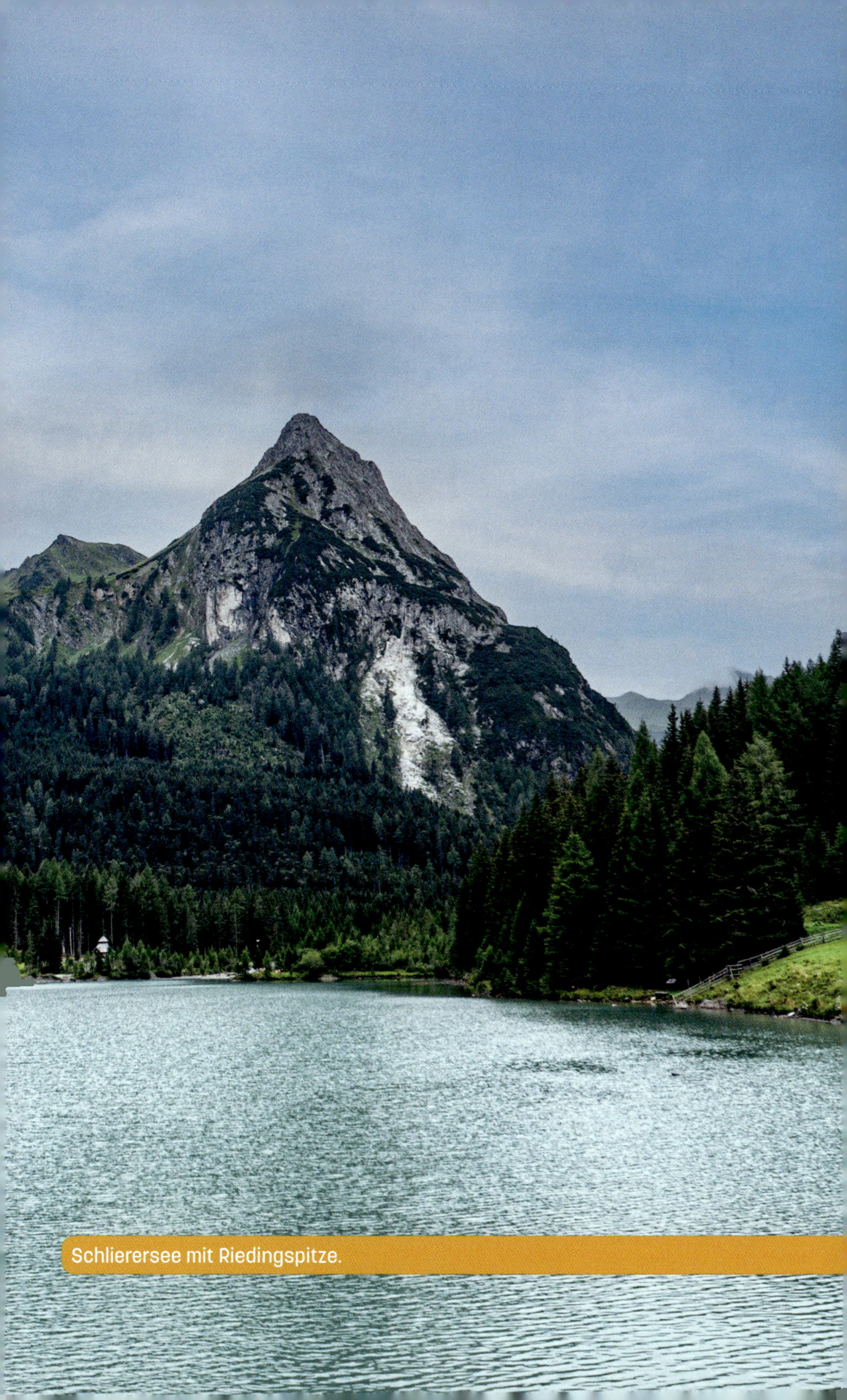

Schlierersee mit Riedingspitze.

4 Die Autobahn schnell vergessen

Zum Mühlbachsee

Regionalbus 270, Zederhaus-Autobahnanschluss; Tälerbus 772, Haltestelle Denkmalhof · 12 km (hin und zurück) · 5 h · 650 hm · Denkmalhof Maurergut · Bartlalm

Tagestour mit imposantem Ausblick

Es ist ein langer Weg, der durch das Zederhaustal führt. Das ist einem heute kaum mehr bewusst, wenn man auf der Autobahn unterwegs ist, die die Gegend zum verkehrsreichsten Tal Österreichs werden ließ. Hier die Verkehrslawine, dort das enge Tal, das früher nur einen weiterführenden Weg kannte – den nach „Michee", womit St. Michael gemeint ist. Heute könnte man überspitzt formulieren, dass der Naturpark Riedingtal im hintersten Zederhaustal der einzige mit Autobahnanschluss ist. Entsprechend groß ist der Besucherandrang an schönen Sommertagen. Das Tal ist so vielfältig, dass es ausreichend Alternativen anzubieten hat. Eine davon ist die Wanderung zum Mühlbachsee, die wir beim Denkmalhof Maurergut in der Ortschaft Gries beginnen lassen. Diese Tour zeigt, wie eng im Zederhaustal die Zivilisation des 21. Jahrhunderts – verkörpert durch die Trasse der Tauernautobahn – mit den Kulturgütern vorangegangener Jahrhunderte verbunden ist.

Der Denkmalhof Maurergut gilt als typisches Beispiel eines Lungauer Einhofes, der sich dadurch auszeichnet, dass Wohn- und Wirtschaftsgebäude unter einem Dach untergebracht sind. Außen besteht das Ensemble neben dem kombinierten Wohn- und Wirtschaftsgebäude aus einer Mühle, einem Vorratskeller für die Aufbewahrung von Lebensmitteln und dem Troadkasten, in dem Saatgut sowie Speck und zuweilen auch Geld für Katastrophenfälle aufbewahrt wurden. Außerdem steht vor dem Haus ein Brunnen, neben dem ein Kräutergarten angelegt ist. Innen sehen die Besucher neben den verschiedenen Stuben und Kammern auch eine Rauchküche und ein Rosskammerl sowie mehrere Schlafkammern. In der sogenannten Pfeifenberger-Stube wird drei bekannten Zederhausern gedacht, die nicht nur denselben Namen tragen, sondern auch miteinander verwandt sind: Es handelt sich um den legendären und für seine Volksnähe bekannten Pfarrer und Geistlichen Rat Valentin Pfeifenberger, um die österreichische Fußballlegende Heimo Pfeifenberger sowie um Rainer Pfeifenberger, Weltmeister im Eisstock-Zielschießen. Der Denkmalhof begnügt sich aber nicht nur mit der

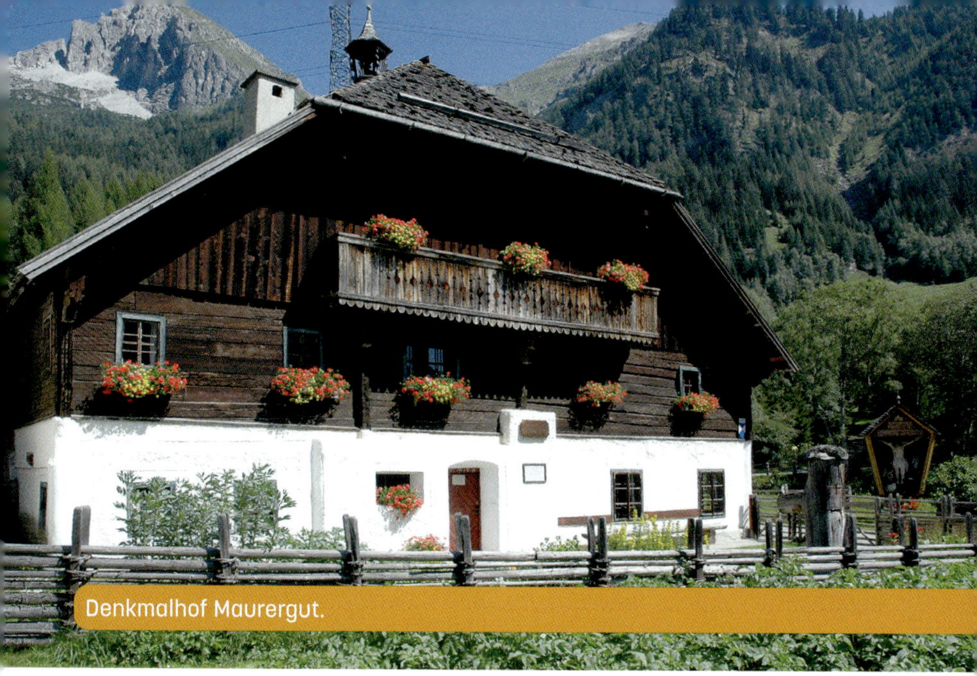

Denkmalhof Maurergut.

Rolle eines Museums, sondern ist vor allem auch ein lebendiges Zentrum des kulturellen Lebens im Tal und über dessen Grenzen hinaus.

Während der Denkmalhof das gesamte Jahr über geöffnet ist und ein breites Spektrum an Veranstaltungen anbietet, empfiehlt sich die Tour zum Mühlbachsee hinauf nur in der Zeit zwischen Juni und September und an schönen Tagen. Weil sich das letzte Stück, was die Steigung betrifft, ziemlich herausfordernd gibt, sollte die Tour nur bei trockenem Wetter unternommen werden.

Wir lassen den Denkmalhof links liegen, gehen unter der Autobahn durch und biegen anschließend bei der Kreuzung links ab. Unmittelbar danach stoßen wir auf einen Forstweg, der auf der rechten Seite in den Wald hineinführt. Auf diesem bleiben wir ein gutes Stück, bis wir zur ersten Alm kommen, die zufällig auch den Namen Pfeifenberger trägt. Kurz davor vereinigen sich Forstweg und Steig, der von Mühlbach heraufführt. Nach weiteren eineinhalb Kilometern, die uns entlang des Baches und an Almen vorbeigeführt haben, beginnt dann der ein wenig berüchtigte steile Pfad, der letzte Abschnitt, ehe wir den grünlich schimmernden Mühlbachsee erreichen. Generell sei darauf hingewiesen, dass sich manche Etappen mit Stöcken leichter begehen lassen. Aber auch dabei kommt es darauf an, sie richtig auszuwählen und einzusetzen: Wanderstöcke und Walkingstöcke sind keinesfalls identisch. Imposant ist der Blick auf das 2711 Meter hohe Weißeck mit der spektakulären Nordflanke, die nicht zu Unrecht „In der Hölle" heißt und von der sich im Winter die Skitourengeher waghalsig in die Tiefe stürzen. Für den Rückweg nehmen wir den Steig nach Mühlbach hinunter.

5 Wenn's einfach gehen soll

Zum Tennwasserfall in Tweng

Regionalbus 280, Haltestelle Tweng-Ortsmitte · 6 km
2 h · 130 hm · Tennfall · Gasthof Twenger Hof

Leichte Familienwanderung

Manchmal geht es nicht anders, als sich auf den kleinsten gemeinsamen Nenner zu einigen. Das werden die einen als faulen Kompromiss schlucken, während die anderen unverhohlen ihre Freude über einen vermeintlichen Sieg zum Ausdruck bringen. Diese kleine Tour eignet sich aber nicht nur als Kompromisslösung, sondern auch dann, wenn die Wetterlage unsicher ist und trotzdem etwas unternommen werden soll. Das Ziel ist der Tennfall.

Wir starten in Tweng und gehen neben der Taurach in nördliche Richtung, bis wir zur Einmündung des Lantschfeldwegs in die Bundesstraße kommen. Wir nehmen den Weg taleinwärts und biegen vor dem Schranken nach rechts ab. Dabei überqueren wir den Lantschfeldbach, um uns gleich danach wieder links zu halten. Anschließend geht es munter mit einem manierlichen Auf und Ab dem Bach entlang. Wo die Taurach in den Lantschfeldbach mündet, befindet sich auf der rechten Seite der Tennfall. Wir überqueren den Steg und gehen zur oberen Brücke hinauf, von der aus man einen guten Blick auf die Kaskade der Taurach hat, wenn sie sich im Tennfall nach unten ergießt.

Danach geht es auf einem schmalen und teils steilen Pfad über der Abbruchkante der Taurachklamm aufwärts. Dieser Steig mündet schließlich in einen Fahrweg, auf dem wir die B 99 über eine Lawinengalerie queren. Danach geht es oberhalb der Bundesstraße eine Zeit lang talauswärts. Nach zwei Jagdständen und einer kleinen Jagdhütte mit Tisch und Bank geht es linker Hand fast flach weiter, bis wir die ersten Häuser von Tweng durch den Wald sehen können. Beim Wegweiser „Kulturwanderweg" führt ein schmaler Waldpfad in die Gegenrichtung, auf dem man zur Tauernkapelle kommt. Bei Kilometer 52 überqueren wir die Straße und gehen zum Waldrand hinunter, bis wir die Taurach erreicht haben. Mit ihr gehen wir zu unserem Ausgangspunkt in Tweng zurück.

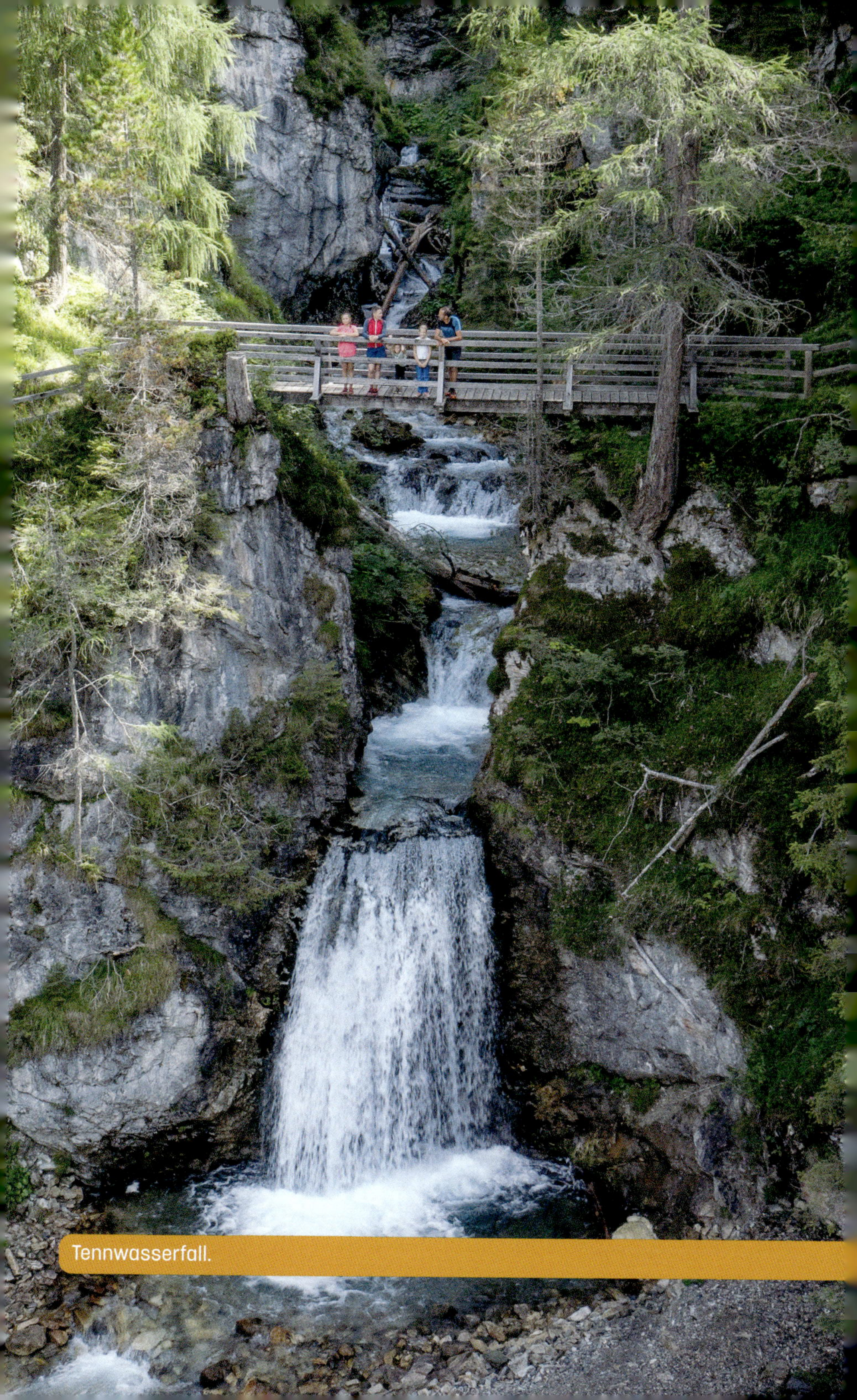

Tennwasserfall.

6 Wo der Wind weht

Übers Lantschfeld zum Windsfeld und den Blauseen

Regionalbus 280, Haltestelle Tweng-Ortsmitte · 18 km
4 h · 880 hm · Blauseen · Müllneralm

Ergiebige Tagestour

Es ist eine abgeschiedene Gegend, die sich zwischen dem Tauernpass auf Lungauer und dem Nordportal des Tauerntunnels auf Pongauer Seite erstreckt. Ist man als Wanderer unterwegs, ist die Tour durch das Lantschfeld bis hinauf zu den Blauseen ein Revier, das sich sehr gut dazu eignet, um mit der Natur eins zu werden. Man wandert vor sich hin, begegnet wenigen Menschen, erfreut sich am Plätschern des Baches und ist zwischendurch damit beschäftigt, die Eindrücke zu sortieren. Wie von selbst werden Vergleiche angestellt, die darauf hinauslaufen, charakteristischen Eindrücken nachzuspüren, um sie entsprechend abzuspeichern. Das Gedächtnis soll einen Katalog anlegen, damit die einzelnen Touren abrufbar bleiben und ihre Besonderheiten sich rasch vor dem geistigen Auge darstellen. Die Kriterien für die Beschreibungsmuster sind überschaubar: auffällige Gebirgsformationen, ein

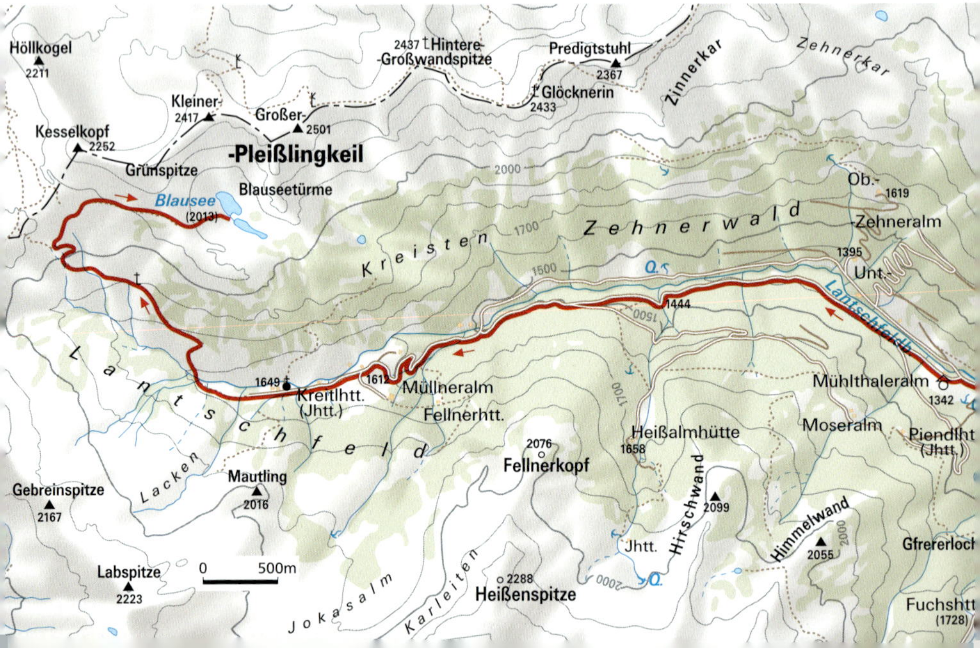

variantenreicher Flussverlauf, die Vielfältigkeit von Perspektiven, eine spezifische Fauna und Flora. Abwechslung spielt dabei eine wesentliche Rolle. Monotonie langweilt uns, weil sie oft mit Leere gleichgesetzt wird und diese erzeugt Angst. Der berüchtigte horror vacui wird als etwas sehr Existenzielles wahrgenommen, konfrontiert er uns doch mit dem uns innewohnenden Zwiespalt, einerseits den Zwang zu spüren, die Leere zu füllen – gestalten zu müssen – und andererseits dem Zwang widerstehen zu wollen, um vor dem Mut zur Leere bestehen zu können, was letztendlich nichts anderes bedeutet, als sich gegen die Natur zu stellen, die keine Leere kennt und auch keine zulässt.

Wie viel Mensch ist der Natur zumutbar? Diese Frage begleitet die Geschichte der Evolution. Zwischendurch wird unser Verhältnis auf den Prüfstand gestellt, weil das Ungleichgewicht auf Zerstörung zielt. Umschichtung und Neuausrichtung sind das Gebot der Stunde. Die Muster, wie Mensch und Natur in Beziehung treten, müssen neu gestaltet werden – eine höchst aktuelle Herausforderung. Das Lantschfeld geht an der Grenze vom Lungau in den Pongau in das Windsfeld über und dieses steht seit Jahren als möglicher Standort einer Windkraftanlage in der Diskussion. Wenn europaweit die Erde brennt, weil ihr zu heiß ist, Berge instabil werden, weil das Eis schmilzt, haben wir nur noch eine Chance – und die besteht darin, diese Entwicklung zu stoppen. Das Aus der fossilen Energieträger erfordert entsprechende Kompensation und die besteht derzeit nur in den erneuerbaren Energien. Nun sind wir aktuell mit der Herausforderung konfrontiert, dass die fossilen Brennstoffe nicht nur umweltvernichtend sind, sondern deren Nutznießer in die Lage versetzen,

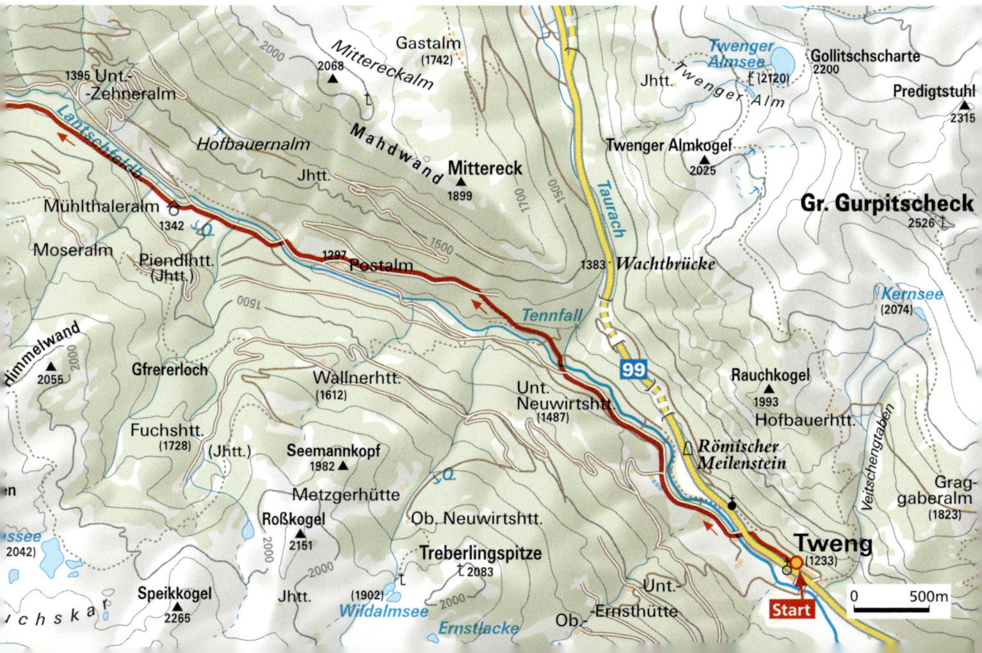

die Welt zu korrumpieren und die Gesellschaft zu vernichten. Um diesem Teufelskreis in allerletzter Minute zu entkommen, ist stringentes Handeln unerlässlich, und dazu gehört nun einmal auch das Errichten von Windparkanlagen in alpinen Regionen.

Wie die Zeit vergeht, wenn die Gedanken gefordert sind! Zurück aber nun zum Weg hinauf zum Blausee. Wir sind vom Dorf Tweng zur Abzweigung des Lantschfeldwegs gegangen und dann eine Stunde taleinwärts gewandert. Beim Almdorf angekommen, haben wir Rast gemacht, um anschließend über den

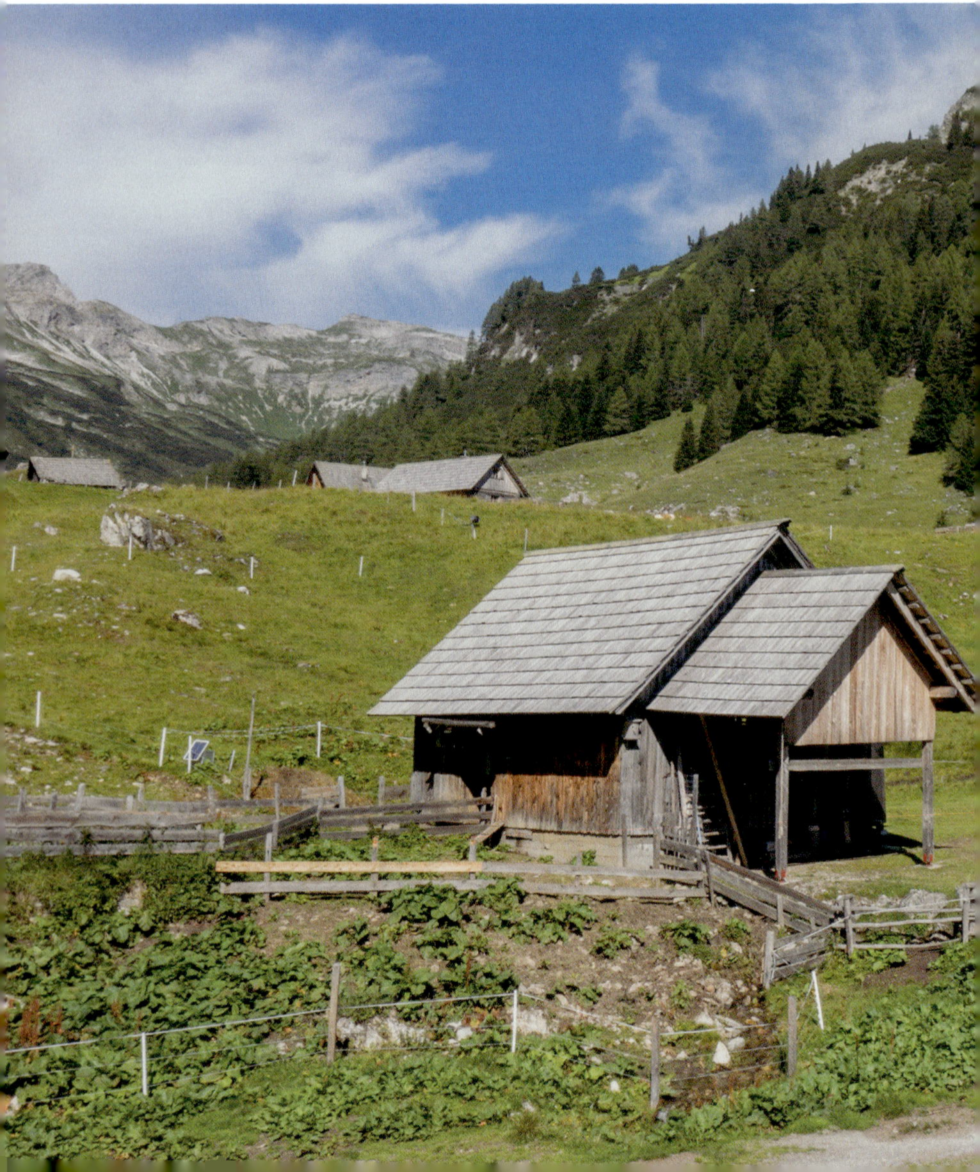

Weg Nr. 744 den Aufstieg zum See in Angriff zu nehmen. Am östlichen Rand des Windsfelds, auf gut 2 100 Meter Höhe, verlassen wir diesen Weg und biegen nach rechts ab, um in nordöstlicher Richtung zum See zu gelangen. Wie sehr er dann blau schimmert, wenn wir auf ihn hinunterschauen, hängt mit den Wetterverhältnissen und insbesondere den Regenfällen zusammen. Den Weg zum See hinunter, der 2013 Meter hoch liegt, sollen nur jene Wanderer nehmen, die sich wirklich trittfest fühlen. Mit Kindern ist der Abstieg keinesfalls zu empfehlen.

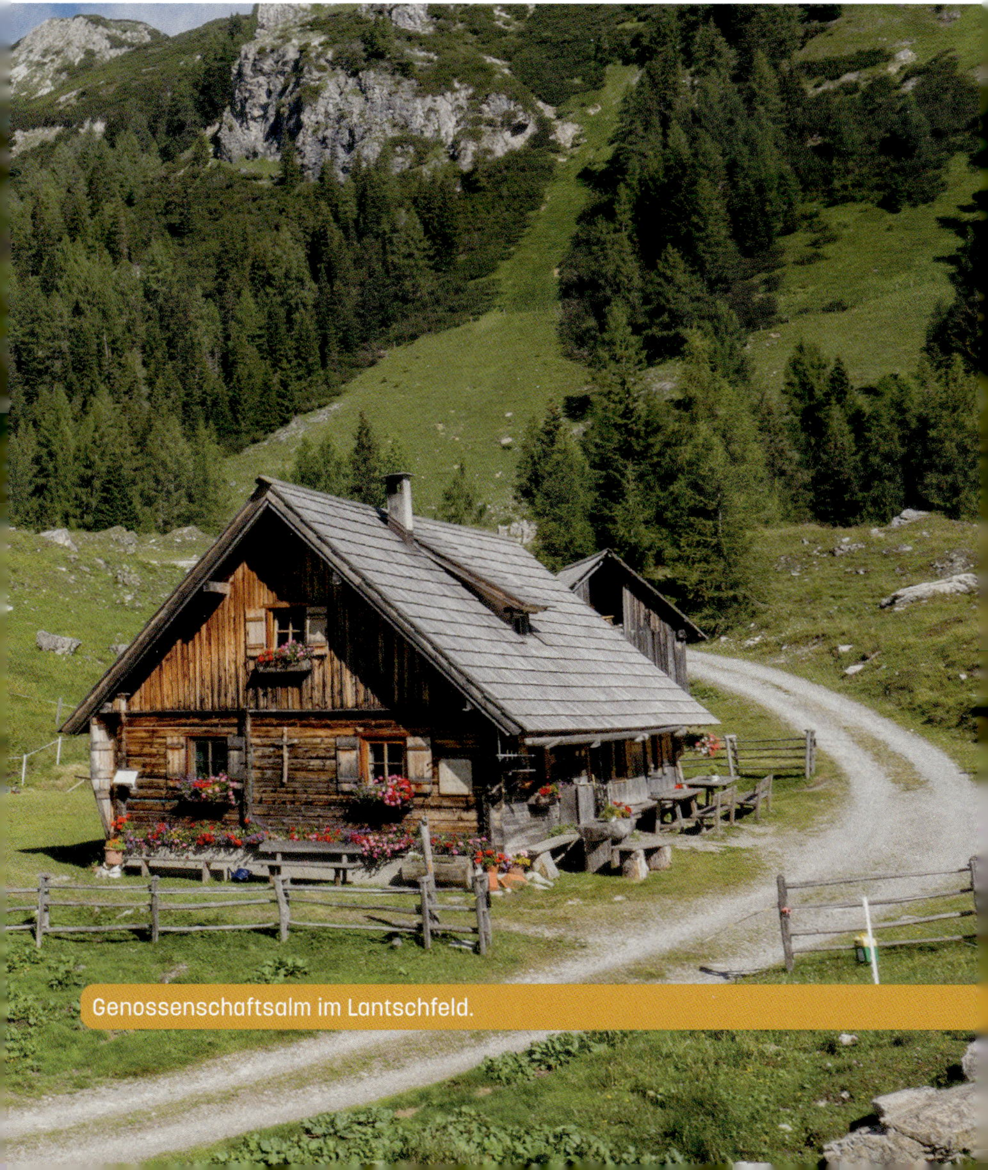

Genossenschaftsalm im Lantschfeld.

7 Sommerlicher Charme des Tauerns

Zum Twenger Almsee

Regionalbus 280, Haltestelle Schaidberg-Jugendheim 9 km
3 h 500 hm Twenger Almsee Twenger Alm

Reizvolle, leichte Wanderung

Wer die unvergleichlich reizvolle Landschaft aus hochalpinen Bergseen im hinteren Weißpriachtal auf der Liste von Wanderzielen hat und sich in der Region Obertauern befindet, sollte die Gunst der Stunde nutzen und den Wirpitschsee oder den Tiefenbachsee von dort aus anpeilen. Auch das Große

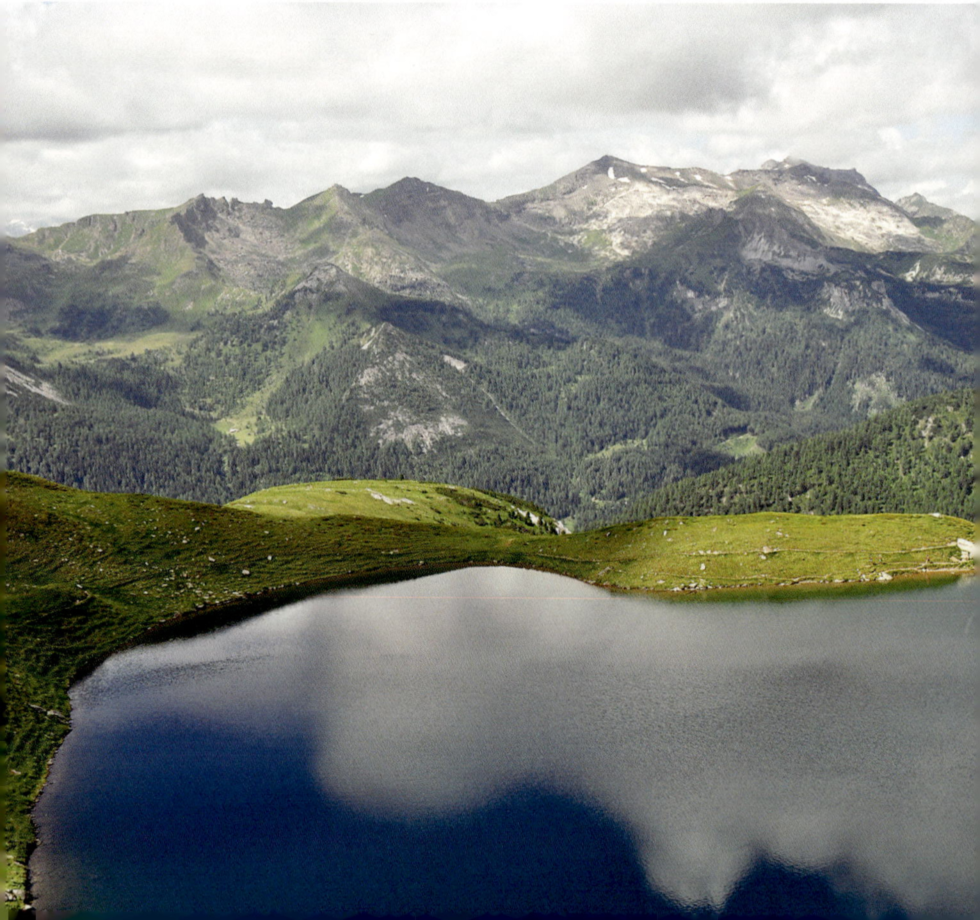

Gurpitscheck mit 2 526 Metern ist von Obertauern aus „günstiger“ zu erreichen als vom Weißpriachtal. Über die Route zur Twenger Alm kommt man in der Verlängerung ohne einer zusätzlichen „Lawine“ von Höhenmetern von einem Tal ins andere.

Für unsere Wanderung zum Twenger Almsee geht es vom Jugendheim Schaidberg auf einem teilweise steilen Forstweg zuerst in östlicher Richtung hinauf zur Ernstalm. Von hier führt der Weg ohne gröbere Steigung gemütlich weiter hinaus bis zur Twenger Alm, die bewirtschaftet wird. Mit einer herrlichen Aussicht zurück nach Obertauern, auf die Große Kesselspitze und viele weitere Gipfel wird man immer wieder belohnt. Nach der Alm biegt man links auf einen gut markierten und ausgetretenen Wandersteig ab, der stellenweise aber auch ziemlich feucht sein kann. Anfangs noch in moderater Steigung, dann immer steiler werdend geht es hinauf zum Twenger Almsee, der auf einer Höhe von 2 120 Metern liegt. Zurück geht es auf demselben Weg. Ist die Wanderung etwas größer angelegt, setzt man sie über den Schönalmsee in Richtung Weißpriachtal fort und nimmt dabei auch noch den Wirpitschsee mit.

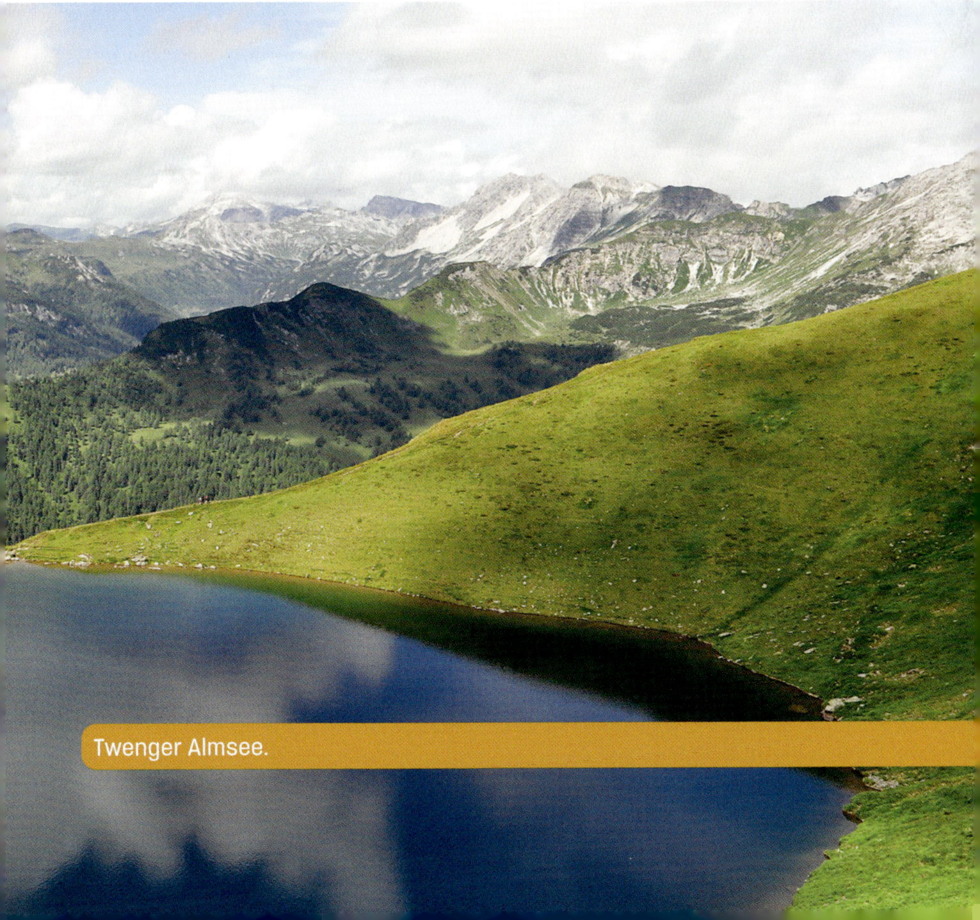

Twenger Almsee.

8 Mächtig stolz

Rundweg mit Burg und Markt Mauterndorf

Regionalbus 280/700, Haltestelle Mauterndorf (Marktplatz)
2 km 3 h mit Besichtigungen 50 hm
Burg Mauterndorf Hotel Post, Gasthof Weitgasser

Kulturspaziergang durch die Jahrtausende

Mauterndorf ist nicht nur der älteste Markt des Lungaus, sondern auch jener Ort, wo die historischen Fäden am dichtesten geknüpft sind – kurzum: ein Kulminationspunkt, dessen Wirkungskraft bis heute nachhallt und dem sich kaum jemand verschließen kann. Die Grundlage dafür legten die Römer mit dem Weg über den Tauernpass, der im frühen Mittelalter wieder reaktiviert wurde und zur Gründung der dem Ort den Namen gebenden Mautstation führte. Die 1253 gegebene päpstliche Erlaubnis zur Errichtung einer Burg gab den Startschuss für die Entwicklung des wirtschaftlich stark prosperierenden Ortes, der zugleich eines der wichtigen Verwaltungszentren war und der sich im 16. und 17. Jahrhundert zum wirtschaftlichen Zentrum des Bergbaus im Lungau entwickelte. Hier wurde verkauft, was an vielen verschiedenen Orten abgebaut und verarbeitet wurde. Hier wurde das Geld verdient und angelegt, hier wurde repräsentiert. Hier errichteten die Gewerken ihre stattlichen Häuser, und hier wurde auch die Burg als Sitz der landesfürstlichen Verwaltung fortwährend erweitert und das Amtsgebäude der domkapitlischen Verwaltung großzügig ausgebaut, denn das Domkapitel wusste sich neben dem Landesfürsten mächtig in Szene zu setzen. Die prunkvolle Treppengiebel-Fassade kam höchstwahrscheinlich durch die aus Bayern stammende Familie Jocher nach Mauterndorf, die im 17. Jahrhundert wirtschaftlich wie politisch am einflussreichsten war. Gleich nach ihr, im Rang kaum geringer, kam die Familie der Grimmings, ebenfalls Gewerken und ebenfalls machtvolle Beamte im Dienste des Landesherrn. Auch das Palais der Grimmings ist erhalten geblieben, es steht an der Südseite des dreieckig angelegten Platzes – allerdings ohne Treppengiebel. Aber auch ohne Giebel weist die Architektur des heute als Hotel geführten Hauses mit intimem Innenhof und prächtigen Gewölben auf seine große Vergangenheit hin. Was an edler Ausstattung während und nach der Zeit des Niedergangs verloren gegangen sein mag, wird durch eine einzigartige Atmosphäre mit leichter Hand wettgemacht. Geprägt wird diese Atmosphäre auch heute noch

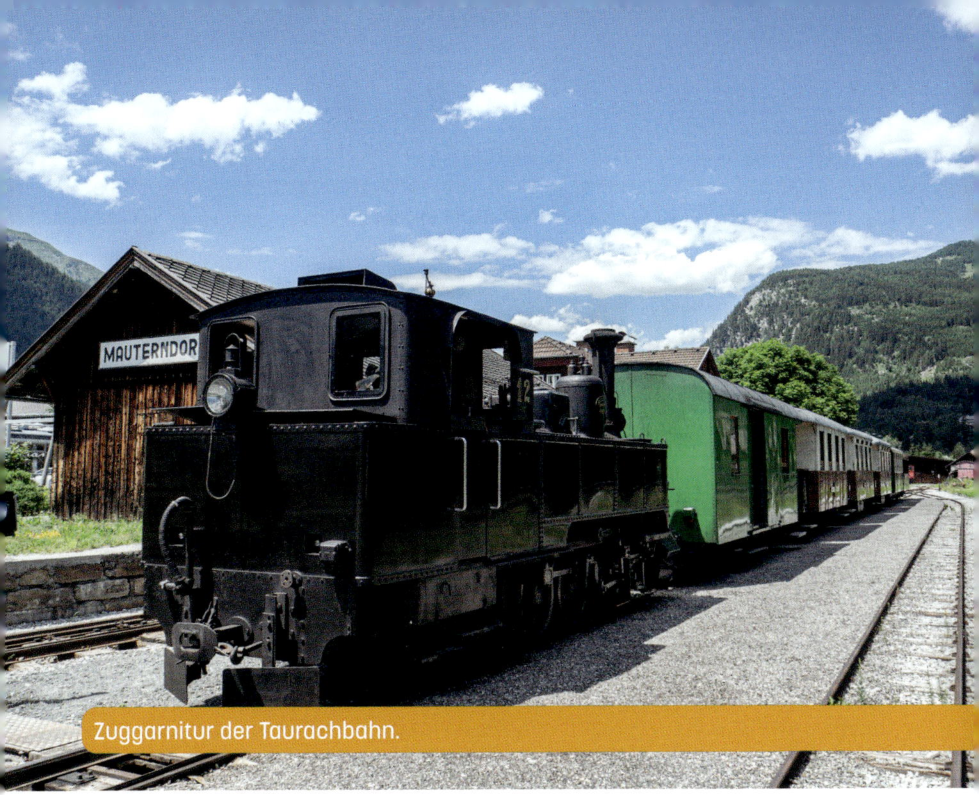

Zuggarnitur der Taurachbahn.

durch die aus Wien stammende Familie Mayr, die die Immobilie am Ende des 19. Jahrhunderts, als Mauterndorf durch den Bau der Murtalbahn ein wenig Anschluss an die Welt fand, erworben hatte und gastronomisch nutzte. Heute liefert der Geist des 19. Jahrhunderts die Bemalung der Bühne, auf der über viele Jahrzehnte erfolgreiche Gastronomiegeschichte, wie sie für die Zweite Republik stilbildend war, geschrieben wurde.

Die Geschichte präsentiert sich in Mauterndorf mit voller Wucht, dabei war von der Burg noch gar nicht die Rede. Um die vielen verschiedenen Eindrücke auch im Detail aufzunehmen, heißt es immer wieder stehenzubleiben, sich noch einmal umzudrehen und ein zweites und drittes Mal hinzuschauen. Schließlich verlassen wir den Marktplatz doch in nördlicher Richtung und finden uns vor einem gotischen Portal wieder, das zum „Haus ob der Pruggen" gehört, vor dessen Fassade ein Meilenstein des Kaisers L. Septimus Severus steht, der die Straße über den Tauern erneuern ließ. Wir überqueren die tosende Taurach über die Fleischbrücke und sehen nach wenigen Schritten auf der rechten Straßenseite vis-à-vis des Gasthofs Neuwirt einen alten steinernen Kasten, der dem äußeren Anschein nach vor sich hin modert. Doch der Schein trügt ein wenig. Es handelt sich dabei um den domkapitlischen Kasten aus dem Spätmittelalter, in dem jeweils im Spätherbst alle dem Domkapitel unterworfenen Bauern ihre Abgaben zu hinterlegen hatten. Dieser Zehent wurde zumeist in Form von Getreide abgeliefert, wovon viele Tonnen hinter den Steinmauern lagerten und ständig umgeschaufelt werden mussten. Der Erlös aus dem Verkauf des Getreides war eine bedeutende Einnahmequelle für das mächtige Salzburger Domkapitel, das schließlich das Recht hatte, den Erzbischof zu wählen. Die Zukunft dieses Gebäudes wird die blasse Vergangenheit der letzten Jahrhunderte bald überleuchten, denn – so die Pläne – aus dem Steinkasten soll in den kommenden Jahren das Verwaltungs- und Informationszentrum des Biosphärenparks Lungau werden, das pochende Herz einer hellwachen Idee, das Beste aus dem Lungau herauszuholen, ohne das Gute zu zerstören. Und wie es sich für die große Geschichte gehört, kehrt sich auch hier die Funktion in ihr Gegenteil um. Was die Bevölkerung über viele Jahrhunderte in den Steinkasten ablieferte, bekommt sie zukünftig als Input für ihre Zukunftsgestaltung zurück.

Die Burg Mauterndorf, um die sich das Zentrum des Marktes schmiegt, seit Jahrzehnten als Erlebnisburg um- und ausgebaut, ist ein Kosmos für sich, den die Besucher auf jeweils individuelle Art auf sich wirken lassen sollen. Eine Empfehlung darf dennoch nicht fehlen: Der Rundgang durch die Burg bliebe unvollständig, wenn auf den Blick von der Empore in die Burgkapelle

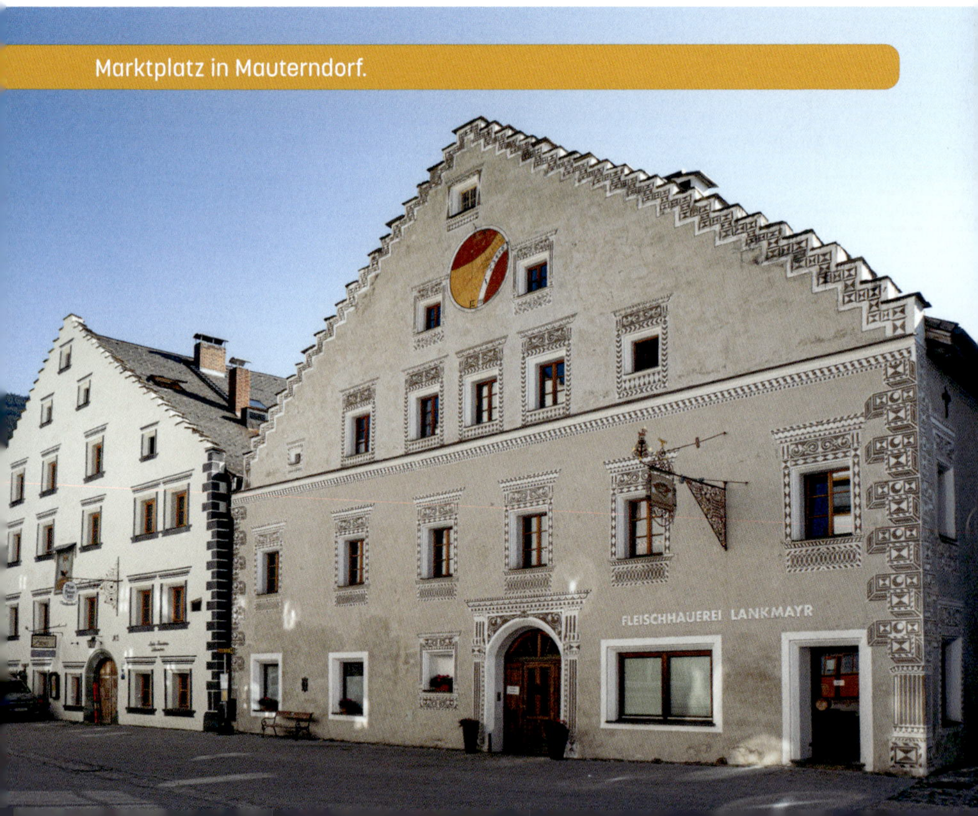

Marktplatz in Mauterndorf.

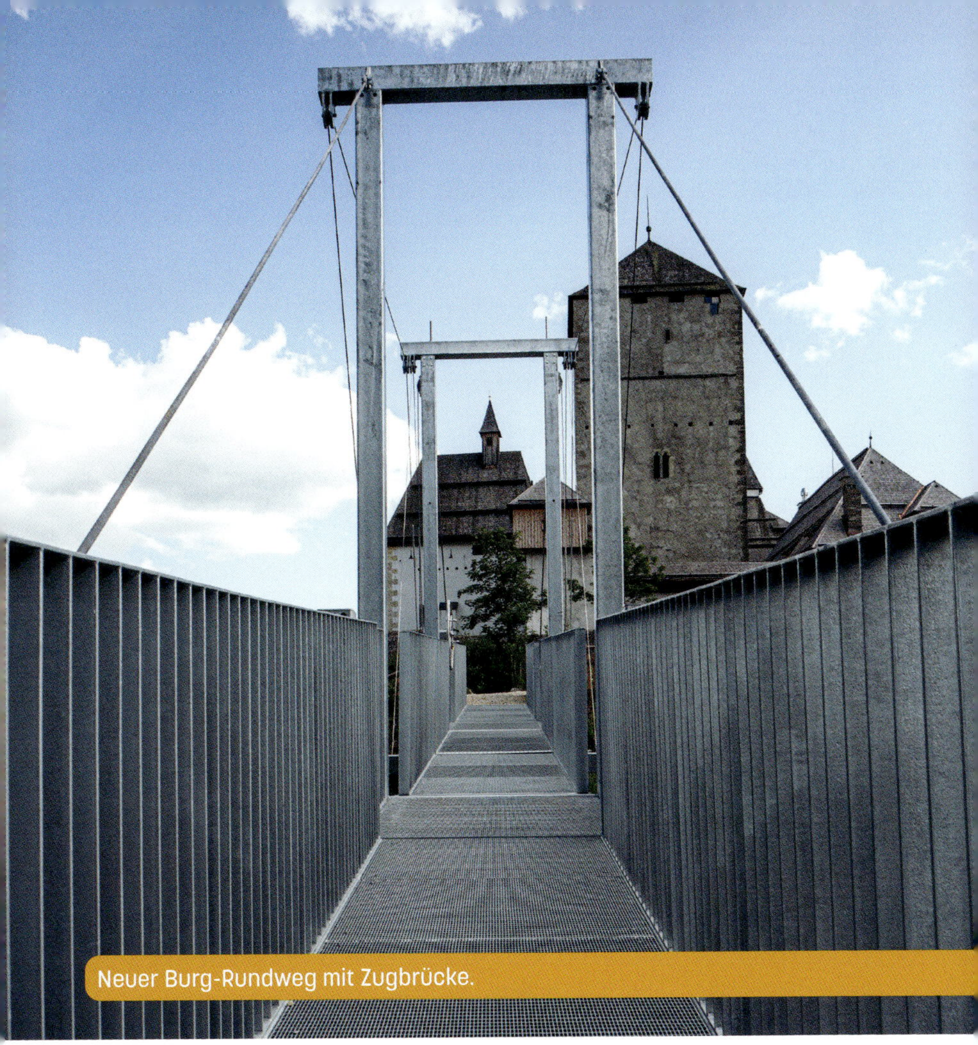

Neuer Burg-Rundweg mit Zugbrücke.

vergessen werden würde. Die 1340 errichte Kapelle wurde jüngst restauriert, sodass die überaus wertvollen Fresken, die zu den schönsten Salzburgs zählen und dem spätgotischen Flügelaltar ein symbolisch aufgeladenes Ambiente verschaffen, in all ihrer Farben- und Symbolpracht auf die Betrachter wirken können.

Auch im Außenbereich der Burg hat sich mit der Errichtung eines Wanderweges, in den eine stählerne Zugbrücke integriert und der im Frühjahr 2022 eröffnet wurde, einiges getan. Dadurch ist es erstmals möglich geworden, den mächtigen Koloss, dessen Ursprünge auf die Mitte des 13. Jahrhunderts zurückgehen und der mehrmals erweitert wurde, zu umrunden. Voraussetzung dafür ist jedoch gutes Schuhwerk, denn es sind einige durchaus steile Abschnitte zu überwinden.

9 Wo die Hexen tanzen

Vorbei am „Hammer“ auf die Trogalm

Regionalbus 280/700, Haltestelle Mauterndorf (Marktplatz)
13 km · 5 h · 650 hm · Trogalm
Ruine beim ehemaligen Hammerwerk

Ambitionierte Wanderung mit viel Information

Großeck und Speiereck sind die begehrten Ausflugsberge im Lungau, die sommers wie winters mit der Seilbahn von St. Michael und Mauterndorf zu erreichen sind. Wer eine Tour sucht, die von Anfang an mit Panoramablicken auf den Lungauer Zentralraum nicht geizt, ist mit der Route von St. Michael auf das Speiereck gut bedient. Mit Lust aufs Gehen und guter konditioneller Grundausstattung wird der abwechslungsreiche, wenn auch steile Weg eine prägende Bergerfahrung. Wir entscheiden uns jedoch für den Aufstieg zum Großeck und wählen dafür den „Natur-Pur-Weg“, der bei der Talstation der Großeckbahn in Mauterndorf beginnt. Den Ruf als Hexenberg hat sich das Speiereck in der Lungauer Sagenwelt erobert, weil hinter ihm die Sonne untergeht und die gefürchteten Tauernwinde ins Tal pfeifen. Und dafür wurden einst die „Hexen“ verantwortlich gemacht.

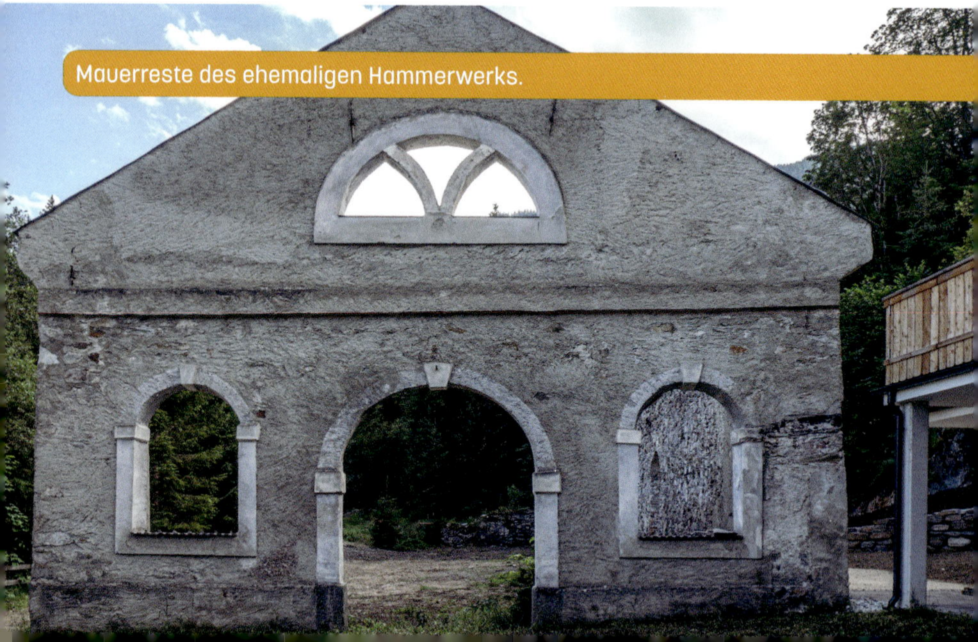

Mauerreste des ehemaligen Hammerwerks.

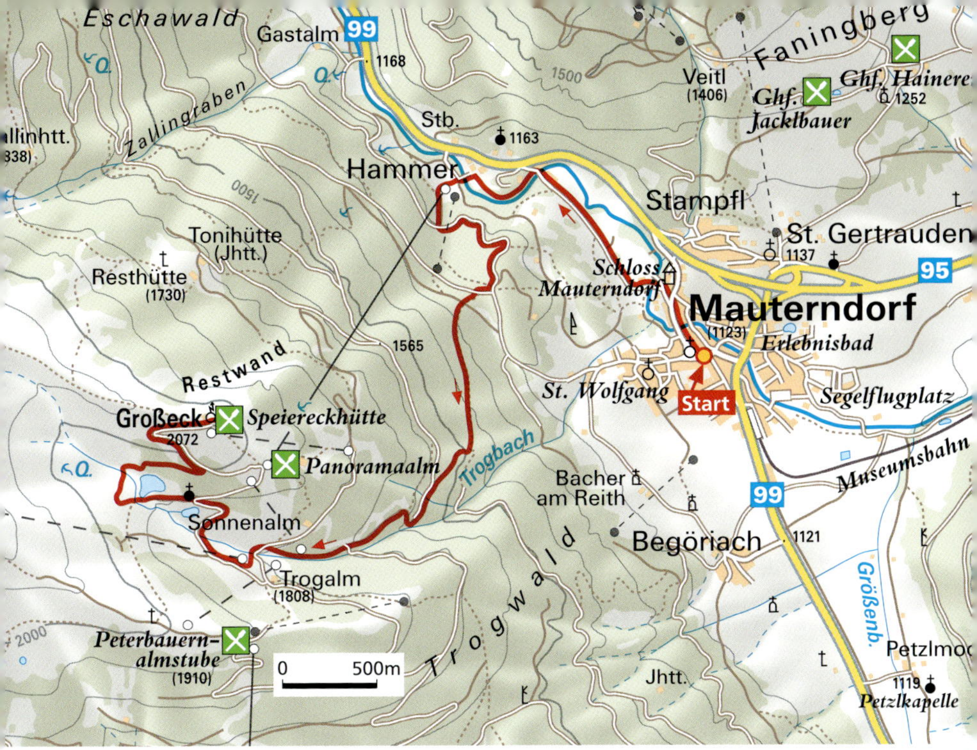

Wir starten mit der Wanderung auf dem Marktplatz in Mauterndorf, gehen nördlich in Richtung Burg und biegen bei der ersten Möglichkeit links ab, überqueren dabei die Taurach und spazieren dann in nördlicher Richtung durch die Au, wobei wir auf den letzten hundert Metern die Taurach ein zweites Mal überqueren. Danach biegt gleich links wieder ein Weg ab, auf dem wir schließlich die Talstation der Seilbahn erreichen, wo auch der Aufstieg zum Großeck über den sogenannten Natur-Pur-Weg beginnt. Bevor wir den Campingplatz passieren, sehen wir rechter Hand eine Ruine, die zum ehemaligen Hammerwerk gehörte: jenem Unternehmen, wo früher das aufbereitete Erz zu Eisenprodukten verarbeitet und vertrieben wurde.

Der Weg ist stellenweise ein wenig anstrengend, schließlich sind 650 Höhenmeter zu überwinden, aber es sind eine Reihe von Raststellen vorgegeben, denn wir sind auf einem Lehrpfad unterwegs, auf dem uns etwa 50 Schautafeln über Fauna, Flora und historische Besonderheiten informieren. Nach der ersten Hälfte des Weges stoßen wir auf den Trogbach, der uns über den alten Trogweg dann bis zur Bergstation begleitet.

Für den Rückweg bieten sich mehrere Varianten an. Wir bleiben, nachdem wir beim Gipfelkreuz auf dem Großeck waren, der Aufstiegsroute treu und nehmen den Natur-Pur-Weg zurück nach Mauterndorf. Eine besonders schöne alternative Variante wäre noch die eineinhalbstündige Route vom Großeck zum Speiereck.

Burgen

Mauterndorf, Moosham und Finstergrün – zwei Burgen und ein Schloss, wobei das mit den Funktionszuschreibungen nicht ganz so eng zu sehen ist – bilden mit ihren wuchtigen Baukörpern unübersehbare Landmarken. Was wir heute hauptsächlich mit dem ästhetischen Auge wahrnehmen, war zur Zeit des geistlichen Fürstentums Salzburg Ausdruck von Macht und Herrschaft. Die Geschichte dieser drei Repräsentationsbauten ist so reich wie vielfältig.

Die heute im Besitz des Landes Salzburg stehende Burg Mauterndorf präsentiert sich als Erlebnisburg, in der auch das Lungauer Landschaftsmuseum untergebracht ist. Ihre Ursprünge gehen auf das Jahr 1253 zurück, als Papst Innozenz IV. dem Salzburger Domkapitel das Recht einräumte, auf eigenem Boden eine Burg zu errichten. Zu Grund und Boden kam das Domkapitel deshalb, weil die Schenkung König Heinrichs II. nach dessen Tod an das Domkapitel übergegangen war. Ganz wesentlich in diesem Zusammenhang ist der Umstand, dass auch die Mauteinnahmen ab 1143 an das Domkapitel gingen. Und diese waren keineswegs gering, war der Weg über den Tauern doch die wichtigste Nord-Süd-Verbindung zwischen Iuvavum und Virnum. Ihre heutige Form erhielt die Burg im Zuge langjähriger Um- und Ausbauarbeiten um die Mitte des 16. Jahrhunderts. Nach der Auflösung des geistlichen Fürstentums wurde Mauterndorf als nicht ertragreich dem Verfall preisgegeben und 1832 endgültig zur Ruine erklärt.

Ein ähnliches Schicksal war auch Schloss Moosham beschieden, das Ende des 13. Jahrhunderts unter Eberhard II. von Regensburg, auch Vater des Landes Salzburg genannt, in den Besitz des Fürsterzbistums gelangte. Als das Pfleggericht 1520 von Mauterndorf nach Moosham verlegt wurde, kam es zu wesentlichen Um- und Ausbauten, insbesondere auch der Verliese und Folterräume. 270 Jahre später erfolgte die Aufteilung des Pfleggerichts Moosham auf die Gerichte Tamsweg und St. Michael. In Tamsweg wurde dafür das Gebäude des aufgelassenen Kapuzinerklosters in ein Verwaltungsgebäude umfunktioniert, das auch heute noch Sitz der Bezirkshauptmannschaft ist und wo zukünftig, so die Pläne des Landes aufgehen, eine regional ausgelagerte Abteilung der Landesverwaltung untergebracht werden soll. Moosham wurde aufgegeben, noch ehe das Fürsterzbistum aufgelöst worden war.

Die Ursprünge der Burg Finstergrün – 1300 erstmals urkundlich erwähnt – soll auf den Anfang des 12. Jahrhunderts zurückgehen. Anders als Moosham und Mauterndorf wurde Finstergrün als Höhenburg errichtet, hatte aber bald nach dem Entstehen des fürstlichen Kirchenstaates seine Funktion als Festung verloren. So wurde sie über mehrere Jahrhunderte zum Verwaltungssitz des Silberbergwerks in Ramingstein. Mit dem Niedergang des Bergbaus, der der Auflösung des Fürsterzbistums vorausging, gab es für die Burg keinen Verwendungszweck mehr, sodass sie 1755 schließlich zur Versteigerung ausgeschrieben wurde. Als Mitte des 19. Jahrhunderts in Ramingstein ein Waldbrand wütete, wurden große Teile der Burg vernichtet.

Nachdem Salzburg ab der Mitte des 19. Jahrhunderts wieder ein eigenständiges Kronland geworden war, sich wirtschaftlich zu erholen und zu industrialisieren begann, stieg das Interesse des Wiener Großbürgertums und Adels an den ehemaligen fürsterzbischöflichen Immobilien, noch dazu, wenn es sich um Gemäuer von Burgen handelte. Sie galten um diese Zeit als Gegenentwurf zum lauten, grellen und dazumal stets vorauseilenden Leben der Gründerzeit – und erlaubten einen Rückgriff auf die verklärte Welt des deutschen Rittertums. Mit der Inbetriebnahme der Murtalbahn im Jahre 1894 wurde der Lungau zumindest an das innerösterreichische Eisenbahnnetz angeschlossen. Sie führt von Unzmarkt über Murau bis Tamsweg; die Strecke bis Mauterndorf wird saisonal von einem privaten Trägerverein betrieben. Ob die Schmalspurbahn erhalten bleibt oder durch eine mit Wasserstoff betriebene Buslinie ersetzt wird, ist Gegenstand von Gesprächen und Diskussionen.

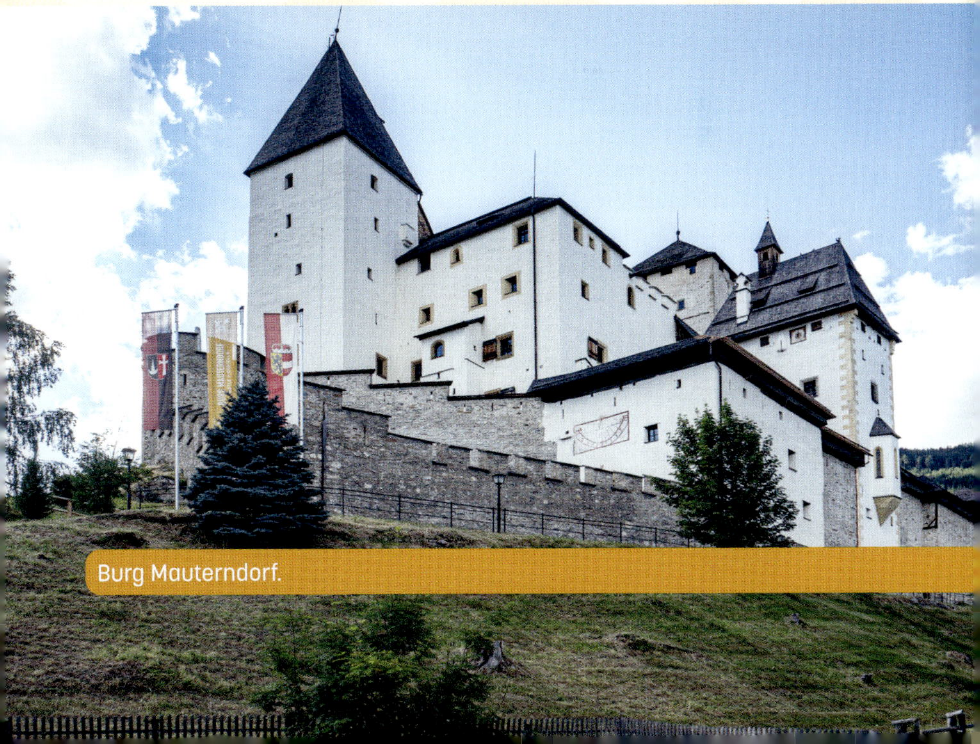

Burg Mauterndorf.

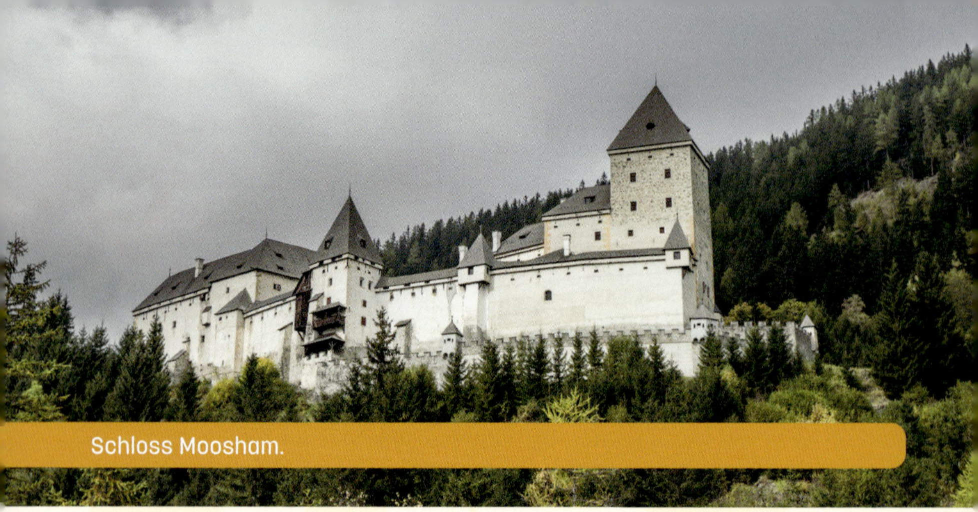

Schloss Moosham.

Johann Nepomuk Graf Wilczek war Kämmerer am Hof, häufte mit den Erlösen aus einem großen Kohlebergwerk in Böhmen ein immenses Vermögen an und war, als er in den Lungau und nach Moosham kam, auf der Suche nach passenden Einrichtungsgegenständen für seine neugotische Ritterburg, die er sich auf den Resten der Ruine Kreuzenstein nördlich von Wien hatte errichten lassen. Als ihn die Bauern drängten, doch das gesamte Schloss zu kaufen, griff er zu, wenn auch nicht offiziell. Der Hintergrund dieser Heimlichtuerei war höchst delikat. Wie Klaus Heitzmann in *Von Immurium bis Unternberg. Die Geschichte einer Lungauer Gemeinde an der Mur* schreibt, pflegte Wilczek ein amouröses Verhältnis zu Katharina Schratt, ihres Zeichens Hofschauspielerin und Herzenserwärmerin des Kaisers.

Man kannte sich vom Hof und aus einschlägigen Wiener Kreisen: Johann Nepomuk Graf Wilczek und Sandor Graf Szápáry de Szápár, der sich im Jahr 1900 im mondänen Abazzia mit der Comtesse Margarete Luise Regina Henckel von Donnersmarck verlobte, die aus einem der vermögendsten deutschen Adelshäuser stammte. Um den vom Feuer verschont gebliebenen ursprünglichen Turm errichtete man eine neugotische Burganlage. Man plante ein Refugium für die junge Familie, geworden ist es eine erdrückende Last für die 33-jährige Witwe mit zwei kleinen Kindern, die Sandor Szápáry hinterließ, nachdem er 1904 auf einer Reise nach St. Petersburg verstorben war.

Etwa um die gleiche Zeit ging auch der Stern von Mauterndorf ein weiteres Mal auf, und zwar in der Person von Hermann Epenstein. Der königlich-preußische Stabsarzt war zugleich ein Handelsmann mit einem Faible für alles, was historisch anmutete und dicke Mauern hatte. So erwarb er ein paar Jahre nach Mauterndorf auch die nahe von Nürnberg gelegene Burg Veldenstein. Alles im Rahmen des Üblichen, wie wir es schon von Moosham und Finstergrün kennen, gäbe es da nicht die Beziehung zur Familie Göring. Epenstein und das Ehepaar Göring lernten sich in Deutsch-Südwestafrika, dem heutigen Namibia, kennen, wo Ernst-Heinrich Göring, Jurist und Diplomat, als Bismarcks Reichskommissar tätig war. Es kam zu einer Ménage-à-trois, die bis 1913 andauerte, als Epenstein mit 62 Jahren die um knapp 40 Jahre jüngere Elisabeth „Lily" Schandrovich Edle von Kriegstreu heiratete. Das wirklich Erzählenswerte an dieser Familienmelange ist die Begeisterung, die Mauterndorf beim jungen Hermann Göring hervorrief. Später wird er sie „Burg seiner Jugend" nennen. So eine wollte er auch – und er bekam sie. Als Lily Epenstein 1939 starb, wurde Göring Erbe von Mauterndorf. Es war ein Erbe, das er sich mit unrechtmäßig angeeignetem jüdischem Vermögen erkaufte. 1966 kam die Burg in den Besitz der Republik Österreich, 1968 wurde sie vom Land Salzburg übernommen.

Es war jener Hermann Göring, der Margit Szápáry das Leben in Ramingstein schwer machte. Sie, die als große Wohltäterin des Lungaus in vielerlei Hinsicht Geschichte schrieb und 1934 mit dem Goldenen Ehrenzeichen für Verdienste um die Republik Österreich ausgezeichnet wurde, zerbrach an den Lebensumständen und starb am 17. Mai 1943. Finstergrün gehört seit 1972 der Evangelischen Jugend und wird als Freizeitheim und Jugendherberge geführt. Schloss Moosham ist nach wie vor im Besitz der Familie Wilczek und als Museum zu besichtigen.

Kehren wir zum Schluss noch einmal in jene Zeit des Spätmittelalters zurück, als die Salzburger Fürsterzbischöfe intensiv daran arbeiteten, aus ihrem Territorium ein eigenständiges Fürstentum zu entwickeln. Nach und nach gelang es ihnen, alle Vogtei- und Grafschaftsrechte zu erwerben. Das hatte zur Folge, dass ehemalige Wehrburgen wie Thurnschall in der Ortschaft Zoitzach, die zur Gemeinde Lessach gehört, oder Edenvest, auch Lewenstein genannt, im Bundschuhtal, dem Verfall überlassen wurden. Noch weniger bekannt sind die Ruine Pichl in der Gemeinde Mariapfarr, die ebenfalls dem Verfall preisgegeben wurde, und die Burg Schlossberg in Seefeld, die vermutlich während der Ungarnüberfälle zerstört wurde.

Eine bemerkenswerte Sehenswürdigkeit ist dagegen die ehemalige Grenzbefestigung Klausegg bei Seetal an der Landesgrenze zur Steiermark. Dort wurde eine 400 Meter lange und vier Meter hohe Mauer mit Wehrgängen errichtet, die die Burg Klausegg mit dem Klausentor samt ehemaligem Mauthaus und der Taverne auf der Salzburger Seite verband. Hier wurde 1907 Eduard Macheiner geboren, Salzburger Erzbischof in den Jahren von 1969 bis 1972.

Das Kuenburgpalais mit der Tamsweger Adresse Kirchengasse 8 ließ sich Christoph III. Kuenburg – Pfleger von Moosham – im Jahr 1556 errichten. 1742 wurde es in seine heutige Form gebracht. Seit 1954 befindet sich das Palais im Besitz der Stadt Tamsweg, die darin soziale Einrichtungen sowie Räumlichkeiten für Vereine untergebracht hat. Im Zuge der in den Jahren 2016 und 2017 stattgefundenen Generalsanierung des Gebäudes wurde auch ein neuer Veranstaltungssaal – der Kuenbergsaal – errichtet.

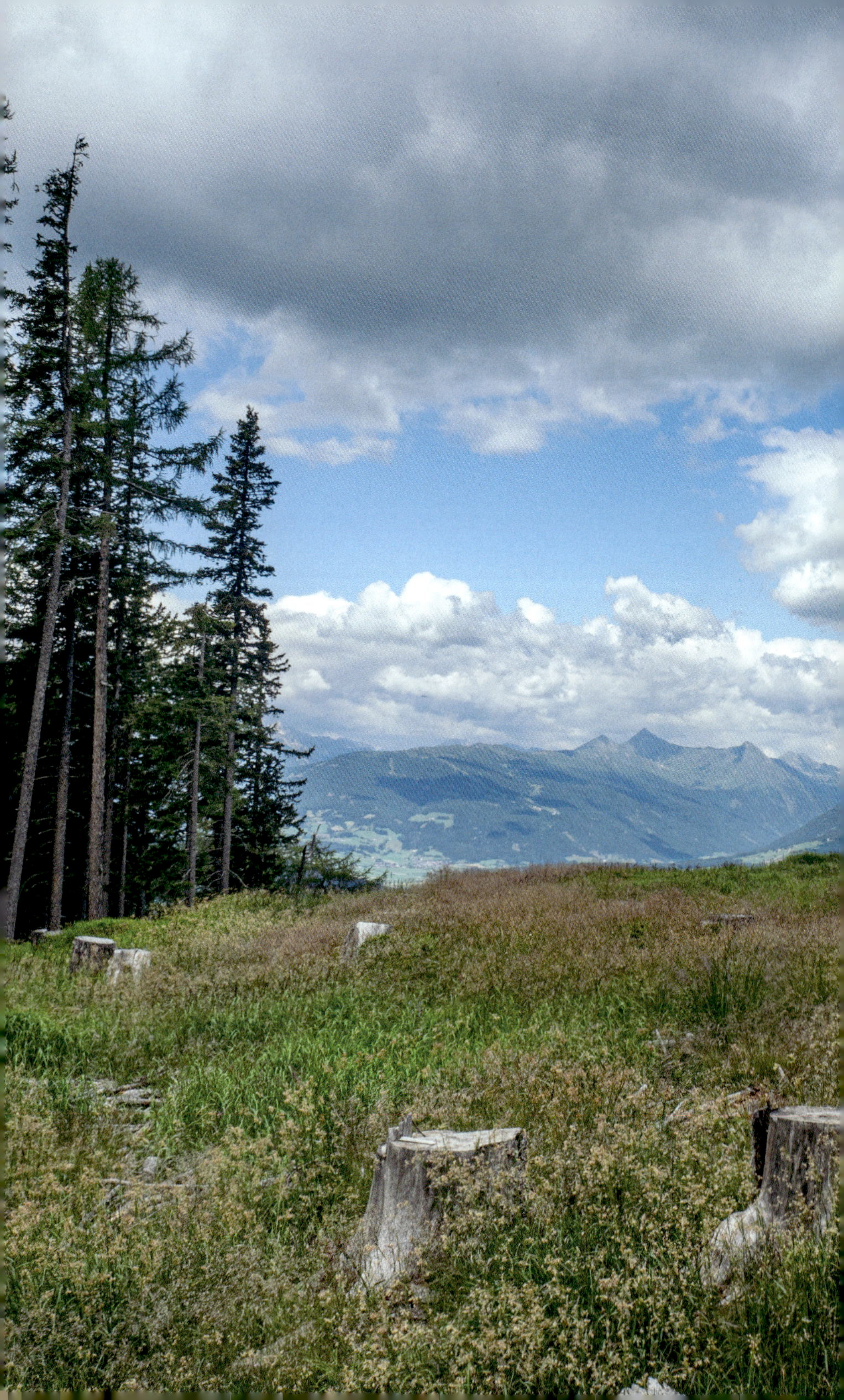

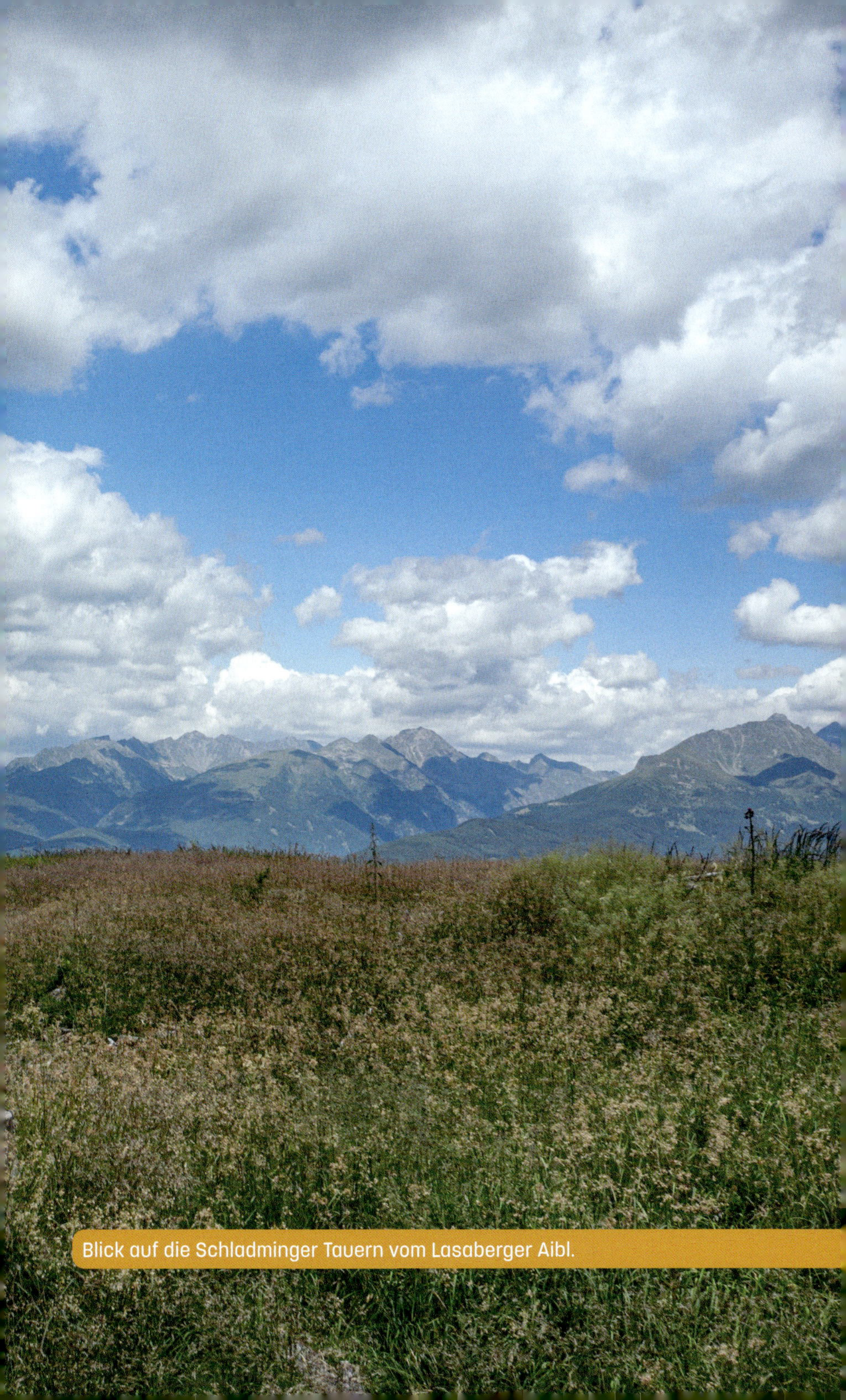

Blick auf die Schladminger Tauern vom Lasaberger Aibl.

Ein Collier aus Tälern

Auf der Südseite der Schladminger Tauern

Es geht um keinen Wettbewerb und schon gar nicht um ein Bewerten im Sinne von „interessant", „abwechslungsreich", „lehrreich" oder gar „phänomenal". Es geht um ein Beschreiben im objektivierenden Sinne, denn über Schönheit lässt sich nicht streiten – oder dann auch doch wieder ganz trefflich, je nachdem, wie man es anlegt. Die Faszination eines Menschen, eines Kunstwerks, einer Blume oder einer Felsformation liegt ausschließlich im Auge des Betrachters. Und damit sind wir schon mitten im Thema, mittendrin in der Lungauer Tälerwelt südlich der Schladminger Tauern. Dabei handelt es sich wirklich um ein Collier und nicht um ein Halsketterl, möge der Anhänger auch noch so wertvoll sein. Jedes der einzelnen Täler – vom hellen und weiten Großpriachtal mit der karibisch gefärbten Lonka über das geheimnisvolle Lignitztal bis zum Göriachtal mit den beiden Landawirseen und schließlich zum Lessachtal, das an alpiner Dramatik nichts zu wünschen übrig lässt – ist ein Klunker von Format, der dem anderen nichts wegnimmt, sondern ihn anstrahlt, damit einer den anderen zum Glitzern und Glänzen bringt. Nein, es ist kein Wettbewerb, es ist vielmehr die Freude darüber, wie faszinierend Natur sein kann – vor allem auch unter dem Eindruck der Bilder von zerstörenden Muren, vernichtenden Bränden und einer bedrohlichen Reduzierung der Vielfalt.

Selbstverständlich macht sich das von uns sträflich vernachlässigte Klima auch im Lungau, dem Hort der Beständigkeit, bemerkbar. Auch hier wird es spürbar wärmer, auch hier zerstören Murenabgänge Häuser und Gehöfte und verlegen Straßen – wenn auch seltener und geringer im Ausmaß, als wir das von den Bildern nördlich des Alpenhauptkammes kennen. Man kann das ohne Weiteres so formulieren, dass der Mensch die Natur im Lungau weniger in Bedrängnis gebracht hat und demnach auch weniger von ihr bedroht ist – es ist folglich nie die Natur, sondern immer der Mensch, von dem das Ungemach ausgeht und der Katastrophen provoziert.

Im Norden werden die Schladminger Tauern vom Ennstal, im Süden vom Lungauer Murtal begrenzt. Zwischen Taurachtal und Weißpriachtal verläuft die Grenze zwischen Radstädter und Schladminger Tauern, östlich vom Lessachtal und nach dem Preber die zur Steiermark. Das gesamte Bergmassiv

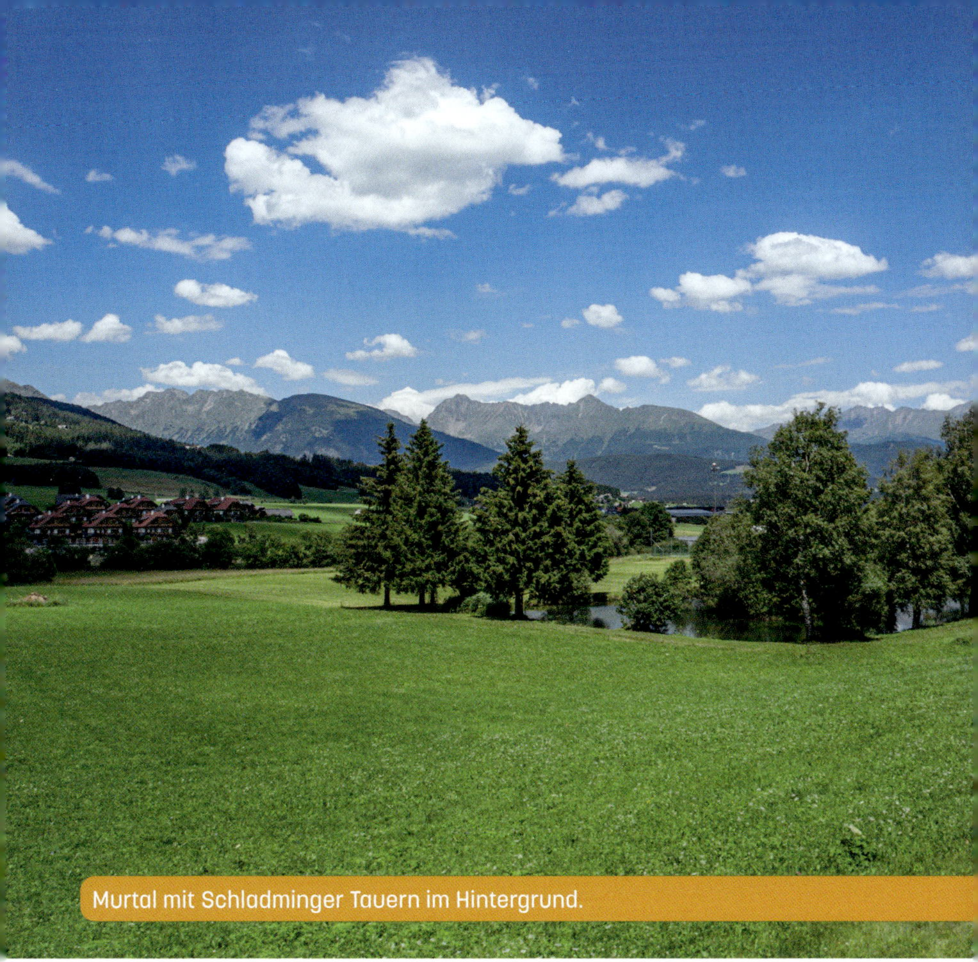

Murtal mit Schladminger Tauern im Hintergrund.

der Niederen Tauern war während der Eiszeit stark vergletschert. Als Erbe hat sie uns tief eingeschnittene Täler und Dutzende Karseen hinterlassen, wodurch hier die seenreichste Gegend der Ostalpen entstanden ist.

Was diese vier Täler so besonders macht, ist ihr landschaftlicher Reiz, der zum einen von dem jeweiligen Wasserlauf bestimmt wird, zum anderen von den weiten, stufenförmig angelegten Böden, die sich bis auf eine Höhe von 2000 Metern hinaufziehen. Die Bäche münden allesamt in die Taurach und mit ihr bei Tamsweg in die Mur. Das bestimmende Element ist das Wasser, wie es sich in zahllosen Formen zwischen titanisch, temperamentvoll, perlend und verhalten, aber stets direkt auf den Talanfang zubewegt – oder über Felsvorsprünge rauscht, um den Wanderer als Wasserfall zu beeindrucken. Und oben liegen die Karseen und funkeln nebeneinander und übereinander in der Sonne oder geben sich bei mäßigem Wetter als unergründliche Bergseen aus, von denen jeder ein Geheimnis zu wahren weiß.

10 Pilgern auf alten Wegen

Von Mariapfarr auf den Oberhüttensattel

Regionalbus 720, Haltestelle Weißpriach St. Rupert · 25 km
8 h · 850 hm · Kirche St. Rupert · Granglerhütte

Ausgedehnte Tagestour für geübte Wanderer

Lonkina, die „Gekrümmte" – so nannten die Kelten, die sich bereits um 500 v. Chr. im heutigen Lungau angesiedelt hatten, den Fluss. Ein wohlklingender Name, ein schönes Bild, vor allem ein sehr passendes: Denn die Lonka oder Longa (wie sie heute genannt wird) prägt das Tal vom Oberhüttensattel bis zur Mündung in die Taurach durch Krümmungen, Windungen und Schlingen, als seien die Mäander hier erfunden worden. Mit zunehmender Höhe werden die Biegungen durch kleine Schluchten und Kaskaden abgelöst. Wasser hellt auf, Bäche eignen sich dafür vorzüglich und das nicht erst, seit ihnen die Romantik in der Darstellung der Naturidylle einen sicheren Platz zugewiesen hat. So verwirrend die Geschichte mit dem Namen sein mag, so eindeutig sind die Sympathien für das Gewässer, das letztlich zum Namensgeber für die Region wurde. Ob Lonka oder Longa – „longka" kann übrigens zudem für Sumpf oder Moor stehen –, darüber ist auch im Lungau keine Einigkeit herzustellen. Weißpriachbach klingt im Gegensatz dazu aber schon eher nach einem Sprachstolperer als wie eine geglückte Alternative.

Durch das Weißpriachtal, dessen Beliebtheitswert bei den Lungauern hoch angesetzt ist, führt ein sehr alter Weg über den Oberhüttensattel, vom Pongau in den Lungau, vom Norden der Tauern in den Süden, was es als ein äußerst vielschichtiges Wandergebiet auszeichnet. Nach dem Abzug der Römer führte der Handelsweg in den Süden, bevorzugt über den Oberhüttensattel, wo die Spuren des einstigen Karrenwegs heute noch sichtbar sind. Spannend wird es nach dem Parkplatz, wenn die Wanderer den Weg fast ausschließlich für sich allein haben und die Begeisterung sich zu duellieren beginnt: zu Füßen der kecke Bach und über dem Kopf die Gebirgswelt. Aber mit jedem Schritt wachsen die vielfältigen Wahrnehmungen zusammen und lassen uns das Tal als Ganzes erleben.

Um sich der Bedeutung dieses alten Weges bewusst zu werden, muss freilich auch ins Kalkül gezogen werden, dass die im hintersten Winkel bekannten Erzvorkommen, die auch den Kelten schon bekannt gewesen sein

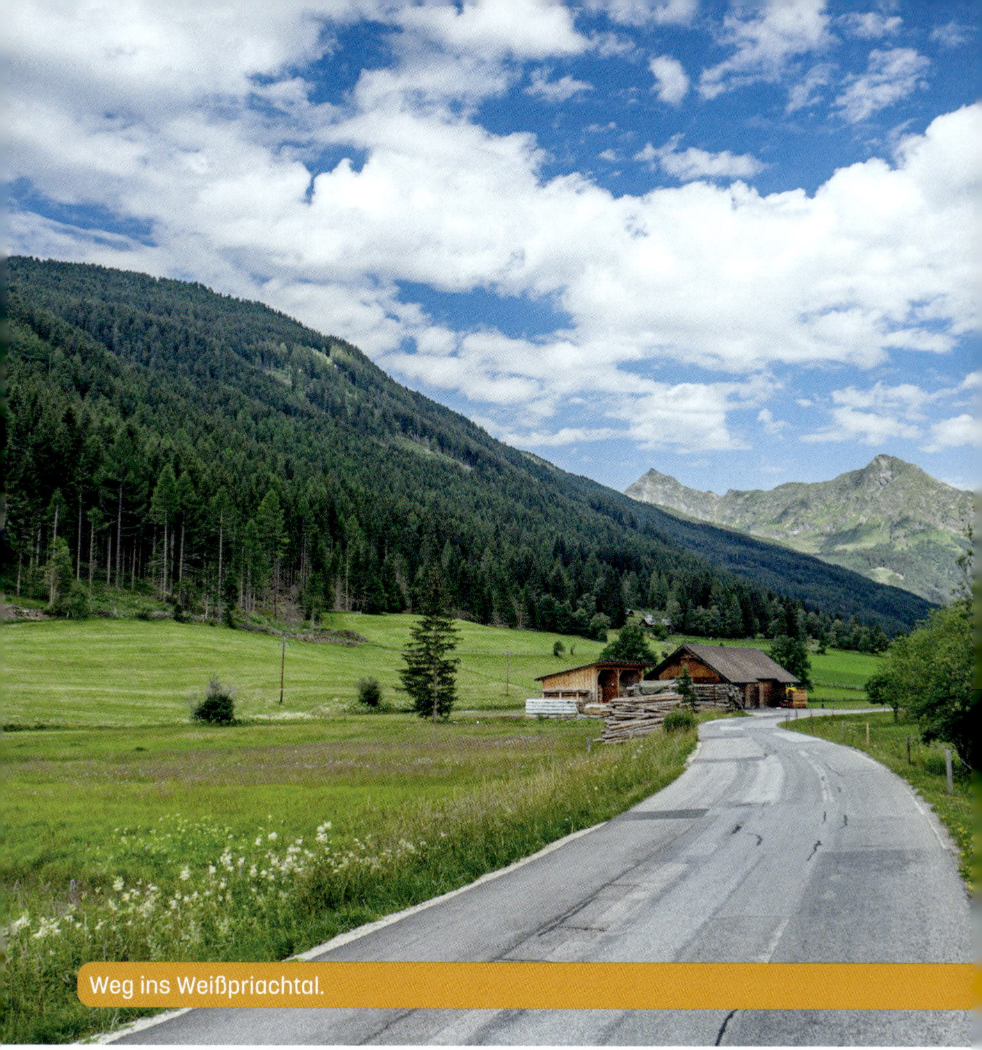

Weg ins Weißpriachtal.

dürften, das Renommee des Tales positiv beeinflussten. So sah Hieronymus Graf Colloredo, der letzte regierende Fürsterzbischof, im Weißpriachtal eine nützliche Alternative zur lawinengefährdeten Route über den Radstädter Tauern und dachte dabei freilich auch an den Schatz im Berg, dessen Abbau immer kostspieliger und weniger ertragreich wurde. Doch alle Rentabilitätsrechnungen wurden von Napoleon zur Makulatur gemacht, denn die Zeit des Erzstiftes war abgelaufen und Colloredo blieb nur mehr die Flucht nach Wien. So war es ein Auf und Ab mit der Gunst, den Weg über den Oberhüttensattel auszubauen. Aber – so wie es ist, ist es gut. Der Ausgangspunkt dieser ausgedehnten Tagestour liegt bei der Rupert-Kirche, die aus der Zeit der Frühromanik stammt und für ihren byzantinischen Freskenzyklus

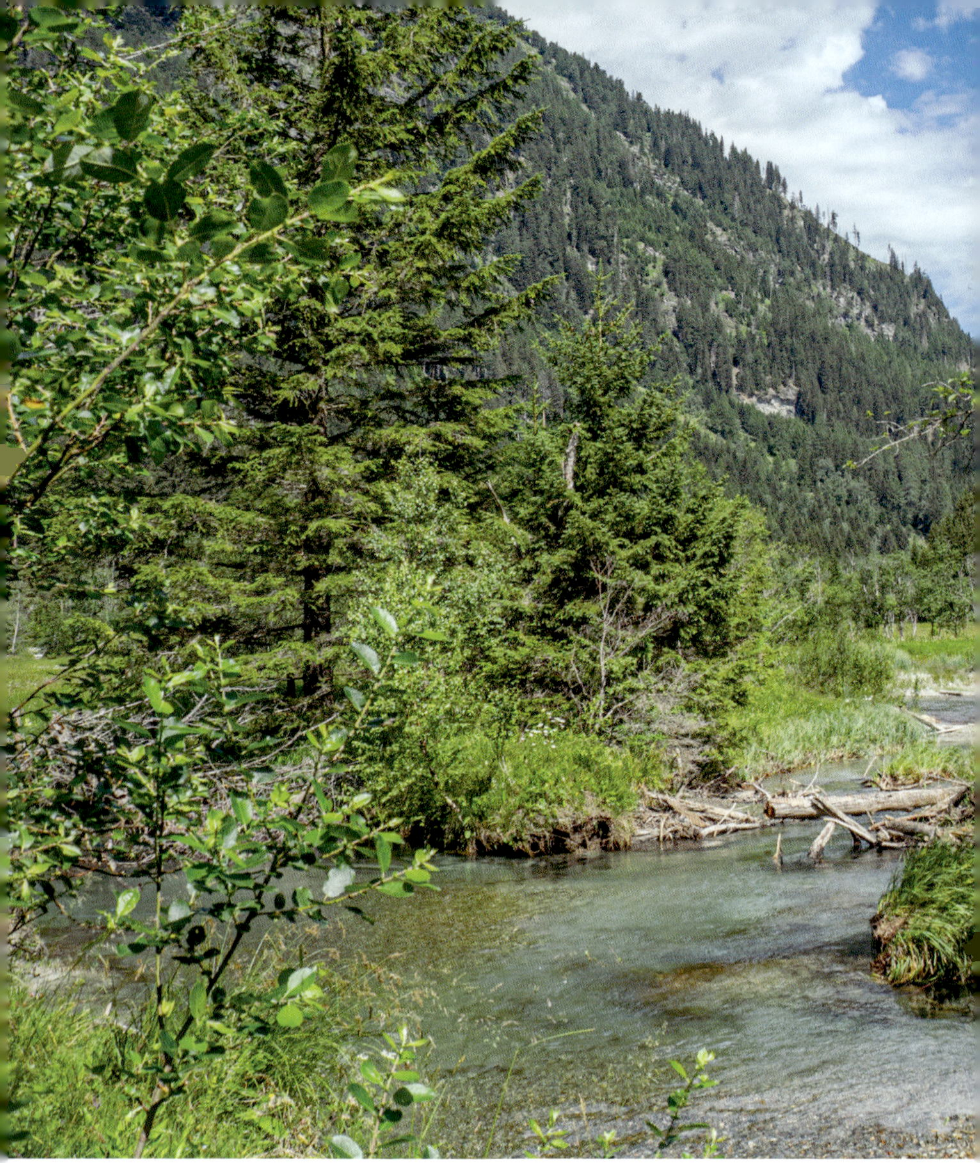

bekannt ist. Auf dem ersten Abschnitt gehen wir auf der Ostseite über den Auweg taleinwärts. In Hinterweißpriach, bei der kleinen Kapelle und der Abzweigung zum Karnersee, gehen wir weiter geradeaus und machen nach etwa zwei Kilometern eine Schleife zur Seekapelle. Nach dem Parkplatz steigt der Weg etwas steiler an und wir erreichen nach etwa drei Kilometern die Weggabelung, wo es rechter Hand ins Znachtal geht. Uns führt der Weg – jetzt mit der Nummer 770 – über Dorferhütte und Granglerhütte zur Ulnhütte, wo der Weg zum Wirpitschsee abzweigt und wo wir in südlicher

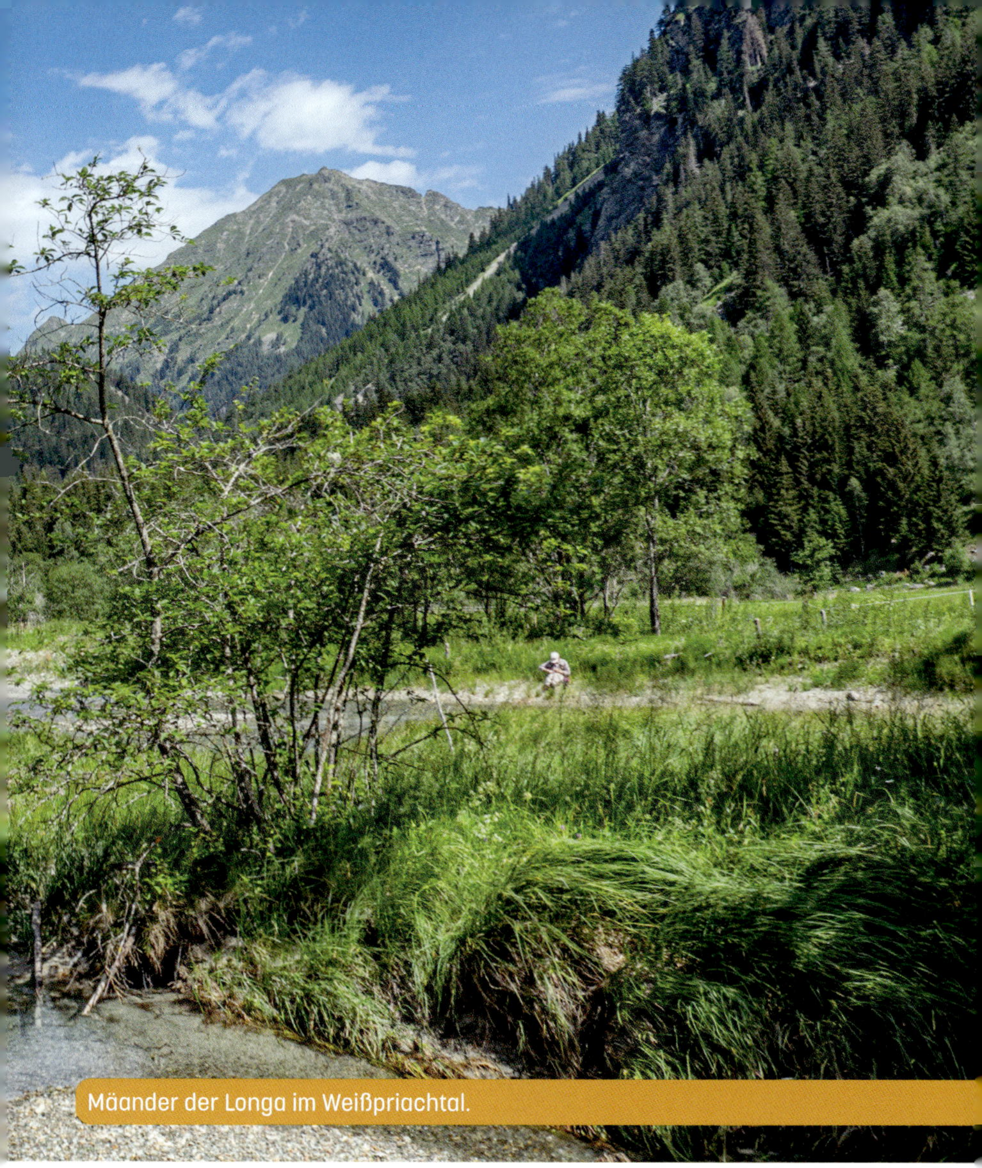

Mäander der Longa im Weißpriachtal.

Richtung zum Twenger Almsee kämen.

Uns zieht es aber weiter auf den Kamm der Niederen Tauern, und so kommen wir eine Stunde später bei der Abrahamalm an, womit wir uns auf einer Höhe von 1 584 Metern befinden. Drei Kilometer und 300 Höhenmeter später erreichen wir schließlich den Oberhüttensattel (1 866 Meter Seehöhe). Nach der Rast am See machen wir uns auf den Rückweg, der aber auch mit dem Tälerbus fortgesetzt werden könnte.

11 Mit der Sonne verbunden

Mariapfarr zwischen Basilika und Sonnenweg

Regionalbus 720, Haltestelle Mariapfarr-Gemeindeamt
4 km | 2,5 h (mit Besichtigungen) | 40 hm
Wallfahrtskirche mit Museum | Örglwirt

Dorfspaziergang mit Themenweg

Mariapfarr thront als Mutterpfarre des Lungaus erhaben über ihren Schäfchen. Es sind aber mehr die äußeren Gegebenheiten als eine innere Haltung, die dieses Bild entstehen lassen. Der Ort liegt auf 1 119 Metern und damit deutlich über den anderen Gemeinden im Lungauer Zentralraum und der Kirche selbst: Ein sehr stattliches gotisches Bauwerk zeigt Breitseite – und das wirkt. Aufmerksamen Besuchern wird beim Betreten der Kirche durch den Vorbau des Südportals rasch auffallen, dass dort das päpstliche Wappen angebracht ist, was zur Voraussetzung hat, dass es sich um eine vom Papst erhobene Basilika handeln muss. Und dem ist auch so. Die ebenso alte wie ehrwürdige Wallfahrtskirche wurde 2018 von Papst Franziskus zur Basilika minor erhoben.

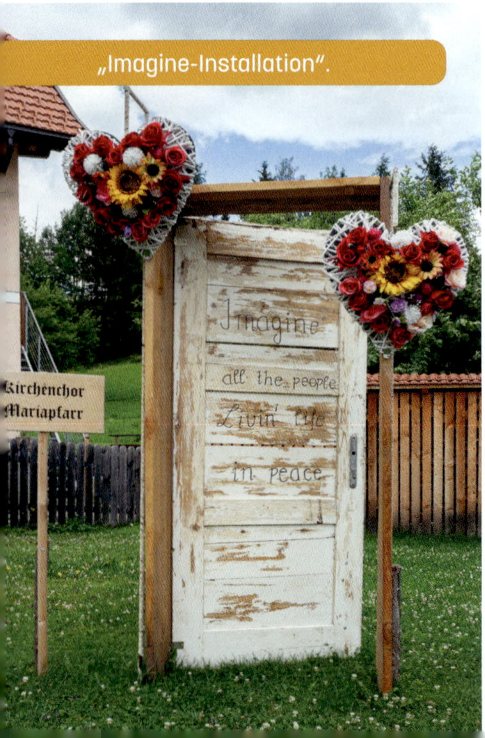

„Imagine-Installation".

Was der Kirche ermöglicht wurde, soll der Gemeinde nicht vorenthalten werden. So oder so ähnlich mochte man in der Gemeindestube gedacht haben: Was für die Pfarre die Erhebung der Pfarr- und Wallfahrtskirche zur Basilika minor bedeutet, entspräche quasi der Erhebung der Gemeinde zur Marktgemeinde. Und als Sprengelgemeinde dürften die Karten dafür ganz gut gemischt sein: Was auch immer den Ausschlag gegeben hat, dem Ansuchen an das Land wurde stattgegeben, sodass Mariapfarr 2023 anlässlich des 1100-Jahre-Jubiläums der Pfarrgründung zur Marktgemeinde

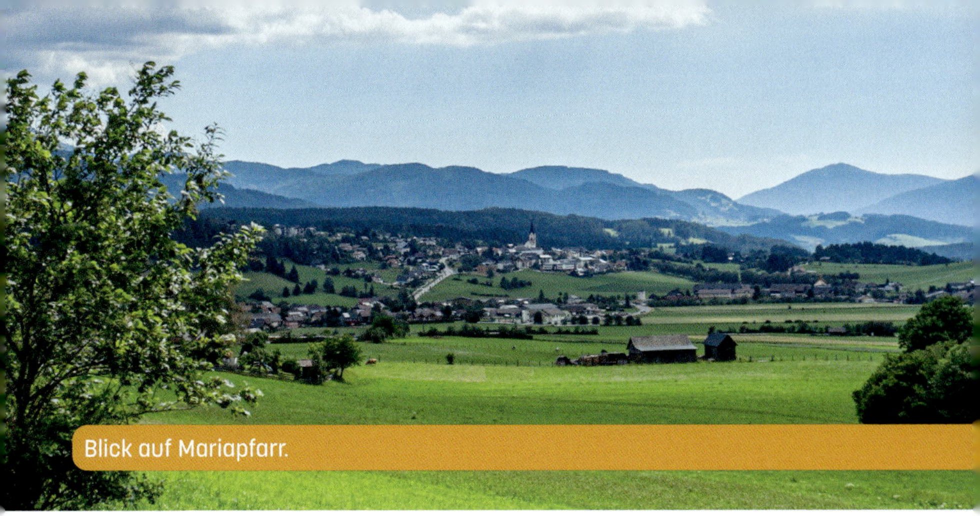

Blick auf Mariapfarr.

erhoben werden wird. Große Feierlichkeiten sind gewiss, kann man dadurch doch mit Tamsweg, St. Michael und Mauterndorf gleichziehen.

Im Zuge eines Rundgangs durch den Ort im Sommer 2022 ist mitten im Dorf auf einer Wiese unweit der Kirche eine kunterbunte Installation aufgefallen, die offensichtlich ganz unterschiedliche Fragestellungen thematisierte. Es stellte sich heraus, dass es sich um eine Ausstellung zur Ortsbildgestaltung handelte, an der sich Vereine, Institutionen und Privatpersonen beteiligten. Eine alte Holztür mit Rahmen machte besonders neugierig, war auf dem Türblatt doch zu lesen: „Imagine all the people livin' life in peace". Die Zeile stammt natürlich aus der utopischen Friedenshymne *Imagine* von John Lennon, veröffentlicht 1971, in der der erklärte Atheist von einer Welt ohne Himmel und Hölle träumte und ohne Religion, in deren Auftrag getötet oder gestorben werden muss. Die kleine Ironie am Rande: Die „Imagine-Installation" war die Idee des Kirchenchores.

Nach dem Besuch der Kirche, deren Innenraum in den vergangenen Jahren restauriert und mit einem neuen Volksaltar ausgestattet wurde, und des Pfarr-, Wallfahrts- und Stille-Nacht-Museums, in dem des Schöpfers der weltberühmten Liedzeilen, Joseph Mohr, der sie 1816 in Mariapfarr niederschrieb, gedacht wird, peilen wir Österreichs ersten Lehrpfad zum Thema Sonne an. Er erstreckt sich über vier Kilometer und informiert sowohl Erwachsene wie auch Kinder auf neun Tafeln über die Bedeutung der Sonne für die Erde und ihre Lebewesen – und über unseren Blick auf sie.

Nach dem Besuch des Museums halten wir uns links, bis wir zum Marienbrunnen an der Ostseite der Kirche kommen. Ab hier orientieren wir uns an der Beschilderung des Lehrpfads, der so angelegt ist, dass wir in einem großen Bogen – unterhalb der Volksschule vorbei – über die Ortschaften Niederrain, Zankwarn und Örmoos wandern und schließlich wieder zu unserem Ausgangspunkt zurückkehren.

12 Eine Welt für sich

Durch das Lignitztal zum See hinauf

Regionalbus 720, Haltestelle Mariapfarr-Ortsmitte
16 km (hin und zurück) 6 h (Geh-und Fahrzeit) 630 hm

Kombinierte Rad- und Wandertour

Fragt man im Lungau nach dem Lignitztal, kann es schon vorkommen, dass die Frage wiederholt werden muss, ehe das Gegenüber reagiert. Der Grund dafür – wie könnte es anders sein – ist der Dialekt. Wer das weitgehend unbesiedelte Tal sucht, sollte nach „Linaz" fragen, denn so heißt es bei den Einheimischen. Wie schon der Name sprachlich verkürzt wird, so zeigt sich auch die Topografie von einer ungewohnten Seite. Es zwängt sich zwischen dem Weißpriachtal im Westen und dem Göriachtal im Osten in das Massiv der südlichen Schladminger Tauern – und auch der Talanfang liegt um einiges höher. Außer einigen Bauernhöfen am Beginn gehört das Tal sich selbst, den Tieren und den Pflanzen. Als Wanderer ist man hier, unter dem Murmeln des Baches, weitgehend allein unterwegs – es kann aber zu überraschenden Begegnungen mit Rehen kommen, und auch die Gämsen sind unterwegs, aber erst weiter oben bei der Lignitzhöhe auf 2200 Metern, früher bei den Pilgern ein beliebter Übergang in den Pongau.

Wir starten diese kombinierte Tour mit dem Fahrrad in Mariapfarr. Von dort geht es über Zankwarn und Kraischaberg, wo wir nach drei Kilometern bereits über 200 Höhenmeter geschafft haben. Ab hier liegen noch gut sechs Fahrkilometer auf einer Schotterstraße fernab jeglicher Zivilisation vor uns, die uns bei geringer Steigung an einer Reihe von Almen vorbeiführt. Die letzte von ihnen ist die Hintere Lignitzalm, wo auch für Fahrräder Schluss ist. Danach geht es zu Fuß weiter.

Während uns der Lignitzbach vom Talanfang bis zu den Almen begleitet hat, scheint er nunmehr plötzlich verschwunden zu sein. Bei genauem Hinhören kann man aber den unterirdischen Verlauf orten. Nach der Alm geht es auf einem Steg weiter, der schnell steil ansteigt. Eine knappe halbe Stunde später kommen wir an der Abzweigung zum 2638 Meter hohen Hocheck vorbei – der Weg hinauf ist aber erfahrenen Alpinisten vorbehalten. Bis zum Ziel unserer Wanderung, dem auf 1965 Meter hoch gelegenen Lignitzsee, sind nach der Abzweigung noch gut zwei Kilometer und etwas mehr als 200 Höhenmeter zu überwinden. Zuerst geht es durch den Hochwald,

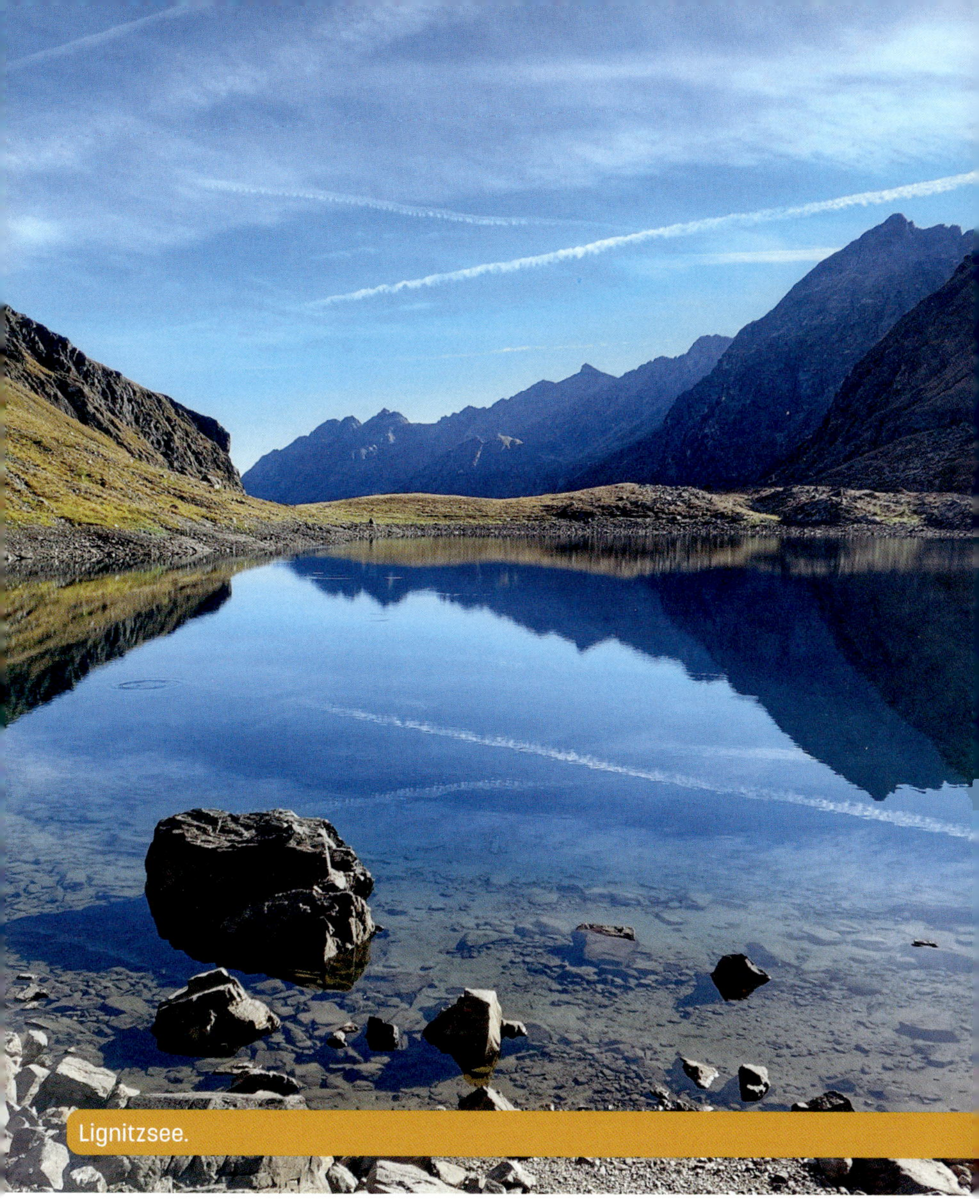

Lignitzsee.

dann erreichen wir eine ausgedehnte Almwiese und haben ab hier den Talschluss mit der Lignitzhöhe vor Augen. Bevor wir endgültig an dem kleinen, idyllisch in einer Mulde gelegenen See ankommen, gilt es noch eine kurze Steigung zu überwinden. Zur Orientierung: Südwestlich des Sees liegt der 2614 Meter hohe Hundstein, der bis zu einem gewaltigen Felssturz im Jahre 1768 der höchste Berg des Lungaus gewesen sein soll. Auf demselben Weg geht es dann wieder retour nach Mariapfarr.

13 Der Lungau, wie er leibt und lebt

Auf dem Weg zu den Landawirseen

Regionalbus 720, Haltestelle Hintergöriach · 10 km · 6 h
650 hm · Landawirseen · Landawirseehütte

Ergiebige Tageswanderung

Die Gemeinde Göriach, zehn Kilometer nördlich von Tamsweg gelegen, zählt seit ein paar Jahren zum handverlesenen Kreis der Bergsteigerdörfer. Dabei handelt es sich um einen Zusammenschluss von kleinen und kleineren Gemeinden in den acht Alpen-Anrainerländern, die unter dem Schutz der Europäischen Alpenkonvention stehen. Im Land Salzburg haben außer Göriach noch die Gemeinden Hüttschlag am Ende des Großarltales sowie Weißbach bei Lofer den Status eines Bergsteigerdorfes verliehen bekommen. Die 2014 und 2018 in Hüttschlag verabschiedete „Magna Charta" beginnt mit dem Satz: „Die österreichischen Bergsteigerdörfer sind vorbildhafte regionale Entwicklungskerne im nachhaltigen Alpintourismus mit einer entsprechenden Tradition. Sie garantieren ein hochwertiges Tourismusangebot für Bergsteiger und Bergwanderer, weisen eine exzellente Landschafts- und Umweltqualität auf und engagieren sich für die Bewahrung der örtlichen Kultur- und Naturwerte."

Ein Blick auf Göriach gibt rasch Auskunft darüber, dass sich die Lungauer Gemeinde am südlichen Fuß der Schladminger Tauern ideal in die internationale Reihe der Bergsteigerdörfer einfügt. Das Gemeindegebiet beschränkt sich auf eine in sich geschlossene Talschaft, die insgesamt 44 Quadratkilometer umfasst. Auf diesem Gebiet leben in einer Höhe von 1180 Metern gut 350 Menschen. Göriach ist von einer Reihe von Bergen umgeben, der höchste davon ist der Hochgolling mit 2 863 Metern. Kreuzhöhe, Scharnock, Lesshöhe und Pietrach sind neben der Samspitze, dem Gumma, der Gensgitsch und der Trockenbrotscharte weitere Gipfel im Einzugsbereich der Gemeinde.

Ursprünglichkeit, Tradition, alpines Flair und umweltfreundliche Mobilität – um nur einige herauszugreifen – sind Kriterien, die den Lungau im Allgemeinen prägen und besonders auch auf Göriach zutreffen. Wie alle anderen Gemeinden des Lungaus ist Göriach auch Teil des Bioshärenparks und ein Großteil des Tales liegt im Landschaftsschutzgebiet der Niederen Tauern. Eine der Kernzonen des Biosphärenparks zieht sich vom Gumma im Süden

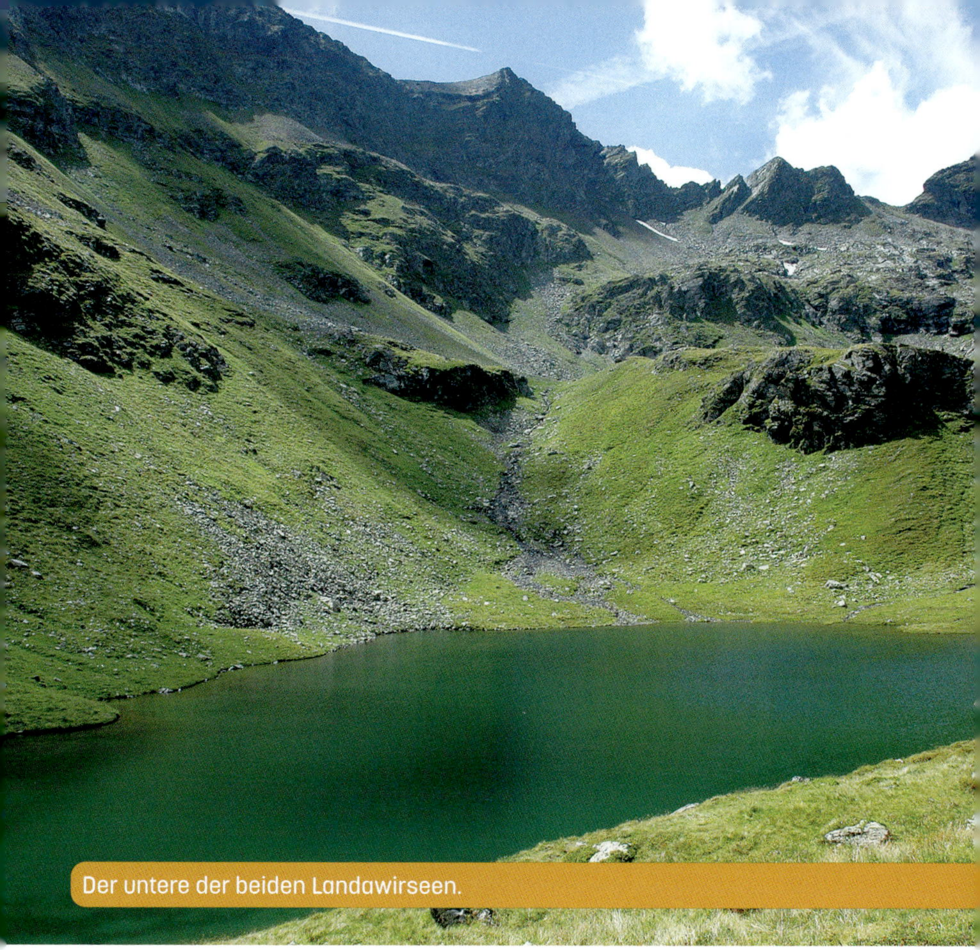

Der untere der beiden Landawirseen.

bis zum Hochgolling im Norden auf den Kamm der Schladminger Tauern hinauf.

Auf der Westseite des Tales liegt mit dem Oberen und Unteren Landawirsee das Ziel unserer Tagestour, die in Hintergöriach beginnt und sich bis auf eine Höhe von knapp 2000 Metern hinaufzieht. Das Almdorf stellt sich einem je nach Geschmack als Ansammlung von Almhütten oder als eine unnachahmliche Postkartenidylle dar. Die neun Almhütten, zwei davon werden gastronomisch genutzt, stehen ziemlich eng beieinander und verdanken ihren Standort der lawinensicheren Tallage. Welch bedeutende Rolle das Wasser bei der Formung dieser Berglandschaft spielt, lässt sich an den unterschiedlichen Formen und Einkerbungstiefen der größeren und kleineren Wasserfälle erkennen. Ein besonders intensives Erlebnis stellt sich dann ein, wenn man sich nur auf das Geräusch des Wassers konzentriert und erst bei den Seen oben die Konzentration wieder vom Hören auf das Sehen legt.

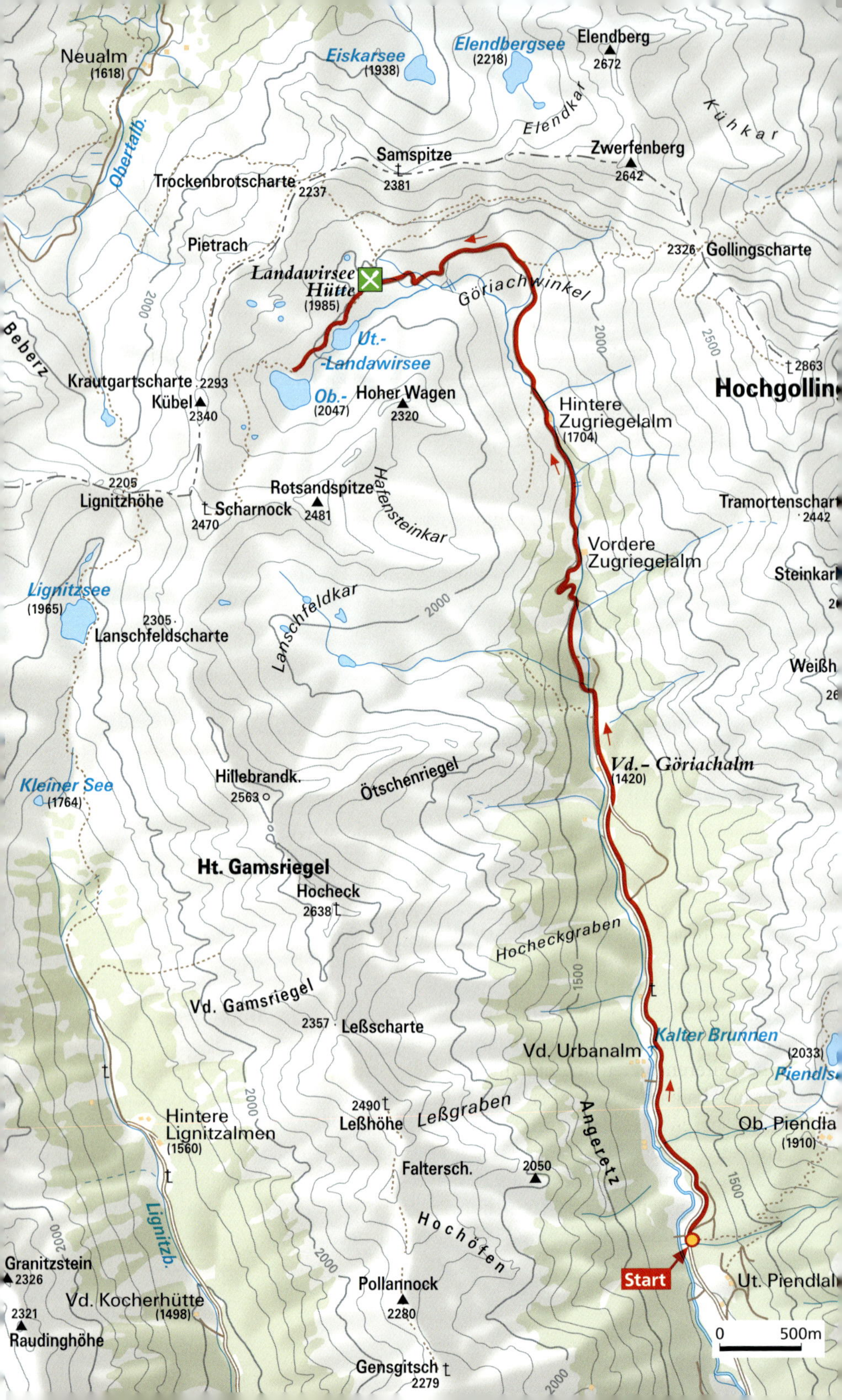
Neualm
(1618)
Eiskarsee
(1938)
Elendbergsee
(2218)
Elendberg
2672
Obertalb.
Elendkar
Kühkar
Samspitze
2381
Zwerfenberg
2642
Trockenbrotscharte
2237
Pietrach
2326
Gollingscharte
Landawirsee Hütte
(1985)
Göriachwinkel
Beberz
Ut.-
-Landawirsee
Ob.-
(2047)
Hoher Wagen
2320
Krautgartscharte
2293
Kübel
2340
2863
Hochgolling
Hintere Zugriegelalm
(1704)
2205
Lignitzhöhe
Scharnock
2470
Rotsandspitze
2481
Hafensteinkar
Tramortenscharte
2442
Vordere Zugriegelalm
Steinkarl
Lignitzsee
(1965)
Lanschfeldkar
2305
Lanschfeldscharte
Lanschfeld
Weißh
Vd. – Göriachalm
(1420)
Kleiner See
(1764)
Hillebrandk.
2563
Ötschenriegel
Ht. Gamsriegel
Hocheck
2638
Hocheckgraben
Vd. Gamsriegel
2357
Leßscharte
Kalter Brunnen
(2033)
Vd. Urbanalm
Piendls
Hintere Lignitzalmen
(1560)
2490
Leßhöhe
Leßgraben
Angeretz
Ob. Piendla
(1910)
Faltersch.
2050
Hochöfen
Lignitzb.
Granitzstein
2326
Start
Ut. Piendlal
Vd. Kocherhütte
(1498)
Pollannock
2280
2321
Raudinghöhe
0
500m
Gensgitsch
2279

Wir gehen durch das Almdorf und danach noch ein gutes Stück auf einem fast ebenen Gehweg, den ein paar Bäume säumen. Auf der rechten Seite rauscht der Göriachbach an uns vorbei. Nach etwa 20 Minuten schwillt das Rauschen immer mehr an und ein Blick nach rechts oben verrät den Grund: ein Wasserfall. Dass es jetzt auch rasch steiler zur Sache geht, liegt in der Natur der Dinge, sprich in der Topografie des Tales. Auf der Talstufe angekommen, präsentiert sich uns die Vordere Zugriegelalm – das erste Etappenziel. Der nächste Abschnitt in den Göriachwinkel geht sehr entspannt den Gehweg entlang, auf dem uns hin und wieder Kühe begegnen. So kommen wir an der Hinteren Zugriegelalm vorbei, längst schon verfallen und nur mehr ein morscher Bretterhaufen.

Während sich westlich das Hafensteinkar zur 2481 Meter hohen Rotsandspitze hinaufschiebt und nach Norden hin die Samspitze den Winkel abschließt, liegt östlich des Baches das Neumannkar, das vom mächtigen Hochgolling überragt wird. Damit sind wir auch schon beim zweiten Etappenziel, der Abzweigung zum Hochgolling, angelangt. Für die Besteigung des höchsten Berges der Niederen Tauern bedarf es jedoch hochalpiner Erfahrung. Wir marschieren jedenfalls zu den beiden Landawirseen hinauf. Diese dritte und letzte Etappe hat es doch in sich, da sich der Weg oberhalb des Kessels an manchen Stellen etwas zäh gestaltet. Besonders an heißen Sommertagen sollte darauf geachtet werden, diesen Abschnitt nicht in der prallen Mittagssonne in Angriff zu nehmen. Nach einer weiteren Dreiviertelstunde steht die Landawirseehütte einladend vor uns. Allein schon die Sonnenterrasse mit Blick zum Hochgolling ist ein guter Grund zum Einkehren. Zuerst gehen wir aber noch den kurzen Weg von fünf Minuten und schauen auf den unteren der beiden Seen. Im Weiteren bietet sich ein insgesamt halbstündiger Abstecher zum oberen See an, dessen Ablauf über einen kleinen Wasserfall in den unteren fließt. Von der Hütte gehen wir auf demselben Weg zum Almdorf zurück.

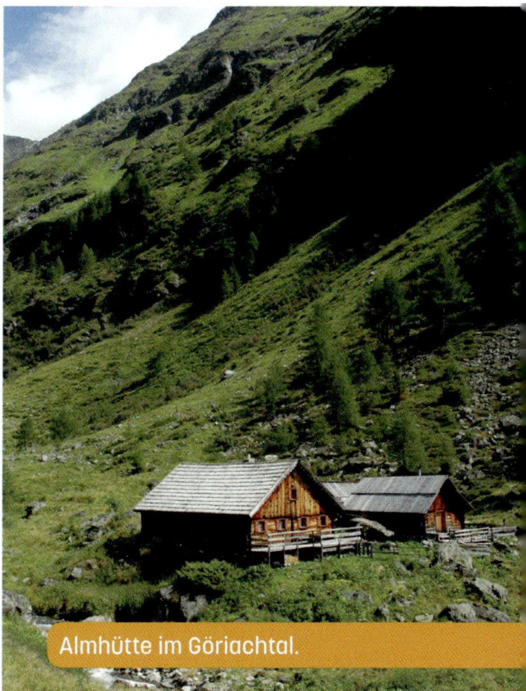

Almhütte im Göriachtal.

14 Bäume im Bach

Zum Wasserfall ins hintere Lessachtal

Regionalbus 630/730, Haltestelle Lessach-Unterdorf · 14 km
4 h · 150 hm · Landschitzwasserfall

Eine Wanderung bei Sonne und bei Regen

Im Süden der Schladminger Tauern ist die Sonne zu Hause. Mit knapp unter 2000 Sonnenstunden im Jahr – so etwa in Mariapfarr – zeigt sie, was sie im Lungau kann. Aber auch hier gibt es Regentage. Vor allem der August kennt auch eine unfreundliche Seite. Um die Landschaft der Lungauer Täler mit all ihren Gesichtern und in möglichst vielen Facetten kennenzulernen, sollte jegliche Scheu vor einer Regenwanderung abgelegt werden. Ganz nach dem Motto „Es gibt allenfalls schlechte Kleidung, aber niemals schlechtes Wetter" zieht man sich entsprechend an und achtet dabei darauf, dass das Material so leicht wie wasserdicht und die Jacke mit einer Kapuze ausgestattet ist. Für „darunter" empfiehlt sich atmungsaktive Funktionswäsche und eine leichte Sportjacke. Auf den Kopf gehört eine Baseballkappe oder ein Hut ohne Krempe, von dem das Wasser abperlen kann. Gummistiefel sind die wirksamste Maßnahme, um nassen Füßen vorzubeugen. Solange der Weg nicht zu steil ist, kann man mit ihnen auch bergauf gehen. Ansonsten gilt die Regel: Je instabiler der Boden, umso fester die Schuhe; gut imprägnierte Bergschuhe erfüllen ihren Zweck jedenfalls optimal. Unentbehrlich für eine Regenwanderung ist ein absolut wasserdichter Rucksack, den man fast streicheln möchte vor lauter Freude, wenn der Inhalt auch nach Stunden noch genauso trocken ist wie beim Einpacken. Die meisten Wanderrucksäcke verfügen aber ohnedies über eine eigene Regenhaut, die im Bedarfsfall einfach übergestülpt wird.

Wenn es sich dann auch noch fügt, dass der Regentag auf einen Sonnentag folgt und Nebelschwaden das Tal gespenstisch verhüllen, ist die Stunde für eine Pflichtwanderung im Regen quasi eingeläutet. Während die Sonne einer Landschaft allenfalls in den Stunden der Dämmerung etwas Geheimnisvolles inszeniert, schaffen das Regen und Nebel binnen kurzer Zeit und vor allem sehr nachhaltig. Wanderungen im Regen sollen unsere Erinnerung auch intensiver prägen als jene bei Sonnenschein.

Wir beginnen mit dieser Wanderung in Lessach, gehen taleinwärts bis zur Mautstelle, vor der wir dann die Straße verlassen und auf einem Forstweg

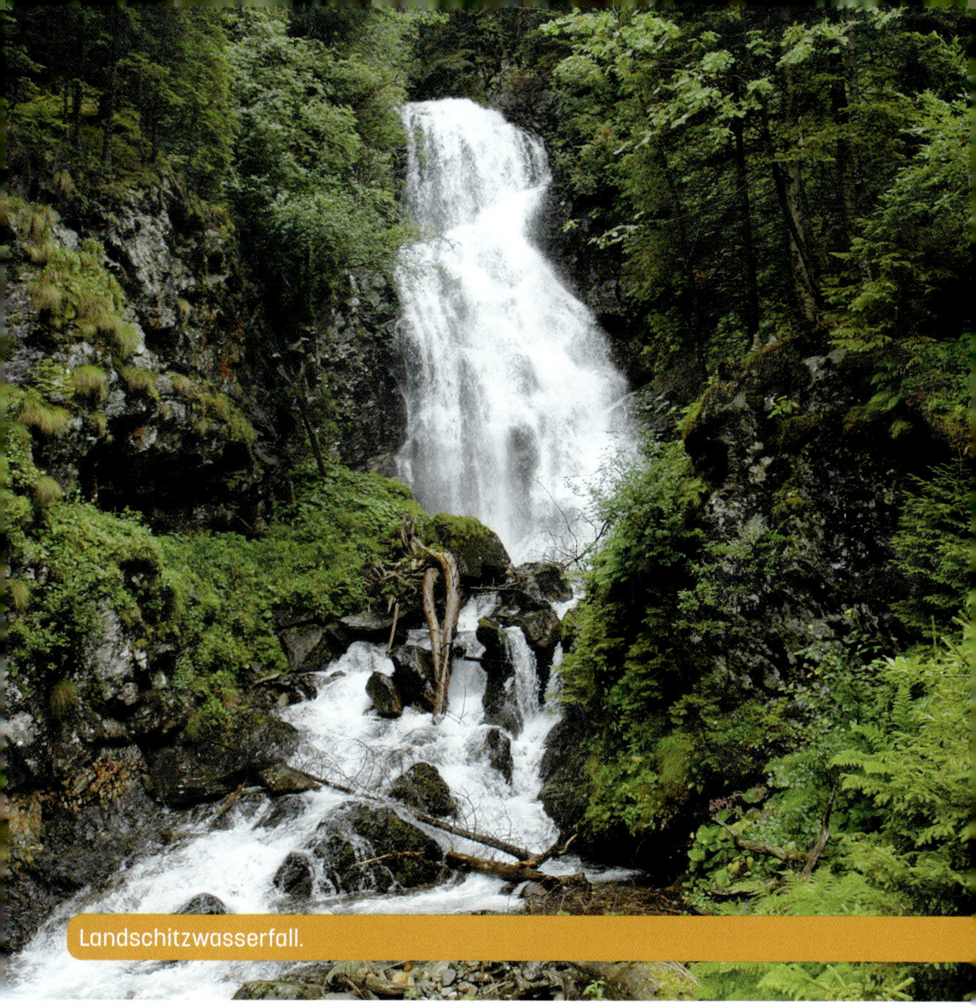

Landschitzwasserfall.

dem Bach entlang nach Norden gehen. Die Lessach ist auf diesem Abschnitt ein naturnahes Gewässer, das sich in zahlreichen Mäandern den Weg talaus bahnt. Die dabei entstandenen vielen kleinen Inseln wirken wie verwunschene Stellen aus einer Zauberlandschaft. In der Schutzzone des Landschaftsschutzgebietes Niedere Tauern angekommen, stürzt sich der Bach über Felskanten und rauscht durch Schluchten. Uns führt der Weg auf diesem Abschnitt wieder zurück auf die Fahrstraße, der wir bis zum Parkplatz folgen. Nach einer guten Viertelstunde stehen wir vor dem Landschitzwasserfall, wo der gleichnamige Bach mit dem Wasser aus den drei Landschitzseen, die auf einer Höhe von 2000 Metern stufenförmig übereinander angeordnet sind, herabstürzt. Mit diesen imposanten Bildern im Kopf geht es auf demselben Weg aus dem Tal hinaus, den wir zuvor genommen haben. Die neue Perspektive verdoppelt die Eindrücke.

15 Weitsicht gefragt?

Von Lessach auf den Lachriegel

Regionalbus 630/730, Haltestelle Lessach-Unterdorf · 7 km (hin und zurück) · 4,5 h · 930 hm · Friedhof in Lessach

Wanderung ohne größere Herausforderungen

Das Lessachtal schließt die Reihe der Lungauer Tauerntäler nach Osten hin ab. Danach erhebt sich nur noch der Preber mit seinen Kumpanen über den gleichnamigen See, ehe die Landesgrenze zur Steiermark ihren Strich zieht. Die Siedlungsgeschichte des Lungaus hat es mit sich gebracht, dass sich im vorderen Drittel der jeweiligen Täler eine Ansiedlung entwickelt hat, die ein paar Kilometer später taleinwärts mit einer kleinen hinteren Ortschaft abgeschlossen wird. Dementsprechend dünn sind die Täler besiedelt. Göriach zählt aktuell 348 Einwohner, während es zehn Jahre früher noch 371 waren. Auch in Lessach hat sich die Einwohnerzahl von 577 im Jahr 2009 auf aktuell 533 reduziert.

Obwohl sich die Täler in ihrer Grundstruktur durchaus ähnlich sind, prägt sie doch ein jeweils eigenständiger Charakter. Lessach ist zum Beispiel die Gemeinde mit den am höchsten gelegenen Bauernhöfen im Lungau. Verbindungen zwischen den einzelnen Tälern gibt es nur selten, auch die zwischen dem Göriachtal und dem Lessachtal besteht nur aus einem Wanderweg. Die schon mehrmals beschriebene Abgeschiedenheit der einzelnen Täler hat selbstverständlich zu einer Ausdifferenzierung der kulturgeschichtlichen Entwicklung geführt. Jedes Tal ist anders und – wenn man so will – eine eigene Welt. Ein sehr schönes Beispiel dafür ist der Friedhof von Lessach, auf dem alle Gräber eine einheitliche Einfassung haben. Die sogenannten Sarchen bestehen aus schwarz lackierten Brettern mit karger weißer Verzierung. Mit dieser Einheitlichkeit soll darauf verwiesen werden, dass im Tod alle Menschen – unabhängig von Stand, Herkunft, Geschlecht und Alter – gleich sind. Die generelle Sichtweise auf die Vergänglichkeit der menschlichen Kreatur kann durchaus als unterschiedslos angenommen werden, in Lessach hat man dafür aber eine ebenso deutliche wie ästhetisch eindrucksvolle Form der Darstellung gefunden.

Von den Sarchen zum Lachriegel. Ein kurzer Gedankensprung, so knapp wie Leben und Tod sich zuweilen gegenüberstehen. Was es mit dem Namen des „Grasmugels“, der ja nur ein Vorberg der Tauern ist, auf sich hat, konnte

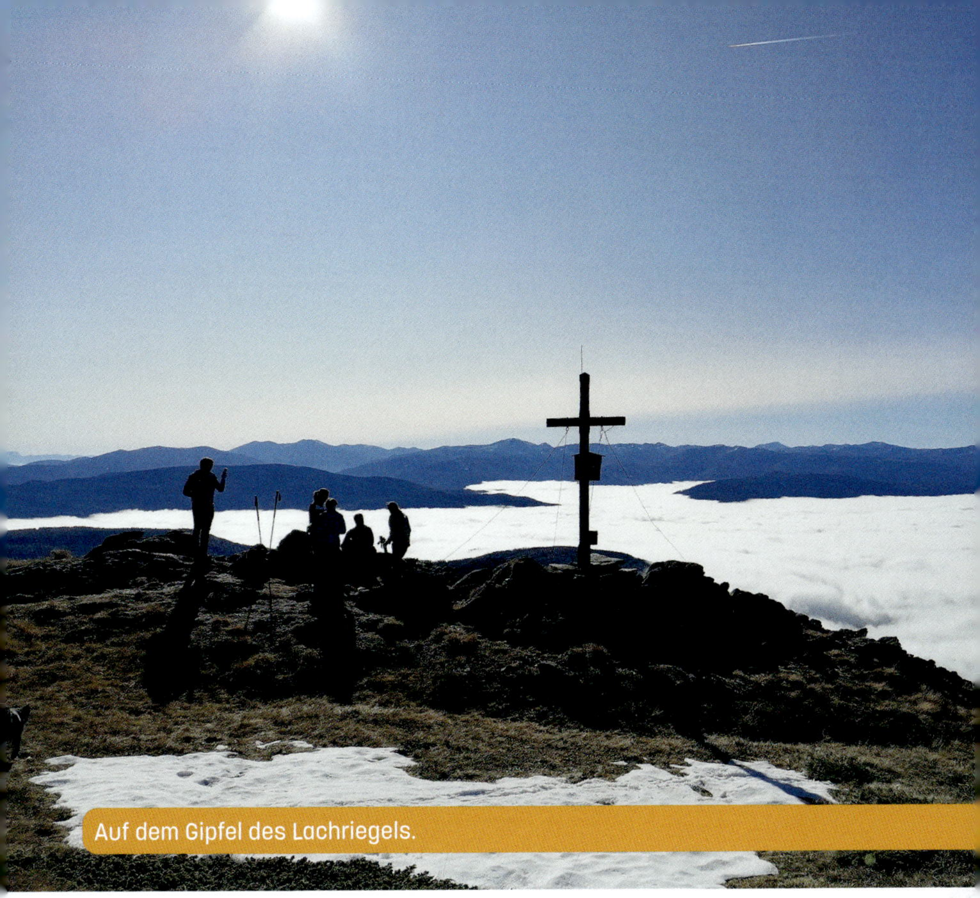

Auf dem Gipfel des Lachriegels.

nicht eruiert werden. Vielleicht ist es die Freude über die schöne Rundumsicht, die uns an dieser Tour besonders reizt. Und weil wir dieses Mal besonders ehrgeizig sind, starten wir diese bereits im Tal, und zwar in Unterdorf bei der Kapelle, von wo sich der Güterweg bis kurz vor den letzten Bauernhof am Wagenberg auf der rechten Talseite hinaufzieht – wir haben damit 200 Höhenmeter vor uns. Danach geht es zuerst ein Stück auf dem Forstweg weiter und anschließend entlang des Golzgrabens den Bergwald hinauf. Dabei ist der rauschende Bach unser Begleiter. Etwa auf einer Höhe von 1 700 Metern überqueren wir den Graben und übersteigen einen Zaun. Langsam beginnt sich der Wald zu lichten und wir kommen auf freies Gelände, wobei sich der Blick auf den Lachriegel und die Golzalm öffnet. Für die letzte Etappe auf den 2 132 Meter hohen Gipfel bleiben wir weiter auf dem Steig, der in einem Linksbogen zu einem Durchgangstürl beim Weidezaun führt. Der Ausblick ist überraschend breit gefächert und zieht sich von der über Tamsweg thronenden Wallfahrtskirche St. Leonhard nach Westen. Der Rückweg führt über den Hinweg zurück ins Tal.

16 Bodenstation der Außerirdischen?

Von Lessach auf den Gumma

Regionalbus 630/730, Haltestelle Lessach-Unterdorf
8,5 km (hin und zurück) 4,5 h 850 hm
Lawinenverbauung Wildbachhütte

Leichte Tour für fleißige Geher

Neben dem Lachriegel ist der Gumma der zweite Hausberg der Lessacher. Im Winter ist er ein beliebter Skitourenberg, im Sommer ein reizvoller Wanderberg, der leicht zu begehen ist. Anders als der Lachriegel liegt der Gumma auf der linken Seite des Lessachtales und damit am südlichen Ende der Biosphärenpark-Kernzone, die sich beidseits des Tales vom Hochgolling weit in den Süden zieht.

Diese Tour beginnt beim Purggerbauer, der auf 1 400 Metern liegt und zu den höchstgelegenen Bauernhöfen des Lungaus zählt. Dort startet auch der

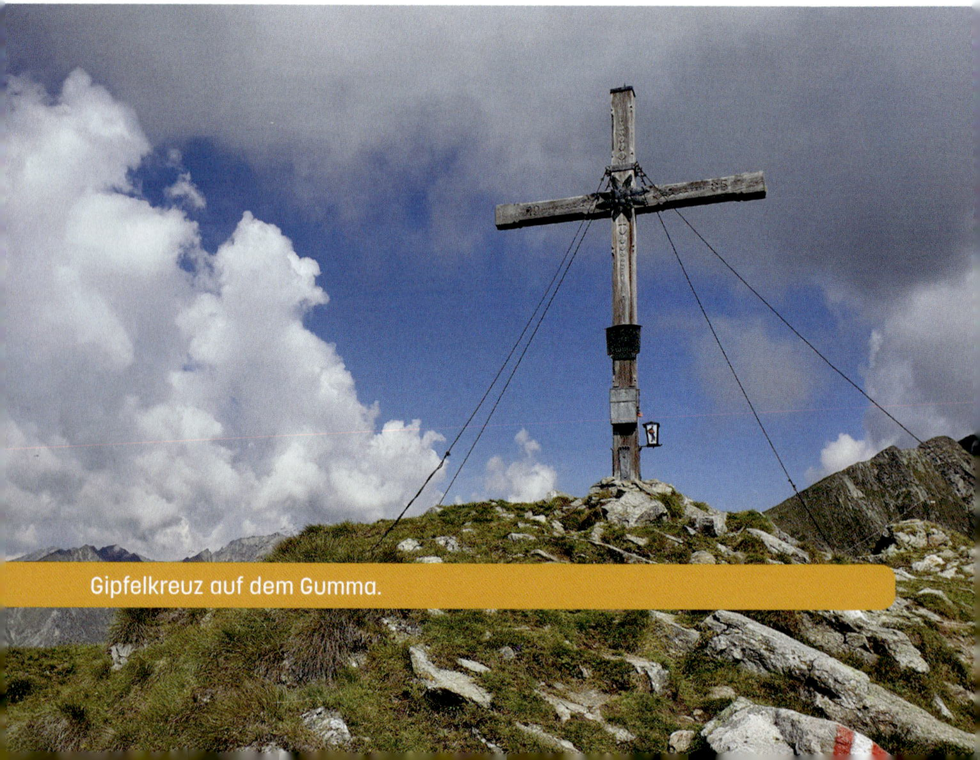

Gipfelkreuz auf dem Gumma.

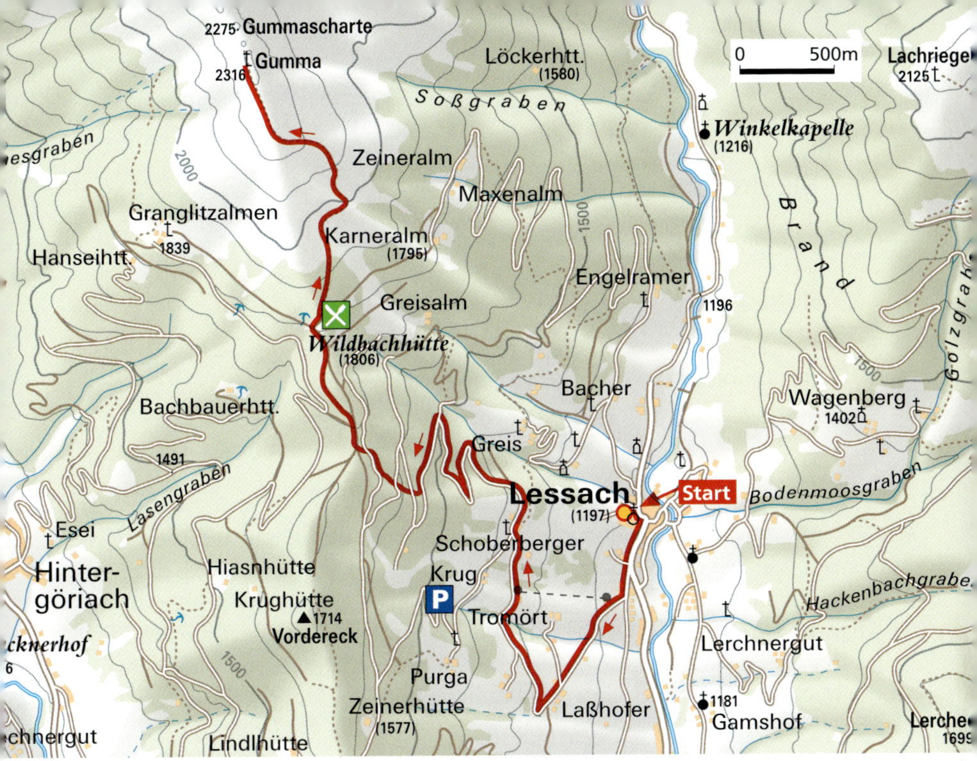

Weg Nr. 765, der als „Weg der Stille" ausgewiesen ist und bis zur Wildbachhütte führt, womit wir dann schon auf 1806 Metern angekommen sind. Von dort geht es durch den Lärchenwald weiter, der sich besonders im Herbst in all seiner Pracht zeigt. Dann werden wir von Steinformationen überrascht, die je nach Alter, Temperament und Fantasie ganz unterschiedlich interpretiert werden können. Science-Fiction-Fans werden dabei ganz selbstverständlich an eine Bodenstation von Außerirdischen denken, andere wiederum haben eher das Bild einer unterirdischen Bunkeranlage vor Augen. Die Einheimischen wissen selbstverständlich, dass es sich um eine Art Lawinenschutzmaßnahme handelt, die zur Mitte der 1950er-Jahre entstanden ist. Um die 40 Kegel, außen mit Stein verkleidet und innen mit Material gefüllt, wurden seinerzeit errichtet, um die gefürchtete Bacherlawine in ihre Schranken zu weisen. Um 2009 herum wurde entschieden, die doch mittlerweile in die Jahre gekommene Anlage im Gesamten zu renovieren.

Im Weiteren steigen wir am rechten Rand des Gummas in Serpentinen hinauf bis zu einer weithin sichtbaren Vermessungspyramide aus Holz. Ab da folgen wir dem flachen Rücken unseres Tourenziels und stehen dann schließlich nach zweistündiger Wanderung auf der 2316 Meter hohen Kuppe. Wir staunen über den sich bietenden Ausblick, der an schönen Tagen bis zum Großglockner und den Julischen Alpen reicht. Für den Abstieg nehmen wir denselben Weg, auf dem wir heraufgekommen sind.

17 Ein weiteres Trio

Die drei Landschitzseen

Regionalbus 730, Haltestelle Lessach-Unterdorf
13 km (hin und zurück) 6 h 900 hm
Landschitzseen Obere Bacheralm

Anstrengende Tour, die Kondition verlangt

Will man die Parade der Lungauer Bergseen abschreiten, was sehr viele Touren voraussetzt, dann sei gesagt, dass man an den drei Landschitzseen im hinteren Lessachtal keinesfalls vorbeikommt. Sie sind ein unbedingtes Muss und das gleich aus mehreren Gründen. Das Lessachtal an sich zählt zu den besonders faszinierenden Lungauer Berglandschaften und führt in die höchsten Regionen, thront über allem doch der Hochgolling, der „Herr Hochgolling", möchte man fast sagen, der „Chef der Niederen Tauern", dessen Erstbesteigung am 8. August 1791 stattfand. Das Erwandern der Bergseen im Lungau ist durchaus mit dem weidmännischen Sammeln von Trophäen vergleichbar. Und welche wird dann die schönste Auszeichnung sein oder jene, auf die man besonders stolz ist?

Die drei Landschitzseen machen in jedem Fall stolz und zählen zu den schönsten Bergerlebnissen im Lungau. Wenn sich der Hochgolling bei schönem Wetter im Oberen Landschitzsee spiegelt, dann lesen wir das als Anerkennung, freuen uns und grüßen zurück. Aber es ist nicht nur das Ziel, auch der Weg ist ein besonderes Erlebnis, besonders durch die Wasserfälle und die schroffe Eigenart mancher Abschnitte.

Der Startpunkt dieser Tagestour liegt auf der Laßhoferalm im hinteren Tal auf 1 270 Meter Seehöhe. Zuerst geht es noch einen halben Kilometer auf der geschotterten Forststraße taleinwärts, ehe rechter Hand die Abzweigung zu den drei Seen folgt. Zum Auftakt der Wanderung durch das tief eingeschnittene Hochtal stehen wir bereits nach zehn Minuten vor einem spektakulären Wasserfall, der von den Seen ganz oben gespeist wird. Auf Weg Nr. 784 geht es dann etwas mühsam und steil über Stock und Stein und in Begleitung des Baches hinauf zur Oberen Bacheralm, unserem ersten Etappenziel auf knapp 1 700 Metern. Weiter führt der Weg über einen ausgedehnten Almboden, auf dem wir bald nach den Almhütten am Kühseelein vorbeikommen – und bald danach erreichen wir den ersten der drei Seen, der mit einer Fläche von gut elf Hektar auch der größte ist. Wir biegen vor diesem rechts ab und gehen über den RW6 dem zweiten, dem kleinsten der drei Seen entgegen,

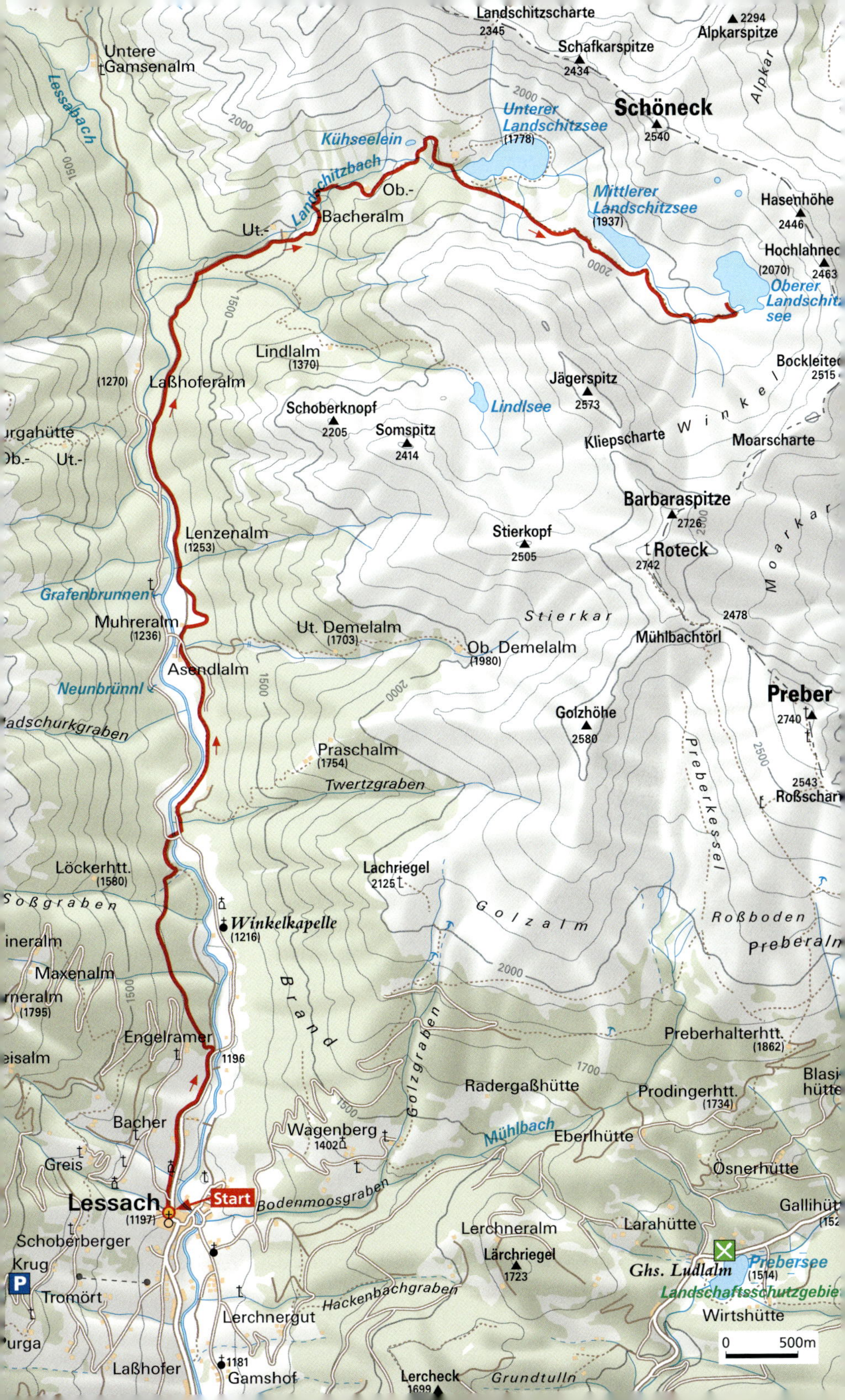

Landschitzscharte
2345
2294
Alpkarspitze
Schafkarspitze
2434
Untere
Gamsenalm
Lessabach
Alpkar
Schöneck
2540
Unterer
Landschitzsee
(1778)
Kühseelein
Landschitzbach
Ob.-
Bacheralm
Ut.-
Mittlerer
Landschitzsee
(1937)
Hasenhöhe
2446
Hochlahnec
(2070)
2463
Oberer
Landschit
see
Lindlalm
(1370)
(1270)
Laßhoferalm
Jägerspitz
2573
Bockleite
2515
Lindlsee
Schoberknopf
2205
Somspitz
2414
Kliepscharte
Winkel
Moarscharte
Barbaraspitze
2726
Stierkopf
2505
Roteck
2742
Moarkar
Lenzenalm
(1253)
Grafenbrunnen
Stierkar
Muhreralm
(1236)
Ut. Demelalm
(1703)
Ob. Demelalm
(1980)
Mühlbachtörl
2478
Asendlalm
Neunbrünnl
Preber
2740
Golzhöhe
2580
Praschalm
(1754)
Twertzgraben
Preberkessel
2543
Roßschar
Löckerhtt.
(1580)
Lachriegel
2125
Soßgraben
Golzalm
Roßboden
Winkelkapelle
(1216)
Preberalm
Maxenalm
(1795)
Brand
Engelramer
1196
Preberhalterhtt.
(1862)
Golzgraben
Radergaßhütte
Prodingerhtt.
(1734)
Blasi-
hütte
Bacher
Wagenberg
1402
Mühlbach
Eberlhütte
Greis
Ösnerhütte
Lessach
(1197)
Start
Bodenmoosgraben
Gallihüt
Lerchneralm
Larahütte
Schoberberger
Lärchriegel
1723
Krug
Ghs. Ludlalm
Prebersee
(1514)
Tromört
Hackenbachgraben
Landschaftsschutzgebie
Lerchnergut
Wirtshütte
Laßhofer
1181
Gamshof
Lercheck
1699
Grundtulln
0
500m

der von steilen Wänden flankiert ist. Die Ausblicke sind wirklich atemberaubend. Es ist eine menschliche Eigenschaft, dass bei starkem Staunen Schweigen einsetzt und der Atem flacher wird, wofür sich zur Beschreibung der Begriff „atemberaubend" ganz gut eignet. Zur richtigen Zeit geht man auf dem Weg zum obersten der drei Seen durch ein Meer von Almrausch. Damit sind wir nach dreieinhalb Stunden Gehzeit auf 2066 Meter Seehöhe angekommen. Der kühle Bergsee erfrischt allein schon durch seine Erscheinung. Je nach Wetterlage und Sonnenstand schimmert er blau bis türkis – in den Farben, die wir gemeinhin mit Sommer, Meer, Strand, Badeseen und Urlaub

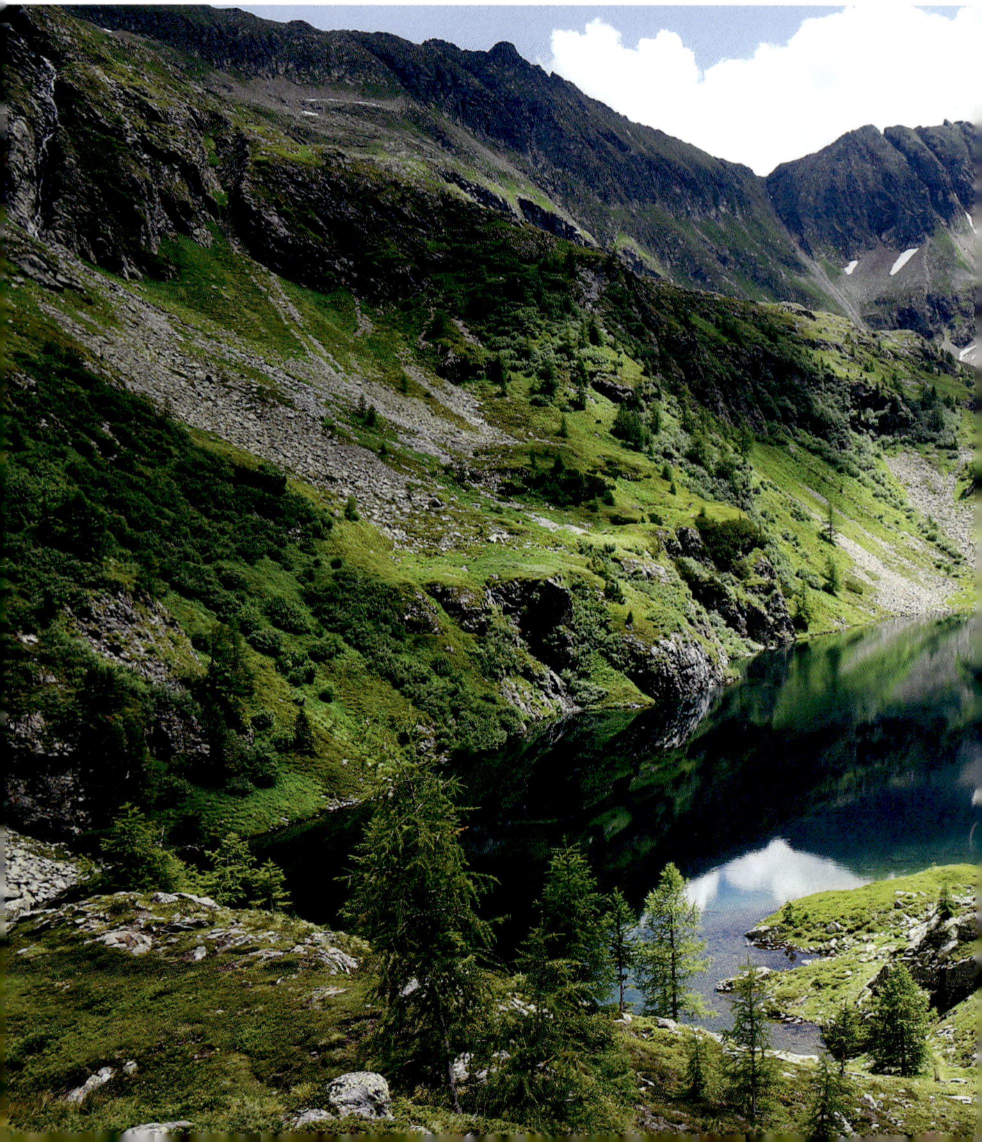

verbinden. Es sind die Sonnenstrahlen, die das Wasser bläulich werden lassen. Wenn das Licht auf die Wasseroberfläche trifft, wird ein Teil davon reflektiert, während der andere gebrochen wird und ins Wasser eindringt, was zur bläulich-türkisen Färbung führt. Mag der See noch so einladend funkeln – ein beherzter Sprung ins kühle Nasse sollte überlegt sein und nicht ganz leichtfertig unternommen werden, um Verletzungen oder unerwünschte Reaktionen des Körpers zu verhindern. Bergseen sind schließlich weder Badeseen noch Trinkwasserbecken, sondern vielmehr ein integraler Teil der hochalpinen Landschaft, die wir zu schützen und zu respektieren haben.

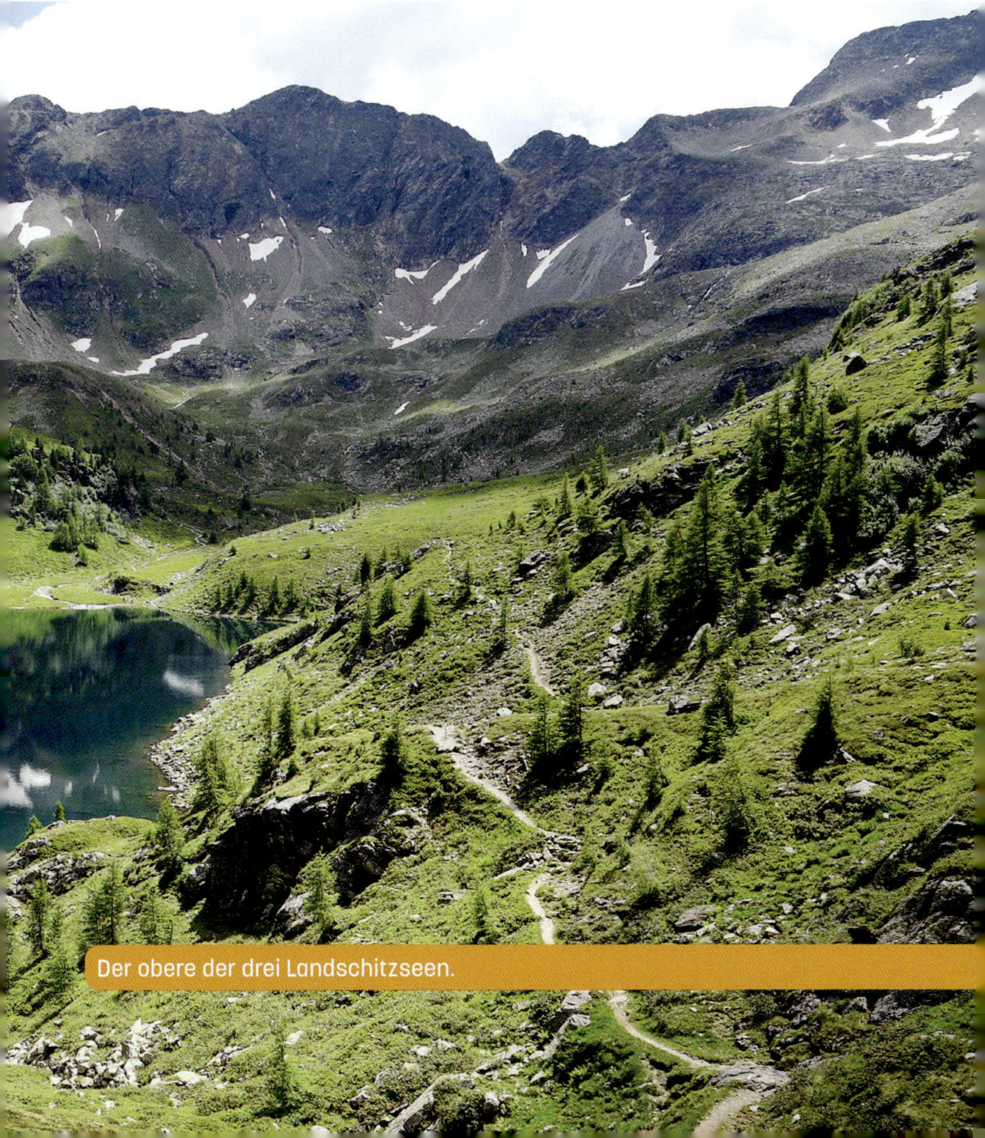

Der obere der drei Landschitzseen.

Transit

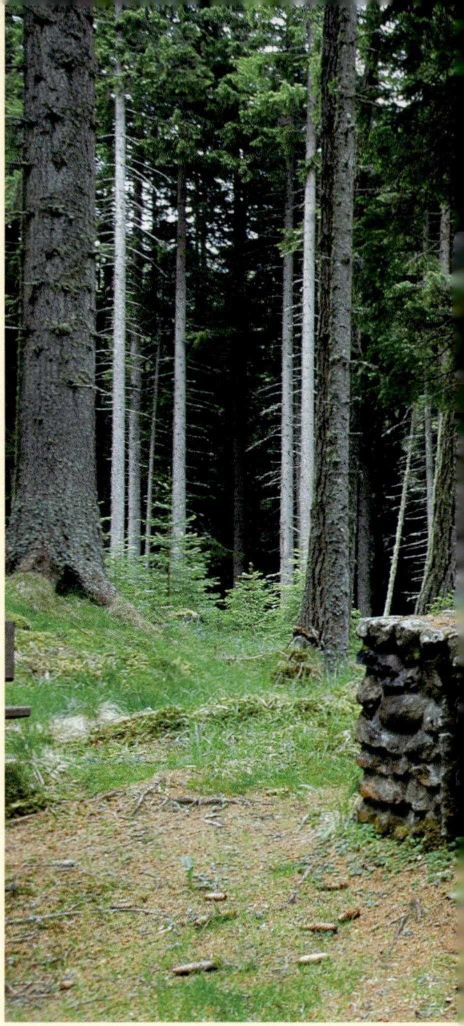

Verkehrspolitik prägt nicht nur die aktuelle Diskussion. Das war auch schon vor 2000 Jahren nicht sehr viel anders. Bevor die Römer als die antiken Meister des Straßenbaus ihren Weg über den Radstädter Tauern angelegt hatten, gab es schon einen Pfad der Taurisker. Die einen waren bestrebt, den Nachschub zu den Legionen nördlich der Alpen möglichst schnell abwickeln zu können, die anderen folgten den Spuren des Erzes. Als die Bajuwaren schließlich den Lungau besiedelten, kamen sie auch über den Tauernpass. Heute ist die gut ausgebaute und schneesichere Passstraße seit der Eröffnung der Tauernautobahn den Winter über Zubringer nach Obertauern und in der schneelosen Zeit eine beliebte Ausflugstraße für Asphalt-Cowboys aus aller Herren Länder. Nichtmotorisierte Zweiradler kämpfen zuweilen heftig mit dem Höhenunterschied von 725 Metern und einer durchschnittlichen Steigung von gut acht Prozent. Es ist heute kaum mehr vorstellbar, dass die Straße über den Radstädter Tauern bis 1975 die einzige Verbindung von Salzburg aus in den Lungau gewesen ist.

Neben dem 150 Kilometer westlich gelegenen Brennerpass war der Radstädter Tauernpass für viele Jahrhunderte die wichtigste Nord-Süd-Verbindung über die Alpen. Für das eigenständige Fürsterzbistum war er aber noch viel mehr als das. Im Vordergrund stand die direkte Verbindung nach Venedig, was den Warenverkehr in beide Richtungen erleichterte und verbilligte, brauchten doch keine Transitzölle bezahlt zu werden. Im Gegenteil, die Fürsterzbischöfe konnten sogar Maut einnehmen. Ab Mitte des 16. Jahrhunderts begann man mit einer wöchentlichen Kammerbotenfahrt von Salzburg in den Lungau, was 1764 auf zweimal wöchentlich und 1895 auf zweimal

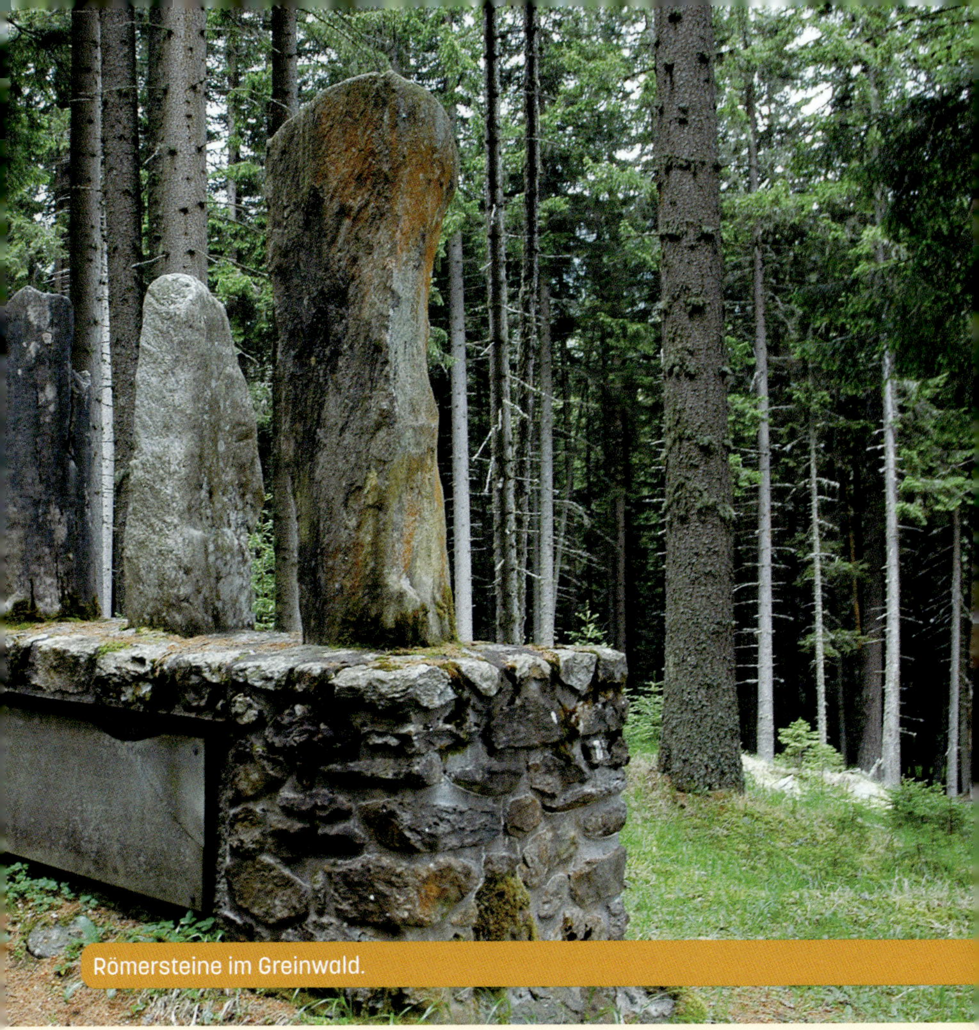
Römersteine im Greinwald.

täglich erweitert wurde. An der Strecke zwischen Radstadt und Mauterndorf lagen mit dem Postgasthof in Untertauern, dem Wirtshaus Wiesenegg kurz vor dem heutigen Obertauern, dem Tauernhaus Schaidberg südlich von Obertauern und dem Gasthof Post in Tweng vier Tauernhäuser. Sie wurden ab Mitte des 16. Jahrhunderts mit dem verstärkten Aufkommen des Personen-, Waren- und Postverkehrs auf fürsterzbischöfliche Anordnung hin zu Stützpunkten und später auch zu Poststationen ausgebaut. Um den Verkehr über den Tauern möglichst reibungslos abzuwickeln, waren die Bauern angehalten, Vorspanndienste zu leisten. Dabei wurden den Pferden zu ihrer Entlastung jeweils zwei oder vier Ochsen vorgespannt. Eine weitere Besonderheit des Transports über den Radstädter Tauern waren die Wegmacher, die sie zu begleiten und dafür zu sorgen hatten, dass Menschen und Waren die Fahrt heil überstanden. Ihnen zu Ehren wurde auf der Pongauer Seite bei der Brücke über den Nesselgraben ein Denkmal mit der Inschrift errichtet: „Allen auf der Römerstraße seit 201 n. Chr. tätigen Wegmachern gewidmet."

Wer heute über den Pass fährt und mit der Geschichte der Wintersportdomäne Obertauern nicht vertraut ist, wird sich die Augen reiben, wie eng aneinandergepresst Hotels und Appartementhäuser stehen und vor allem wie verlassen die Szenerie in der Zeit zwischen Ostern und Weinachten wirkt. Auf Grund der guten Schneelage wurde die Ortschaft zu einem besonderen Wintersport-Hotspot. Entgegen landläufiger Meinung stellt Obertauern nicht einmal eine eigenständige Gemeinde dar, sondern gehört auf der Pongauer Seite zu Untertauern und auf der Lungauer Seite zu Tweng. Die Gemeindegrenze bildet gleichzeitig die Bezirksgrenze und verläuft mitten durch den Ort und manchmal sogar, wie im Fall des Tourismusverbandes, mitten durch ein Haus. Ähnlich wie auf dem Katschberg, wo der Lungau an Kärnten grenzt, ist die Grenzziehung beim Auf- und Ausbau des Skigebiets nahezu unberücksichtigt geblieben.

Als nach dem Niedergang des Römerreiches die Handelsstraße über den Radstädter Tauern verfiel, wurde als neue Nord-Süd-Verbindung der Weg von Forstau über den Oberhüttensattel und durch das Weißpriachtal nach Mariapfarr hinunter favorisiert, was für die Entwicklung als Mutterpfarre des Lungaus sicherlich unterstützend wirkte. Heute führt der Leonhardsweg als Pilgerweg vom Salzburger Dom zur Kirche St. Leonhard in Tamsweg über den Oberhüttensattel. Die Umstände ändern sich und die Politik hat darauf zu reagieren. Das ist eine ihrer vornehmlichen Aufgaben. Mauterndorf kam im frühen 11. Jahrhundert durch eine Schenkung in den Besitz des Salzburger Domkapitels, was Wegzölle und Maut plötzlich wieder eine Rolle spielen ließ. Diese neue Ära in der Bedeutung des Radstädter Tauern sollte letztlich bis in unsere Zeit andauern. Einst spielte der letzte Salzburger Fürsterzbischof Hieronymus Graf Colloredo am Ende des 18. Jahrhunderts, als die wirtschaftliche Lage des kleinen Kirchenstaates kein Denkverbot mehr kannte, mit der Idee, die lawinengefährdete Straße im Taurachtal doch wieder ins Weißpriachtal zu verlegen. Getrieben war Colloredo dabei allerdings von dem Gedanken, damit den Abtransport der Eisenerze zu erleichtern. Es blieb bei der Überlegung, der schnell voranschreitende Niedergang wurde durch die napoleonische Europapolitik zusätzlich geschürt, was zu Beginn des 19. Jahrhunderts zum Verlust der Eigenstaatlichkeit führte.

Gut einhundert Jahre später blieb es den Nationalsozialisten vorbehalten, darüber zu entscheiden, durch welches Tal die neue Autoverbindung zwischen Salzburg und Klagenfurt führen sollte: Taurach oder Zederhaus? Die 1975 eröffnete Strecke der Tauernautobahn führt bekanntlich heute noch durch das Zederhaustal.

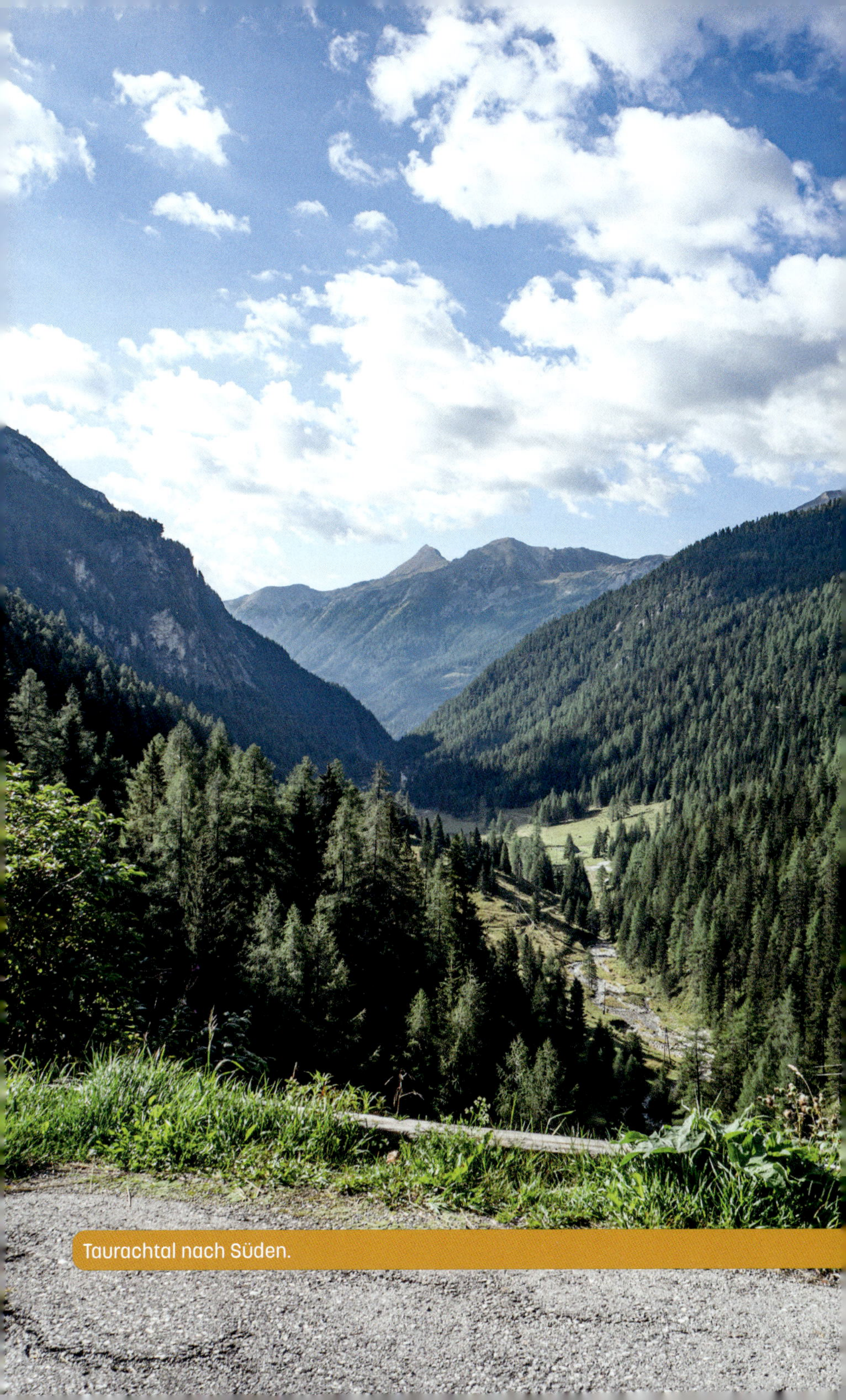

Taurachtal nach Süden.

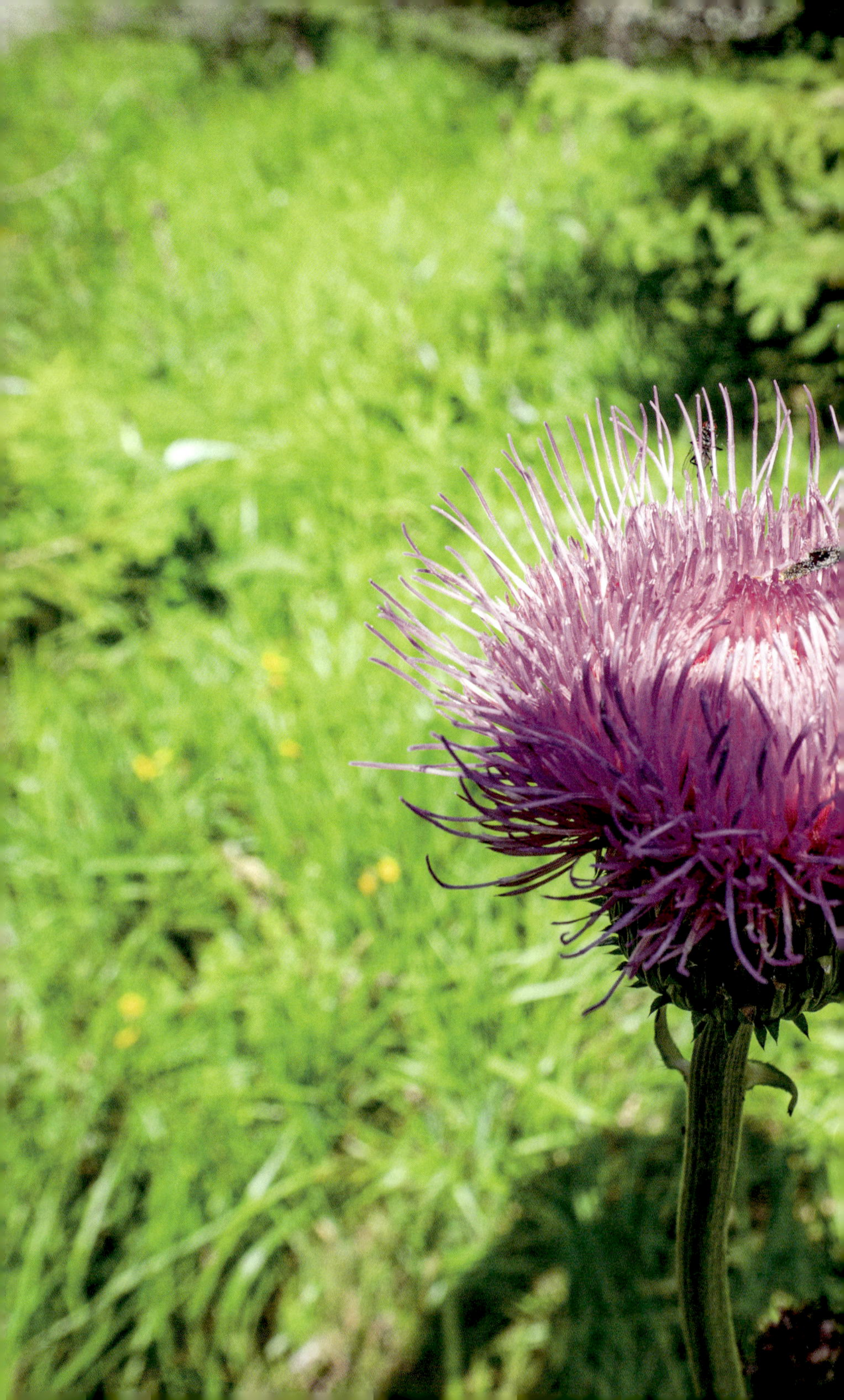

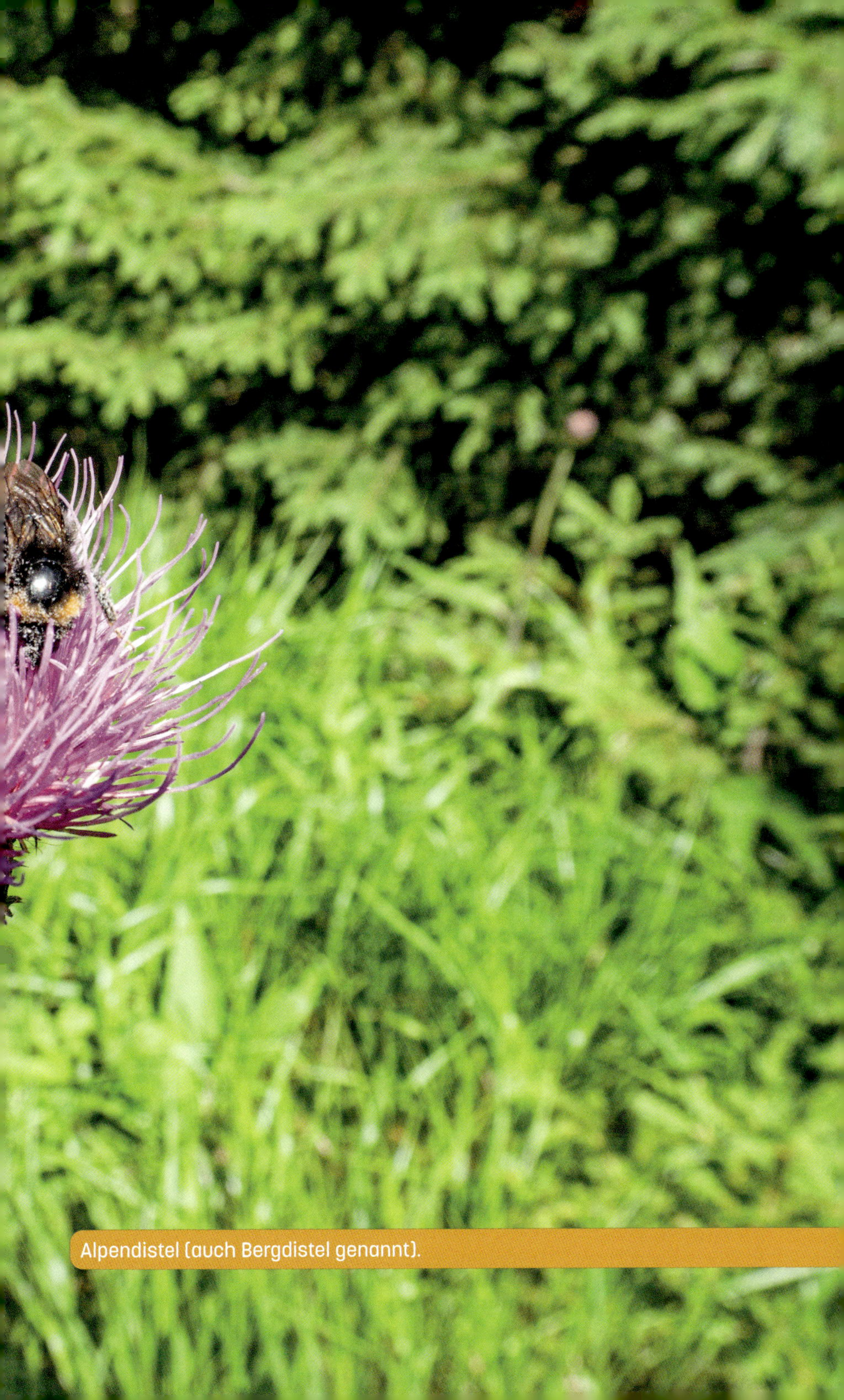

Alpendistel (auch Bergdistel genannt).

Im südöstlichsten Eck

Tamsweg und seine Umgebung

Fehlt dem Lungau etwas, weil es innerhalb seiner Grenzen keine Stadt gibt – keine Bezirkshauptstadt? Die Frage erübrigt sich. Es ist wie es ist und das Ideal richtet sich nicht immer nach dem Status aus. Mögen andere Gaue ihre Hauptstadt haben – ob traditionell gewachsen oder erst seit Kurzem –, Tamsweg genügt sich selbst. Wer keine Stadt hat, braucht auch keine Hauptstadt. Der Lungau zählt 15 Gemeinden, und eine davon ist Tamsweg. Der Lungau schätzt es nicht, „groß an" zu sein, was so viel heißt wie „größer wirken zu wollen, als man ist". Da gibt es andere Werte, die es hochzuhalten gilt: „Bleib treu den alten Sitten!" Das Motto der „Vereinigten zu Tamsweg" repräsentiert einen dieser Werte. Die Vereinigten wurden 1738 gegründet und bilden die älteste, heute noch bestehende Handwerksbruderschaft in Österreich mit etwa 900 Mitgliedern. Um Vereinigter zu werden, muss der männliche Beitrittswerber die Lehre abgeschlossen haben. Frauen wird trotz aller Bemühungen bislang kein Zugang zu dieser Männerdomäne gewährt. Im Tamsweger Festkalender nehmen die Feste und Feiern der Vereinigten ziemlich viel Platz ein.

Neben einem Erkundungsgang durch das Zentrum von Tamsweg und einem Besuch der spätgotischen Wallfahrtskirche St. Leonhard gibt es ein paar Punkte, an denen man staunend verharren sollte und ein paar Wege, die begangen werden wollen, um anschließend sagen zu können: Jetzt habe ich eine Ahnung davon, was Tamsweg und seine Umgebung ausmachen. Beginnen wir mit dem Prebersee, der wegen des legendären Schießens weltbekannt wurde. Für den Besucher viel wesentlicher ist jedoch die Lage dieses Moorsees gut 500 Höhenmeter über Tamsweg. Von Wald umgeben und vom Preber, einem der höchsten Lungauer Berge, bewacht, strahlt er eine Ruhe aus, die sich schnell auf die Wanderer überträgt. Die Wege durch das Landschaftsschutzgebiet sind vorgegeben, um Flora und Fauna zu schützen. Hier der leicht mystisch wirkende See, dort die breite Flanke des Prebers, die von unten etwas behäbig wirken mag, aber ihre Kräfte ausspielt, wenn man auf dem Weg nach oben ist. Da ist schon Schmalz in den Beinen gefragt! Ein vergleichbares Setting liefert der Seetaler See mit seinem Schwingrasen-Biotop und dem Gstoder im Hintergrund. Und wer sich vor oder nach der Tour vor

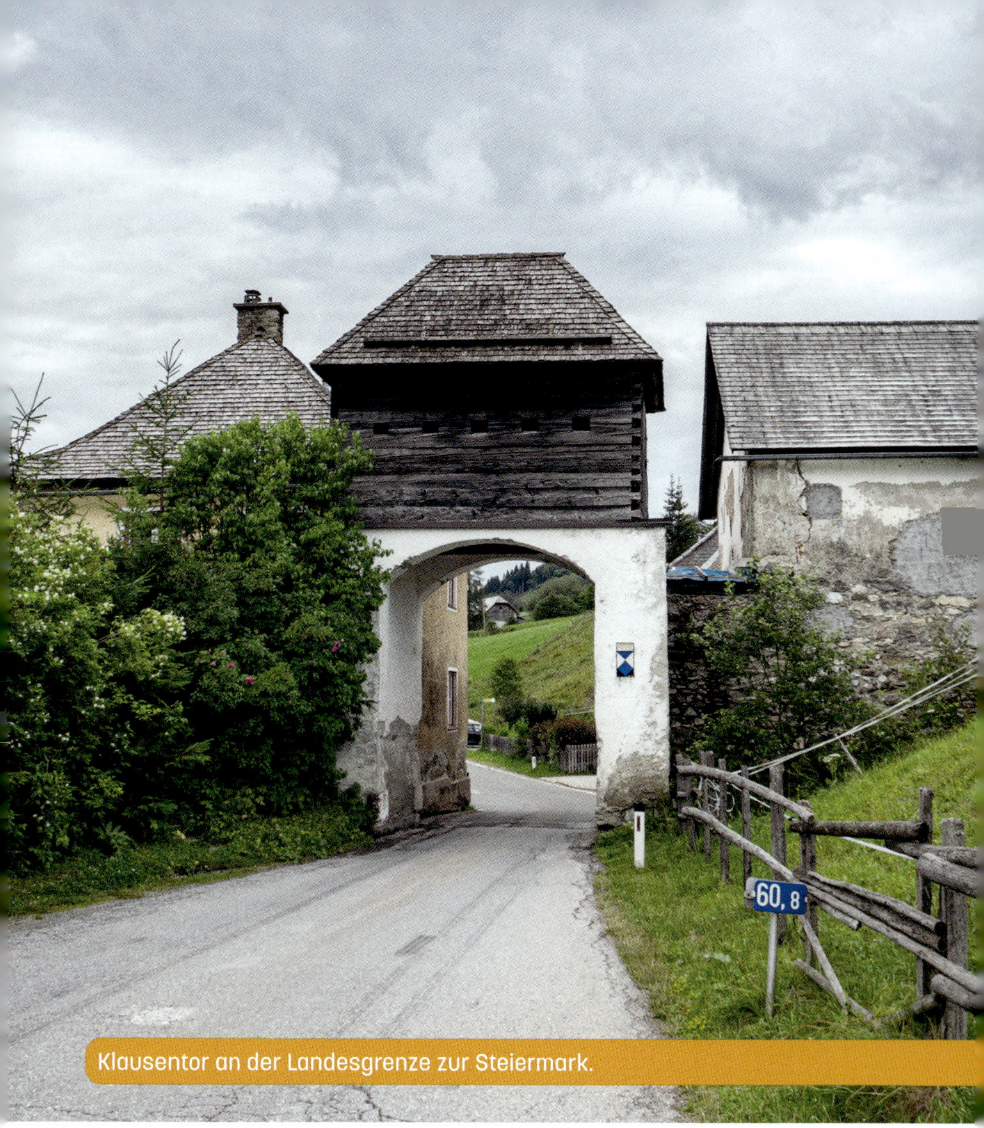

Klausentor an der Landesgrenze zur Steiermark.

das Klausentor in die Mitte der Straße stellt, reibt sich die Augen mehrmals, dass dieser Teil der Wehranlage bis heute nicht dem Asphalt weichen musste. Auch das zeichnet den Lungau aus.

Mit dem Richtstättenweg in Passeggen und der Wanderung auf das Lasaberger Aibl liegen zwei Destinationen ganz in der Nähe von Tamsweg. Führt der Richtstättenweg durch den Wald und in die dunkle Vergangenheit fürsterzbischöflicher Rechtsprechung, so ist das Lasaberger Aibl ein feiner Aussichtsplatz, der den gewünschten Überblick verschafft. Der abwechslungsreiche Weg ist ein zusätzlicher Ansporn hinauf auf die Gipfelfläche.

18 Stattliche Bürgerhäuser und ein Palais

Durch Tamsweg flanieren

Regionalbus 270 zwischen Tamsweg und Stadt Salzburg
2 km · 2,5 h · 50 hm · Palais Kuenburg
Gambswirt, Konditorei Hochleitner

Spaziergang zum Kennenlernen

Die Marktgemeinde Tamsweg verteilt sich über 117 Quadratkilometer. Damit ist sie von der Fläche her der größte Bezirkshauptort und hängt Hallein, Zell am See, St. Johann im Pongau und Seekirchen, das neue Zentrum des Flachgaus, weit ab. Im Gegensatz dazu nimmt sich das historische Zentrum, der Burgfried, sehr beschaulich aus. Jenes Geviert, in dem Adel, Klerus und Bürger lebten, umfasst den Marktplatz und einige wenige Gassen rundherum. Anhand von Bildstöcken – einer von ihnen steht östlich des Amtsgebäudes der Bezirkshauptmannschaft, wo die Amtsgasse in die Bundesstraße übergeht – lässt sich dieser eng begrenzte innere Raum auch heute noch gut erkennen. Zu dieser räumlichen Vergrößerung der Gemeindefläche kam es in den Jahren 1935 und 1938. In den Jahren des Ständestaats wurden Eingemeindungen hauptsächlich aus wirtschaftlichen Gründen durchgeführt. Mit Haiden, Lasaberg, Einöd-Keuschnig, Mörtelsdorf, Wölting und Seetal kamen sechs ehemals eigenständige Katastralgemeinden zur Marktgemeinde hinzu. So hat das Zentrum viel Raum um sich herum, auf den es strahlend wirken kann.

Wir kehren nicht nur gedanklich, sondern auch tatsächlich in dieses Zentrum mit dem Marktplatz im Herzen zurück, wo uns zuallererst ein wuchtiger Eckbau ins Auge springt: das Rathaus, das in Wahrheit ein Gemeindeamt ist. Der Bau, dessen erste urkundliche Erwähnung bis 1452 zurückreicht, erhielt einhundert Jahre später sein heutiges Aussehen, das an die Form eines der typischen Salzburger Ansitze erinnert. Insbesondere die an der Fassadenseite zum Marktplatz hin angebrachten Turmelemente unterstreichen diesen Eindruck. Seit 1895 ist das ehemalige Kronwirtshaus im Besitz der Marktgemeinde und deren Verwaltungssitz. Es sind die Wirtshäuser, die in Form stattlicher Bürgerhäuser das Erscheinungsbild des Marktplatzes prägen und Aufschluss darüber geben, dass hier seit Langem Handel getrieben wurde.

Direkt hinter dem Rathaus erstreckt sich der längliche Bau des ehemaligen Bürgerspitals in nördliche Richtung. Wo über Jahrhunderte für alte und

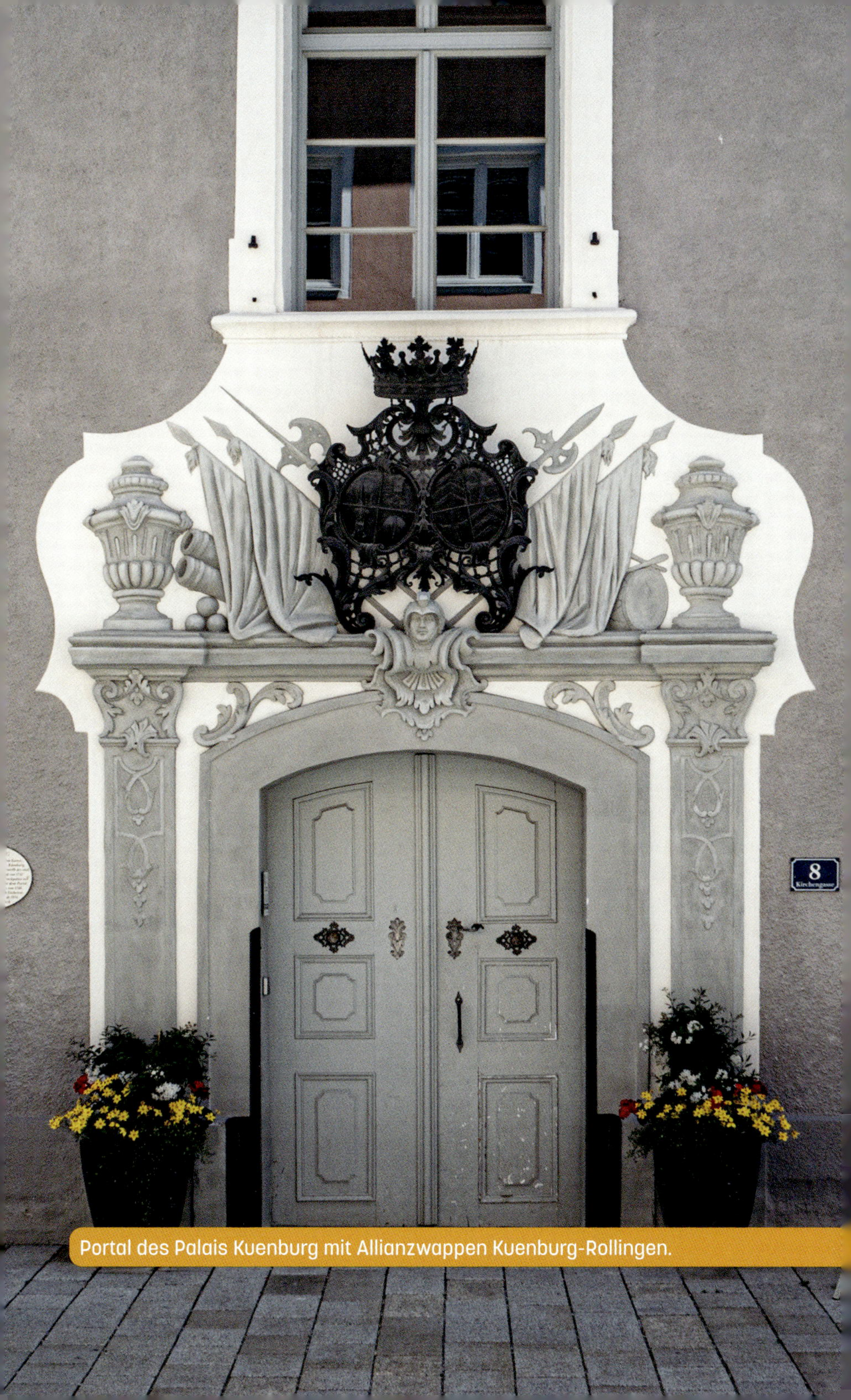

Portal des Palais Kuenburg mit Allianzwappen Kuenburg-Rollingen.

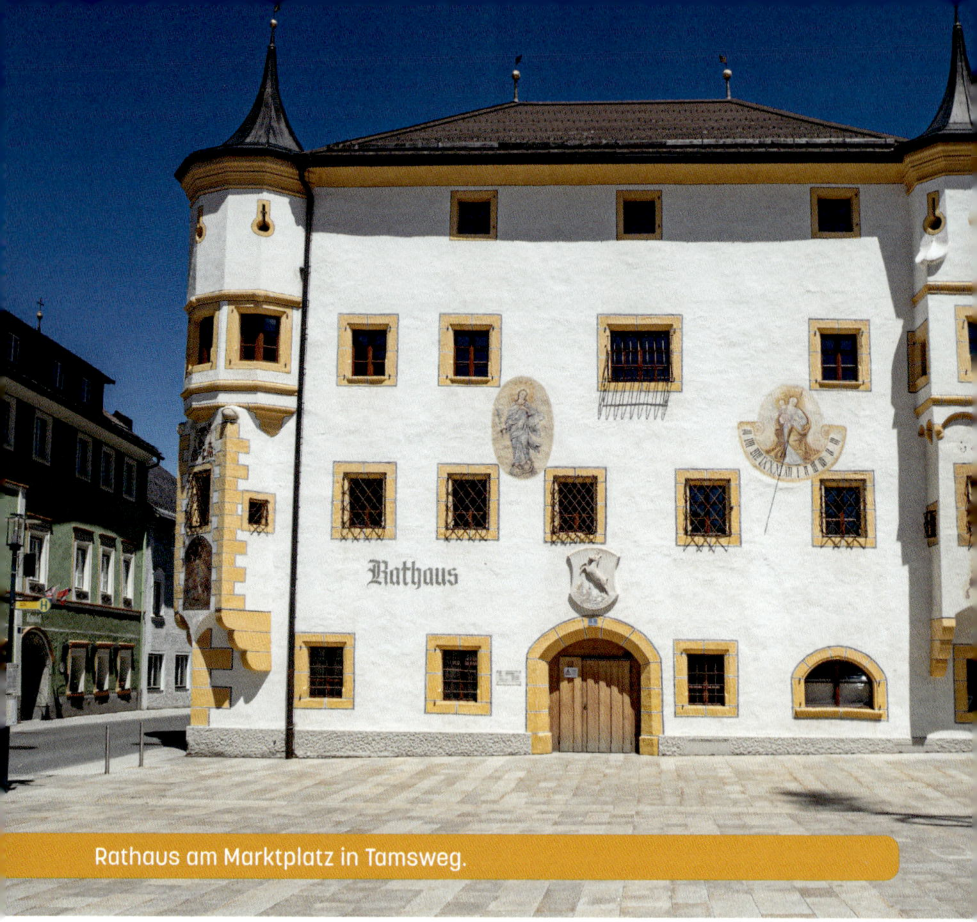

Rathaus am Marktplatz in Tamsweg.

gebrechliche Menschen gesorgt wurde, ist heute das Lungauer Heimatmuseum untergebracht. Hier erfährt der Besucher nicht nur Details über die Besiedelung der Gegend und die Ursprünge von Domesovice, jener ältesten slawischen Ansiedlung im Lungau, aus der das heutige Tamsweg hervorgegangen ist, sondern bekommt auch liebevoll zusammengetragenes bäuerliches und bürgerliches Kulturgut zu sehen, darunter einige sehr wertvolle gotische Truhen. In der Kapelle, die 1492 als St. Barbara-Spitals-Kirchl eingeweiht wurde, ist der Samson von Tamsweg zu bestaunen, der als der älteste der Lungauer Riesen gilt. Im ehemaligen Kirchenbäckerhaus wird heute feinste Schokolade und Confiserie hergestellt, die weit über die Grenzen des Lungaus hinaus geschätzt wird.

Nach dem Besuch des Museums halten wir uns rechts und gehen in der Kirchengasse weiter in nördliche Richtung. Dabei kommen wir zwischen Bräu- und Kuenburggasse zum Palais Kuenburg, das sich Christoph III. Kuenburg – er war ab 1556 Pfleger von Moosham – als Stammsitz errichten ließ. Ursprünglich aus mehreren Gebäuden bestehend, wurde das Anwesen,

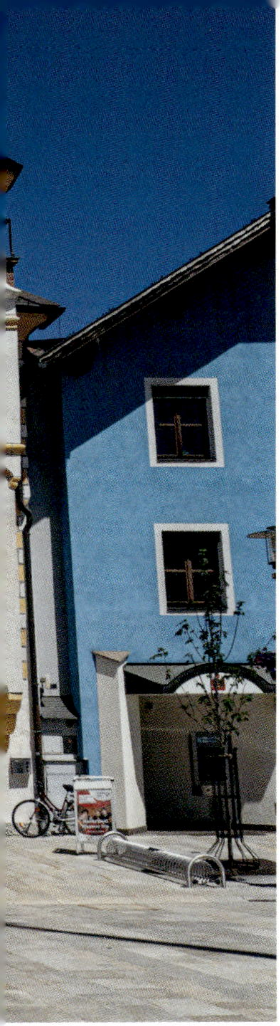

an dessen Ostseite ein kleiner Park anschließt, 1742 umgebaut und in die heutige Form gebracht. Seit 1954 ist das Palais im Besitz der Marktgemeinde und wird von verschiedenen Kultureinrichtungen genutzt. Im Zuge grundlegender Renovierungsarbeiten wurden in den Jahren 2016 und 2017 im ersten Stock ein Veranstaltungssaal eingebaut und im Parterre Räumlichkeiten für soziale Einrichtungen geschaffen. Das schmiedeeiserne Allianzwappen über dem Portal verweist auf die Verbindung der Familien Kuenburg und Rollingen.

Auf der anderen Straßenseite – dem Palais gegenüber – steht die Jakobuskirche, an der vorbei wir über den Dechantplatz zum Postplatz kommen. Über die untere Postgasse spazieren wir bis zur Murgasse und wieder zurück zum Marktplatz, um anschließend noch einen Abstecher zum ehemaligen Kapuzinerkloster zu unternehmen, dem Sitz der Bezirkshauptmannschaft. Wie die Murgasse so ist auch die Amtsgasse auf beiden Seiten von historischen Häusern gesäumt. Die meisten von ihnen hatten die Funktion von Handels- und Wirtshäusern, wie das Obere Lebzelterhaus, dessen Ursprung auf das Jahr 1430 zurückgeht.

An der heutigen Adresse Kapuzinerplatz 1 errichteten die „Männer in den braunen Kutten" in der Mitte des 17. Jahrhunderts das erste und bisher einzige im Lungau angesiedelte Kloster. Geholt wurden sie vom damaligen Fürsterzbischof Leopold Anton von Firmian, dem für seine brutale Politik der Gegenreformation bekannten Salzburger Landesherrn. Um die Bevölkerung wieder „katholisch zu machen", wählten die Patres einen eher volkstümlichen Weg, wobei dafür auch die Figur des Samson erfunden worden sein soll. Er galt als das Symbol gegen die Philister, womit die Protestanten gemeint waren. Es ist der politischen und gesellschaftlichen Entwicklung in Europa am Vorabend der Aufklärung geschuldet, dass das Geschäftsmodell der Volksfrömmigkeit bei den aufgeklärten Geistern keinen Anklang mehr fand. Hieronymus Graf Colloredo, Schlussstein in der langen Reihe der Salzburger Kirchenfürsten, zog die Konsequenz, beendete das Wirken der Braunkutten und ließ das Kloster in ein Verwaltungsgebäude für das Pfleggericht umbauen. Seit 1868 hat die Lungauer Bezirkshauptmannschaft hier ihren Sitz – geht es nach dem Willen der Landesregierung, dann soll im Sinne einer Regionalisierung der Verwaltung das Landesabgabenamt an den Tamsweger Kapuzinerplatz verlegt werden.

19 Die Wallfahrtskirche St. Leonhard als Ziel

Auf den Leonhardsberg

Regionalbus 270 zwischen Tamsweg und Stadt Salzburg
6 km · 2 h · 310 hm · Wallfahrtskirche St. Leonhard
Gasthof Gellnwirt

Ein kleiner Gipfel für zwischendurch

Zum Weitblick gehört auch der Überblick, der hilft, den Durchblick zu behalten. Wer das gerne zwischendurch und ohne großen Zeitaufwand erledigen möchte, dem sei der Aufstieg auf den Leonhardsberg empfohlen. Der Mugel im Süden von Tamsweg ist eine Vorstufe zum Mitterberg, dessen höchste Erhebung – der Hohenbühel – auf 1 581 Meter kommt.

Wir lassen die Strucker-Kaserne, die am Beginn der Ramingsteiner Straße liegt, hinter uns und orientieren uns in südlicher Richtung, von wo wir über einen Forstweg durch den Wald bis zum Rundfunksender auf 1 335 Meter hinaufwandern. Keine große Sache, die auch für weniger geübte Wanderer in etwa einer Stunde leicht zu bewältigen ist.

Wer zuvor durch die Gassen der Marktgemeinde flaniert ist und die stattlichen Bürgerhäuser und das kürzlich renovierte Kuenburg-Palais bestaunt und dabei festgestellt hat, dass es nicht unbedingt eine Stadt braucht, um Stattlichkeit wirken zu lassen, der kann sich jetzt von oben einen Überblick verschaffen: wie sich der Hauptort des Lungaus von seinem Zentrum aus ins Umland ausgebreitet hat, von welcher Seite sich die Bergwelt zeigt und welch eine Wächterfunktion der Preber einnimmt. Alles sehr überschaubar, wie es sich für den Lungau gehört, ist man zu denken versucht.

Für den Rückweg wählen wir den Steig durch den Wald, der zwar ein wenig steiler ist, dafür aber den Vorteil hat, dass er direkt an der Wallfahrtskirche St. Leonhard vorbeiführt. Wir machen hier selbstverständlich Halt und lassen uns von der sakralen Baukunst der Gotik in den Bann ziehen. Es ist das dem Himmel Zustrebende, das der gotischen Kirchenarchitektur ihren unverwechselbaren Charakter verleiht.

Die filigranen Spitzbögen und Strebewerke lassen die Kirche von St. Leonhard auch schon aus der Weite erahnen. Und es ist vielmehr als die Harmonie zwischen dem 55 Meter hohen Turm und dem 23 Meter langen, vierjochigen Kirchenschiff, das diesen Bau auszeichnet. Man muss es gar nicht in absoluten Zahlen benennen. Die individuelle Wahrnehmung findet wie von

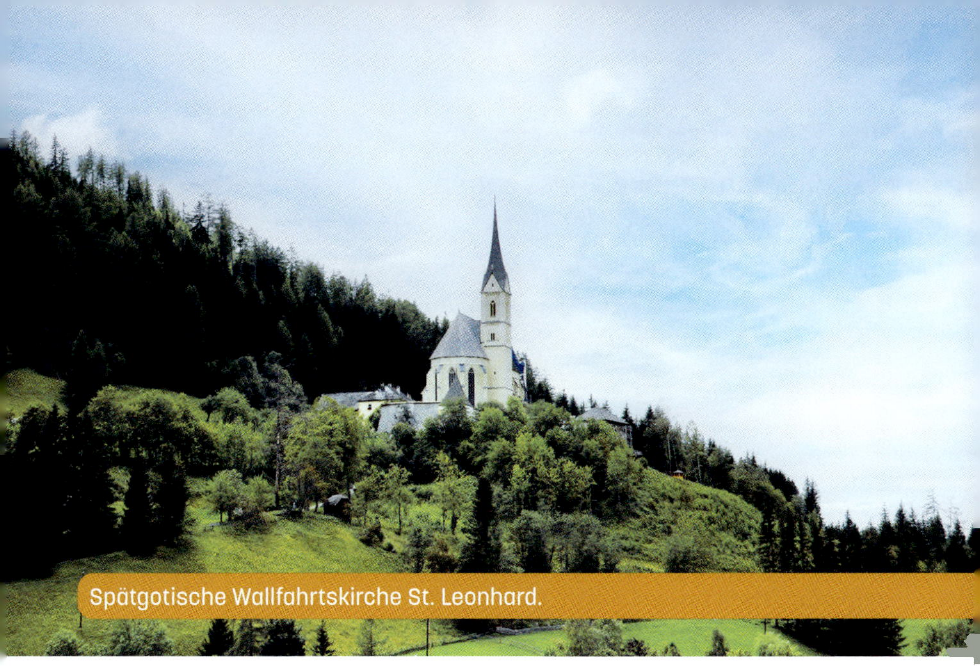

Spätgotische Wallfahrtskirche St. Leonhard.

selbst die passenden Bilder, um das Geschaute in Worte zu fassen. Anlass für den Bau der Leonhardskirche war eine schlichte Holzfigur des heiligen Leonhard, die in der Tamsweger Pfarrkirche stand und im Jahr 1421 – wir sprechen bereits von der Spätgotik – mehrfach verschwand und immer wieder an derselben Stelle, auf einem Bühel, der dem Schwarzenberg auf dessen nördlicher Seite vorgelagert ist, aufgefunden wurde. Nachdem von immer mehr Wunderheilungen, die mit der Statue in Verbindung gebracht wurden, die Rede war, kam es schließlich zum Bau der Kirche, die am 20. September 1434 von Johannes Ebser, Bischof von Chiemsee und damit Weihbischof von Salzburg, geweiht wurde.

Die Anziehungskraft dieses gotischen Juwels war von Anfang an groß. Im Spätmittelalter zählte die Leonhardskirche neben Mariazell und St. Wolfgang im Salzkammergut zu den meistbesuchten Wallfahrtsorten auf dem Gebiet des heutigen Österreich. Ihre Strahlkraft wirkt trotz der fortschreitenden Profanisierung nach wie vor, und so verwundert es auch nicht, dass die 1989 neu etablierte Bruderschaft einen Pilgerweg auf den Bühel bei Tamsweg initiiert hat. Er führt von der Stadt Salzburg über Filzmoos und die Schladminger Tauern nach Tamsweg.

Neben der in die Höhe strebenden filigranen Ornamentik sind es die bunt bemalten Glasfenster, die einer gotischen Kirche ihren besonderen Ausdruck geben. Das ist auch in St. Leonhard nicht anders, wo insbesondere das sogenannte goldene Fenster, dessen besondere Faszination in der Komposition der Farben Blau und Goldgelb liegt, die Besucher vor Staunen stumm werden lässt.

20 Schauplatz Justiz
Richtstättenweg Passeggen

Regionalbus 720, Haltestelle St. Andrä-Ortsmitte · 4,5 km
2 h · 200 hm · Gasthof Andlwirt

Historisch aufschlussreicher Spaziergang

Wer vor dreihundert Jahren und mehr durch das Taurachtal von Mauterndorf nach Tamsweg unterwegs war, konnte die Delinquenten schon von Weitem am Galgen hängen sehen, überragt von den aufgespießten Köpfen der Enthaupteten. Ein grausiges Bild, das sich vom Passeggen aus bot, zumal die Leichname nach der Hinrichtung noch Wochen und Monate auf der Richtstätte verblieben, ehe sie von dazu beauftragten Bauern aus Wölting abgenommen und verscharrt oder verbrannt wurden. Auch das Würgen war eine der praktizierten Formen der Todesstrafe. Der seinerzeitige Exekutionsplatz – getrennt voneinander gab es einen Platz mit dem Galgen und einen anderen mit dem Scheiterhaufen – des Pfleggerichts Moosham war nicht wie heute im Wald versteckt, sondern lag frei einsehbar mitten auf der Wiese, von der auch der Name abgeleitet ist. „Paseka" ist die slawische Entsprechung für die deutschen Begriffe „Wiese" oder „Weide". Das Besondere daran ist, dass sich an der Bodenbeschaffenheit über die Jahrhunderte hinweg kaum etwas geändert hat. Selbst das steinerne Fundament der Richtstätte, auf dem das Holzgerüst mit dem Galgen stand, ist in Teilen noch vorhanden. Die Hinrichtungen wurden öffentlich durchgeführt, nachdem man die Delinquenten aus ihrer Zelle, Keuche genannt, in den Verliesen von Schloss Moosham mit dem Zeiserlwagen – einem einfachen Leiterwagen mit Holzbänken und allenfalls mit einer Plane überdacht – zur Richtstätte gebracht hatte.

Schon in den vergangenen Jahren wurde ein „neuer" Blick auf dieses düstere Kapitel der Salzburger Landesgeschichte geworfen, so etwa von dem in Mariapfarr lebenden Lehrer und Buchautor Peter Klammer, der für die erläuternden Texte auf den Informationstafeln am Richtstättenweg mitverantwortlich zeichnet. Menschen, die der Hexerei bezichtigt und schlussendlich deshalb getötet wurden, waren nicht, wie man gerne annehmen möchte, mit übersinnlichen Kräften ausgestattet und einem psychedelischen Milieu verhaftet, sondern lebten meist am Rande der Gesellschaft und waren auf die eine oder andere Art benachteiligt. Um ihr Leben fristen zu können, mussten sie förmlich sozial auffällig werden, wie man heute dazu sagt. Dabei zogen sie

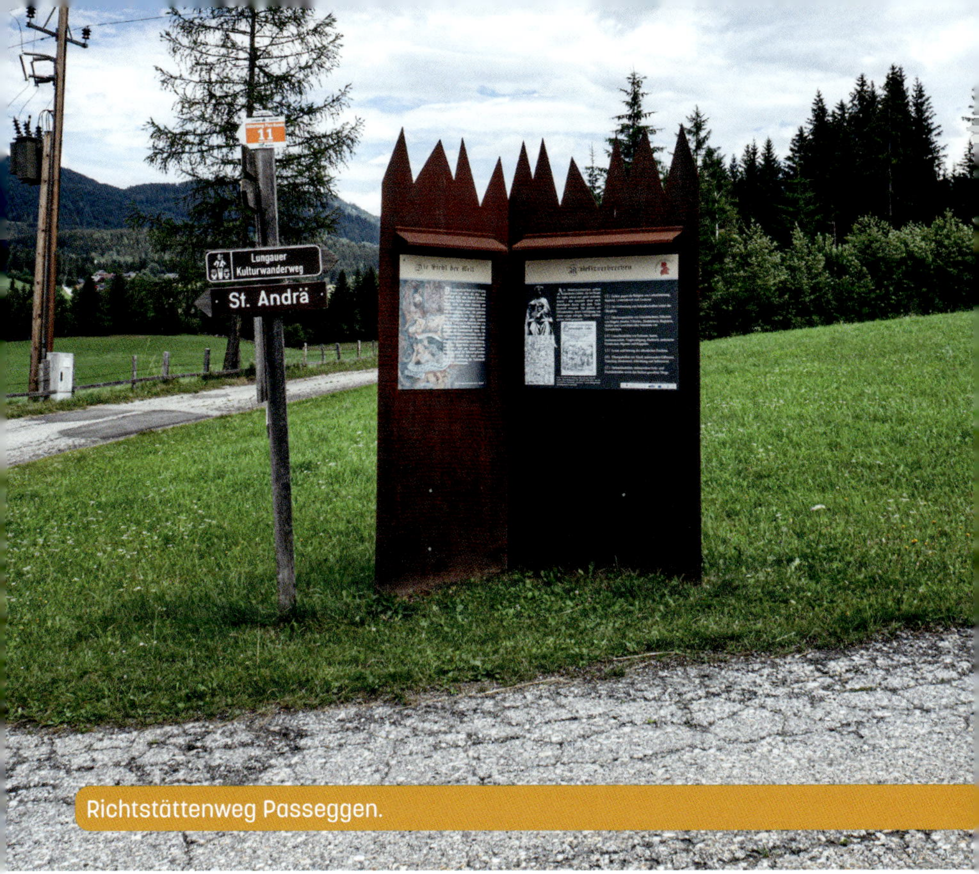

Richtstättenweg Passeggen.

sich freilich den Unmut der Bauern und Bürger zu und wurden rasch zu Sündenböcken abgestempelt, wenn es galt, einen Schuldigen für ein erlittenes Unheil zu finden. Menschheitsalte Fragen wie „Warum hat es mich getroffenen und nicht den anderen?“, „Warum hat der Blitz in mein Haus eingeschlagen und nicht in das des Nachbarn?“ oder „Warum bin ich krank geworden und nicht jemand anderer?“ bleiben unbeantwortet. Der Betroffene möchte aber eine Antwort, um das Schicksal leichter ertragen zu können – und gibt sie sich selbst. Die Schuld schiebt er dabei auf das alte zänkische Weib, das ihm immer wieder drohte, der Teufel werde ihn holen, wenn er ihr eine erbetene Unterstützung ausgeschlagen hat. Der Weg von der Denunziation bis zur „Peinlichen Befragung“, wie man die Folter nannte, war ein kurzer. Wie unermesslich das Leid der Menschen, die der Hexerei bezichtigt wurden, war, wird neben vielen anderen Aspekten einfühlsam beschrieben. Zu den ehemaligen Richtstätten – Galgen und Scheiterhaufen – führt jeweils ein Stichweg. Der gut ausgeschilderte Rundweg beginnt beim Sportplatz, wo sich auch die Haltestelle der Taurachbahn befindet, und führt über einen weiten Bogen dorthin zurück.

21 Ein Schuss ins Wasser

Erholung am Prebersee

Regionalbus 740, Haltestelle Prebersee · 4 km
1,5 h · Schießanlage · Ludlhütte

Kinderwagen- und rollstuhltauglicher Rundweg

Weltweit gesehen, führt der Prebersee sicherlich die Hitliste der bekanntesten Plätze im Lungau an. Wo sonst schon wird auf Wasser geschossen? Ein Unikat, wie es am besten in den Lungau passt. Was hat es damit auf sich? Wie es vor sich geht, dass das Geschoss auf dem Wasser abprallt und auf die 15 Meter über dem Wasser hängende Scheibe trifft, konnte bislang nicht restlos aufgeklärt werden. Es funktioniert eben. Vielleicht will man aber auch das entscheidende kleine Geheimnis gar nicht preisgeben. Eine mögliche Erklärung für das Abprallen könnte die hohe Dichte des Wassers im Moorsee liefern. Mag die Welt noch so viel rätseln, für die Beteiligten an dem drei Mal jährlich stattfindenden Preberschießen steht die Frage, wie es funktioniert, überhaupt nicht im Vordergrund. Wichtig ist, dass es funktioniert – und das möglichst gut.

Und so läuft es ab: Aus einer Entfernung von 120 Metern wird auf die sich im Wasser spiegelnde Scheibe geschossen. Dabei drückt das Geschoss eine etwa drei Zentimeter tiefe Mulde ins Wasser, um danach als Querschläger oder „Geller", wie es in der Gegend heißt, auf die Holzscheibe zu treffen. Um einen Meisterschuss zu platzieren – einen Treffer ins Schwarze –, bedarf es eines scharfen Auges sowie einer ruhigen und geübten Hand. „A Moasen" sollte man freilich auch haben, jenes Quäntchen Glück, das sprachgeschichtlich auf den Begriff „Masl" für Glück aus dem Jiddischen zurückgeht.

Auf dem Rundweg um den Prebersee, der nördlich von Tamsweg auf einer Höhe von 1 514 Metern liegt, erfahren die Besucher nicht nur, was es mit dem Preberschießen auf sich hat, sondern auch das Einzigartige an dieser Landschaft. Dass es sich bei der Umgebung um den Prebersee um eine empfindliche Moorlandschaft handelt, darauf weist schon der überwiegend aus Holzplanken errichtete Weg hin, der nur an der Badestelle verlassen werden darf. Im Prinzip ist der Prebersee wie die meisten Seen im Lungau entstanden, als die mächtigen Murgletscher das Gestein – in diesem Fall der Niederen Tauern – bis auf eine Höhe von 2 000 Metern abgeschliffen haben. Weniger harte Gesteinsformationen wurden dabei ausgehöhlt. In den darin entstandenen Becken bildeten sich nach dem Verschwinden der Gletscher die vielfältigen Seen.

Wir gehen am Parkplatz in südöstlicher Richtung vorbei und beginnen den Rundweg in der Nähe des Schießstandes, von wo wir dann gegen den Uhrzeigersinn weitergehen. Auf insgesamt acht Schautafeln wird übersichtlich dargestellt, was es mit dem Moorsee, den heimischen Pflanzen und Tieren sowie mit dem Preber als Berg auf sich hat. Im Mittelpunkt des Interesses steht freilich das Schießen. Die Umrundung des Sees schließt bei entsprechender Witterung ein kühlendes Bad ab, was diesen beschaulichen Moorsee dann noch zusätzlich zu einem Erlebnis werden lässt. Anschließend an den Rundgang empfiehlt sich eine kurze Wanderung auf dem Fahrweg in östlicher Richtung, um noch etwas mehr von der beruhigenden Stimmung dieser Moorlandschaft einzusaugen.

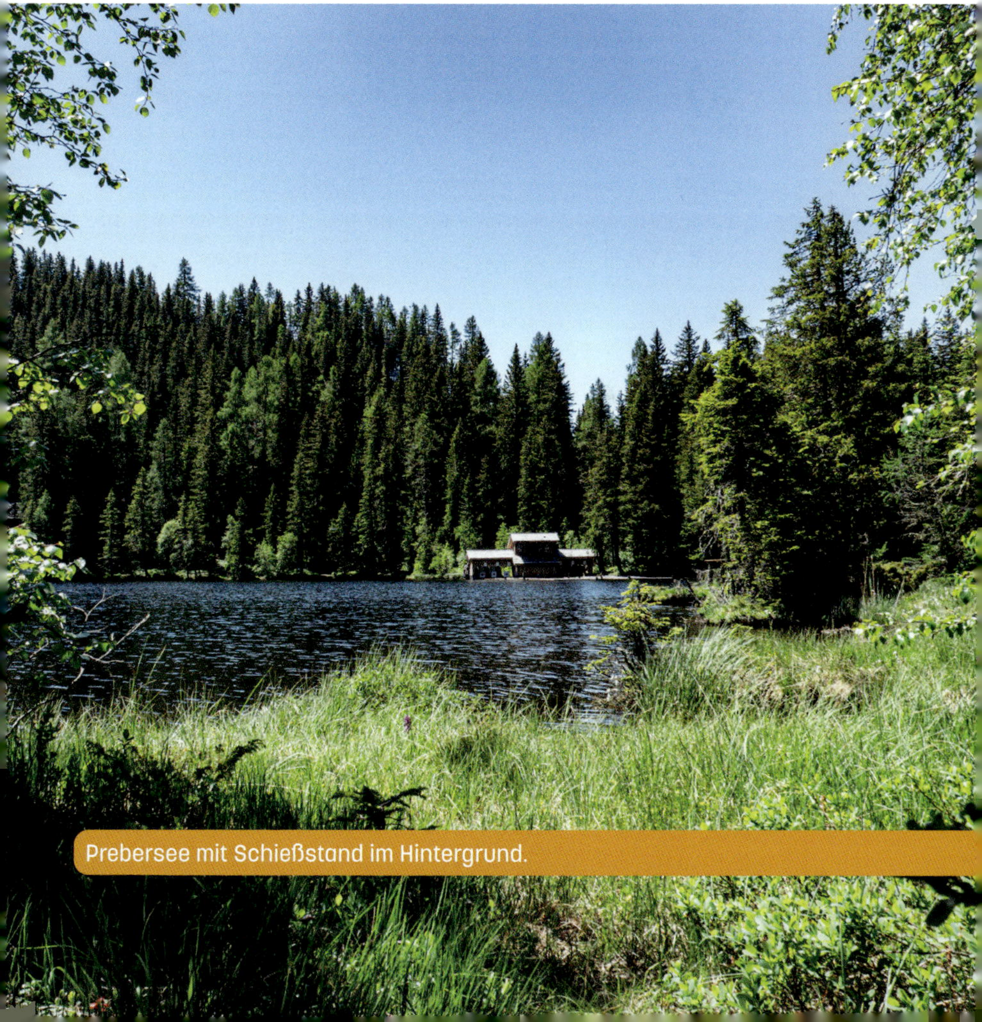

Prebersee mit Schießstand im Hintergrund.

22 Am Speik vorbei

Hinauf auf den Preber

Regionalbus 740, Haltestelle Prebersee · 13 km · 8 h · 1200 hm · Grazer Hütte

Lange Bergwanderung, die durchaus Kondition verlangt

Er verdient die Mühen des Aufstiegs, so viel sei gleich schon vorweggenommen. Nach dem Hochgolling und dem unmittelbar benachbarten Roteck ist der Preber mit 2 740 Metern der dritthöchste Berg des Lungaus. Seine markante Spitze ist jedenfalls die Visitenkarte des Bezirks, die von der steirischen Seite kommt. Im Winter ist er ein äußerst beliebter Berg für die Skitourengeher. So hat der jährlich stattfindende Preberlauf längst seine Fangemeinde

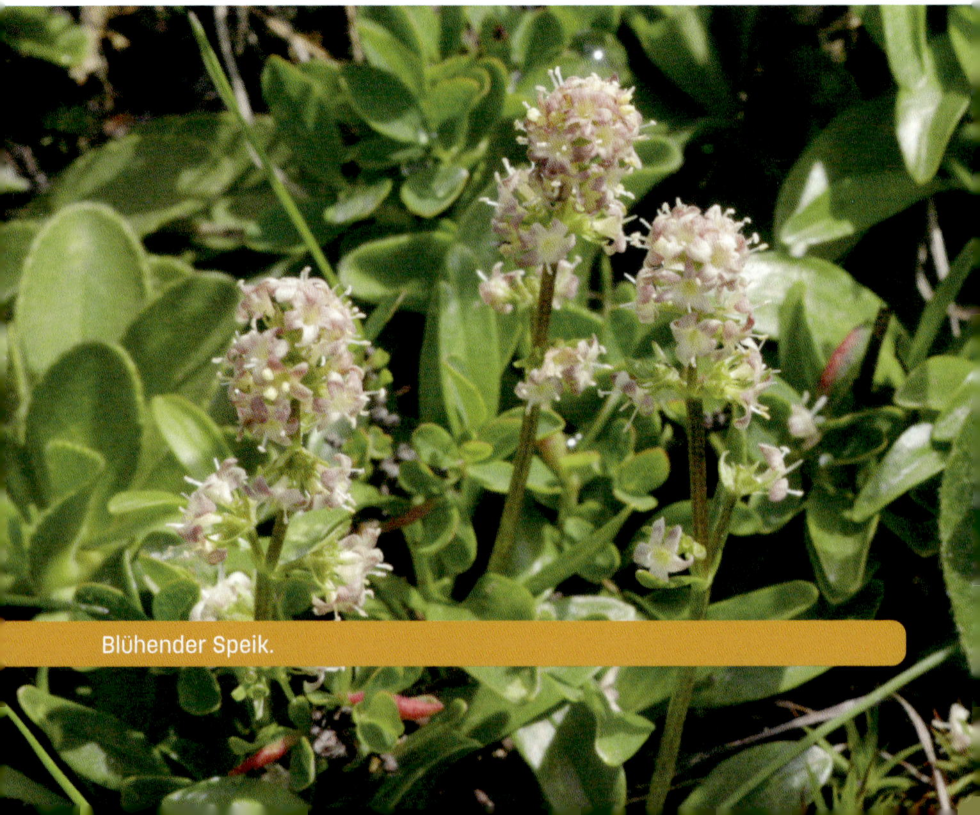

Blühender Speik.

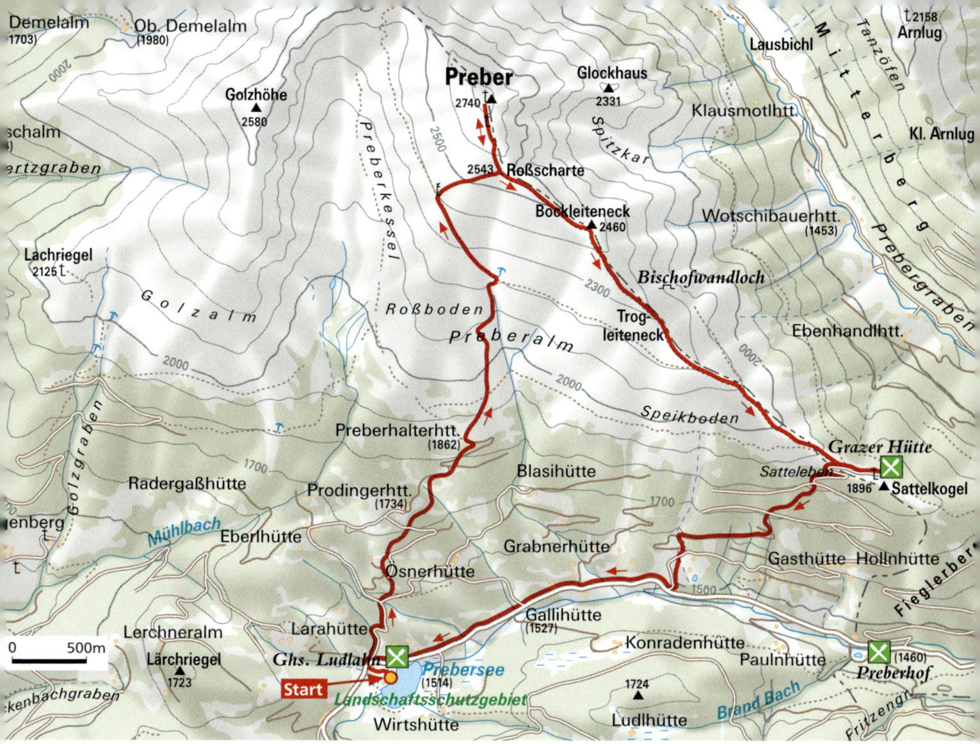

gefunden. Im Sommer zeigt sich der Preber mit üppigem Blumenwuchs auf den Bergwiesen oberhalb der Baumgrenze, wo sich Almrausch und Speik abwechseln. Wer im Spätsommer auf den Preber wandert, wird ihn wahrscheinlich wahrnehmen, den unverkennbar herb-würzigen Duft, der vom Echten Speik ausgeht. Wenn die zierliche Pflanze, die kaum höher als 15 Zentimeter wird, mit ihren gelb-weißlichen Blüten am Verblühen ist, dann verströmt sie ihren Duft besonders großzügig. Bei uns kommt der Echte Speik, der zur Gattung der Baldrianpflanzen zählt, als Norischer Baldrian vor. Er wächst ausschließlich auf kalkfreien Böden und auf einer Höhe von über 1 800 Metern. Verarbeitet wird die Wurzel des Speiks – ein Rhizom; verwendet wird die Pflanze in getrocknetem Zustand für die Seifenproduktion und bei der Herstellung von Salben. Während früher am mittlerweile geschützten Echten Speik Raubbau betrieben wurde, ist der Anbau heute nur mehr dafür lizenzierten Bauern vorbehalten.

Die schroffe und markante Spitze des Prebers hebt sich vom sonst eher sanften Berg ab. Das liegt daran, dass jene über den eiszeitlichen Gletscher hinausragte, weil dieser nur bis auf eine Höhe von etwa 2 000 Metern reichte.

Ausgangspunkt dieser ausgedehnten Tagestour, mit der möglichst früh am Morgen begonnen werden sollte, ist der Parkplatz Ludlalm beim Prebersee. Von dort wandern wir in nördlicher Richtung und halten uns an den Wegweiser „Preberhalterhütte“ auf 1 862 Meter. Auf dem Weg dorthin, der an der

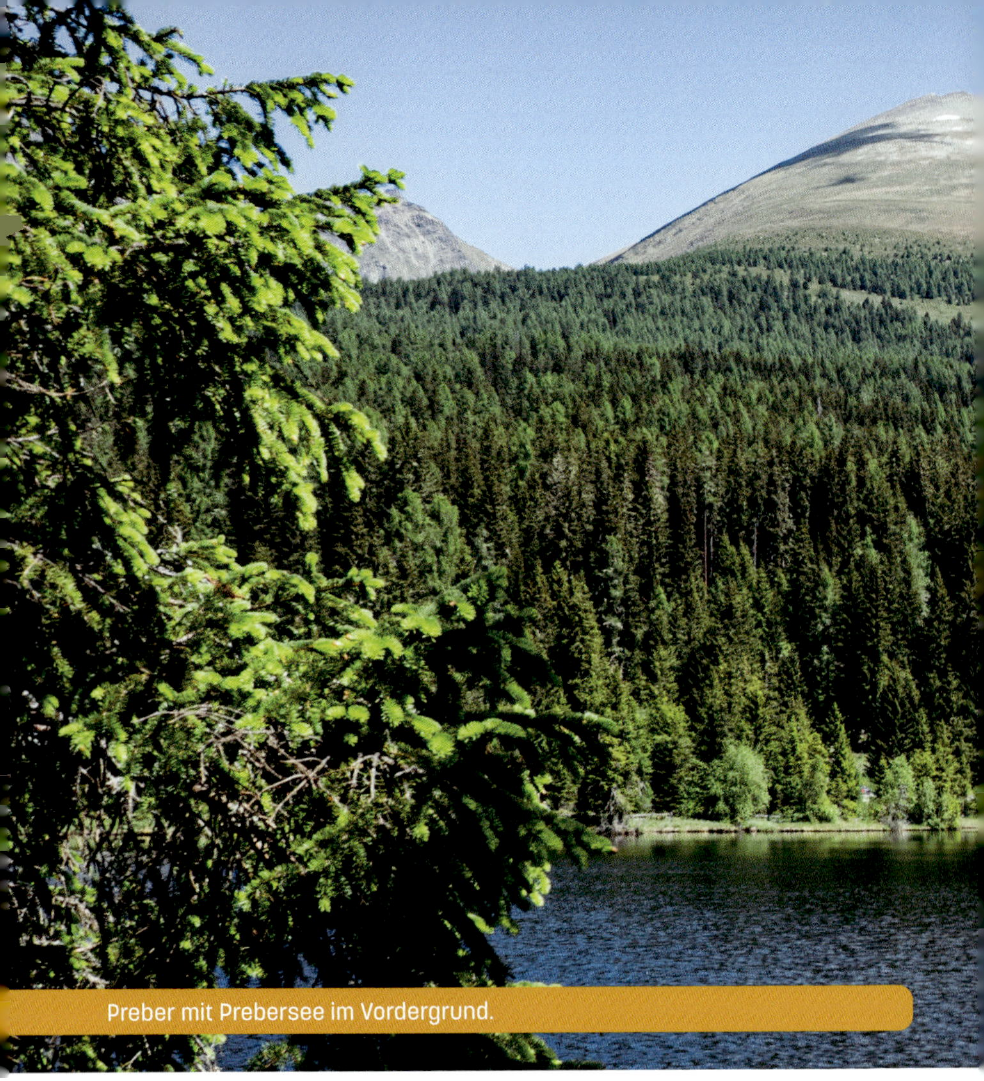

Preber mit Prebersee im Vordergrund.

Prodingerhütte vorbeiführt, sind wir zuerst über eine Schotterstraße und im Weiteren auf einem Waldweg – vorbei an Lärchen und Zirben – unterwegs. Bei der Preberhalterhütte sollte man auf die Abzweigung zur Preberalm achten, damit man nicht in Richtung Roßboden und Preberkessel die für diese Tour falsche Richtung einschlägt.

In weiten Serpentinen geht es über die ausgedehnten Wiesenhänge der Preberalm zur Quelle hinauf. Anschießend queren wir den Hang in nordwestlicher Richtung und verlassen bei der nächsten Abzweigung diesen Weg in Richtung Roßscharte. Auf dem letzten Abschnitt über den Vorgipfel geht es schließlich zum 2740 Meter hohen Gipfel hinauf über mächtiges Geröll, was Aufmerksamkeit und Trittsicherheit verlangt.

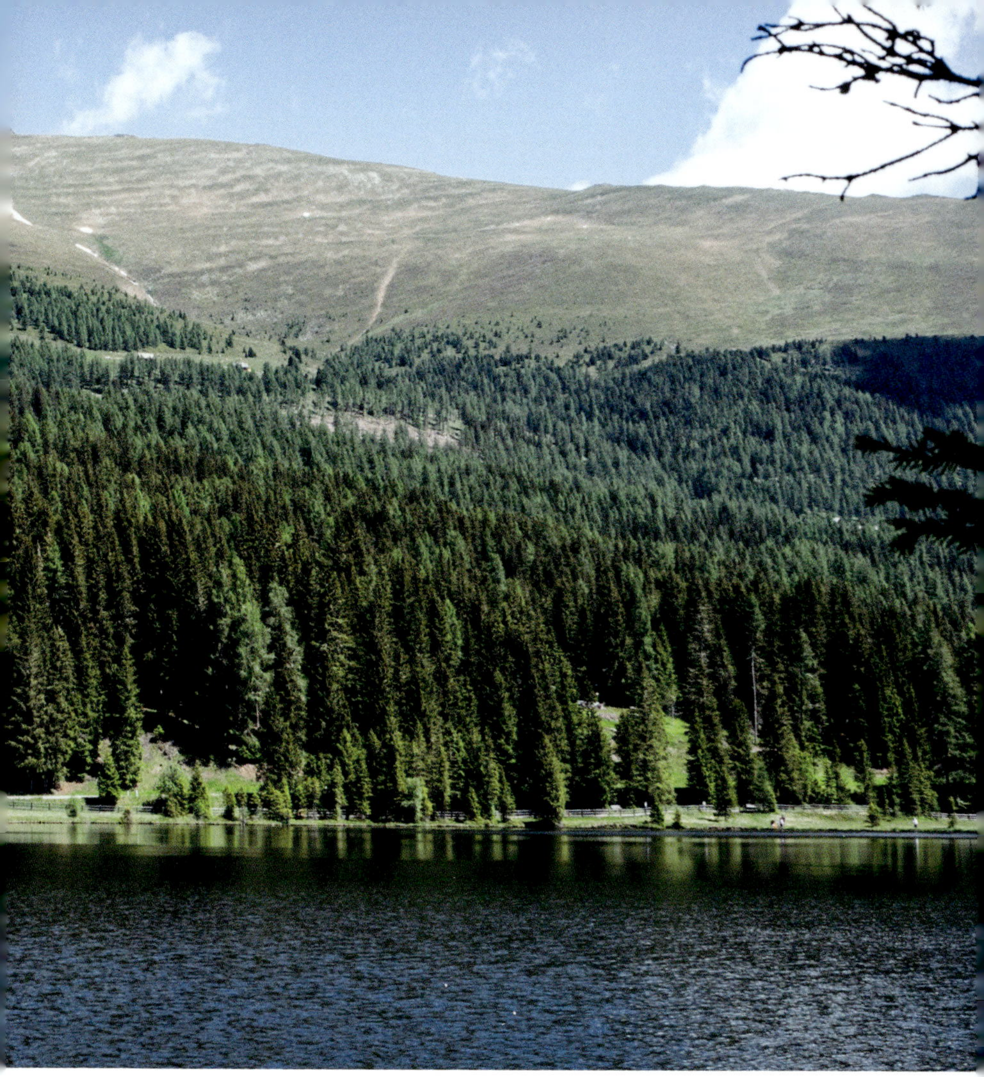

Für den Rückweg entscheiden wir uns für die Variante über den Kamm, das heißt, wir wandern an der salzburgisch-steirischen Landesgrenze entlang über das Bockleiteck und das Trogleiteneck und am Schluss am Ausläufer des Speikbodens in Richtung Grazer Hütte. Der weitere Rückweg zum See zweigt von der Grazer Hütte rechts in westlicher Richtung ab und führt bis zum Abfluss des Prebersees, an dem entlang wir in nordwestlicher Richtung zum Ausgangspunkt zurückkehren. Und wer sich gerne einen Überblick über die Region, in der er sich aufhält, verschafft, dem ist eine Wanderung auf das Lasaberger Aibl ans Herz zu legen. Den Lungau zu Füßen und die Berge rundherum vor der Nase.

23

Zur schönen Aussicht

Auf das Lasaberger Aibl

Regionalbus 270, Haltestelle Tamsweg-Schulzentrum
11,5 km · 4 h (hin und zurück) · 600 hm
Gasthof Gellnwirt · Frauenhöhle

Gemächliche Wanderung über 600 Höhenmeter

Aibl oder Alpl – das ist hier die Frage. Als Alpl wird gemeinhin ein Übergang oder Pass in niedriger Höhe bezeichnet. Alpl ist aber auch als Ortsname bekannt, denken wir nur an Peter Roseggers Waldheimat Krieglach-Alpl. Ein Aibl ist demnach die adäquate Dialektbezeichnung.

Das Lasaberger Aibl wiederum ist der Hausberg der Tamsweger, ihr Bellevue sozusagen. Unten im Tamsweger Becken liegt der Hauptort des Bezirks, die Marktgemeinde Tamsweg, die durch Eingemeindungen in den Jahren 1935 und 1938 merklich angewachsen ist. Heute sprechen wir vom Zentral- oder Ballungsraum und meinen die Fläche außerhalb der Täler, sozusagen den

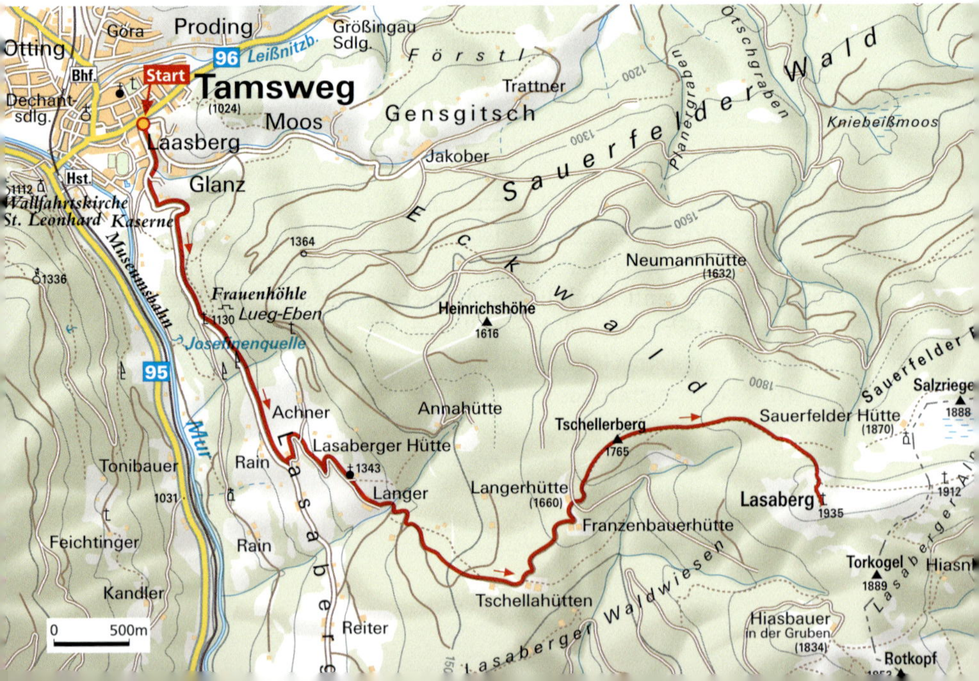

Teller einer Hand, von dem sich die Täler wie Finger in die Gebirgszüge erstrecken. Zum Aussichtsberg ist das Lasaberger Aibl durch seine solitäre Lage und respektable Höhe von 1935 Metern geworden. Aibl wird er deshalb genannt, weil man über den Lasaberg von Tamsweg nach Predlitz wandern kann.

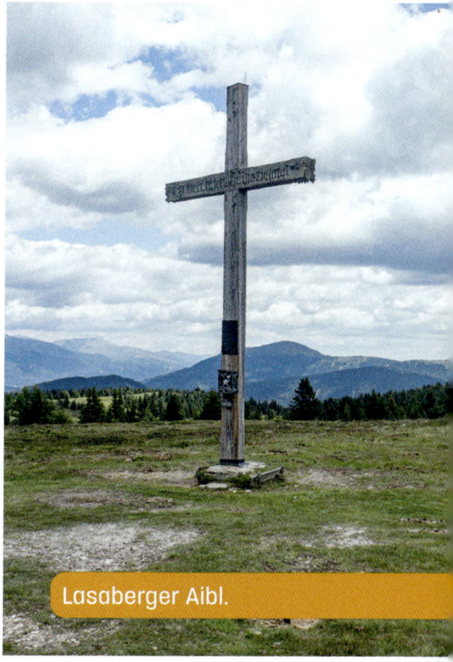

Lasaberger Aibl.

Wie die meisten Tamsweger beginnen auch wir mit unserer Wanderung beim Langerbauern, einem 1359 Metern hoch gelegenen Bauernhof. Wir erreichen ihn über den Lasabergweg, der von der Amtsgasse etwa 100 Meter nach dem Gebäude der Bezirkshauptmannschaft rechts abbiegt. Auf halbem Weg zum Hof kommen wir an jener Stelle vorbei, wo sich oberhalb der Eingang zur Frauenhöhle befindet. Was es mit dem Namen der Höhle auf sich hat, ist nicht ganz geklärt. Höchstwahrscheinlich handelte es sich um einen Zufluchtsort für Frauen und Kinder während der Zeiten kriegerischer Auseinandersetzungen, von denen der Lungau während der Türkenkriege und Napoleonischen Kriege betroffen war. Im Bewusstsein der Lungauer ist sie auch als Wildfrauenhöhle abgespeichert.

Nach dem Parkplatz beim Langerbauern gehen wir über eine Brücke, um anschließend auf den Waldweg einzubiegen, der ziemlich bald auf einen Güterweg stößt, der uns zu den Almhütten führt. Die erste davon ist die Tschellerhütte auf 1554 Metern, gefolgt von der Langerhütte, von der wir einen üppigen Ausblick auf den Großen Hafner genießen, dem östlichsten Dreitausender in den Hohen Tauern. Um auf der sicheren Seite zu sein, bleiben wir auf dem Güterweg und verzichten auf die eine oder andere Abkürzung durch den Hochwald. Etwa auf der Hälfte des Weges zwischen Langerhütte und dem Tschellerberg verlassen wir den Wald und betreten ein für die Region typisches, sanft moduliertes Almgebiet, das sich zwischen dem nördlich gelegenen Eckwald und den südlichen Lasaberger Waldwiesen erstreckt. Ehe man auf dem Gipfel steht, gilt es, noch einen kurzen Anstieg zu überwinden, den der grandiose Rundumblick aber reichlich entschädigt. Gute Sichtverhältnisse vorausgesetzt, reicht das Panorama im Süden bis weit in die Kärntner Nockberge und nordwestlich zu den Hohen und Niederen Tauern. Ein Tisch mit Panoramakarte unter dem Gipfelkreuz sorgt für den richtigen Überblick. Hinunter nehmen wir denselben Weg wie herauf.

24 Grenzwächter

Über die Ruine Klausegg auf den Gstoder hinauf

Regionalbus 295, Haltestelle Seetal zur Klause · 13 km · 5 h (hin und zurück) · 920 hm · Klausentor, Ruine Klausegg, Seetaler See · Gasthof Klause, Dorferalm

Ausgedehnte Wanderung in die Murberge

Der 2140 Meter hohe Gstoder gilt als Oberhaupt der Murberge, auch Tamsweg-Seckauer Berge genannt, einem 60 Kilometer langen Gebirgszug, der sich am Übergang der Niederen Tauern zu den Gurktaler Alpen erhebt. Als „Chef" ist er quasi auch in die Funktion des Grenzwächters zur Steiermark hineingewachsen. Eine wichtige Aufgabe, damals, als der Lungau noch Teil des Fürsterzbistums und nicht des heutigen Bundeslandes war, denn auf der anderen Seite der Grenze lag mit der Steiermark Hoheitsgebiet der Habsburgermonarchie. Nicht unbedingt ein Erbfeind, aber auch kein Busenfreund. Jedenfalls waren die Grenzen zu sichern und zu befestigen, was vor etwa 700 Jahren konsequent durchgeführt wurde und heute noch deutlich sichtbar ist.

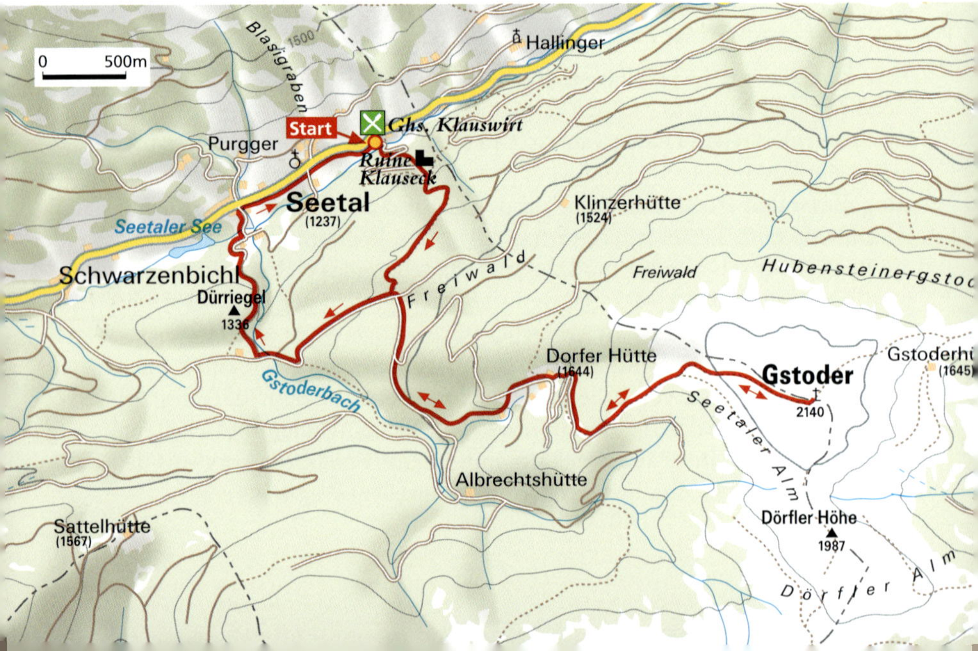

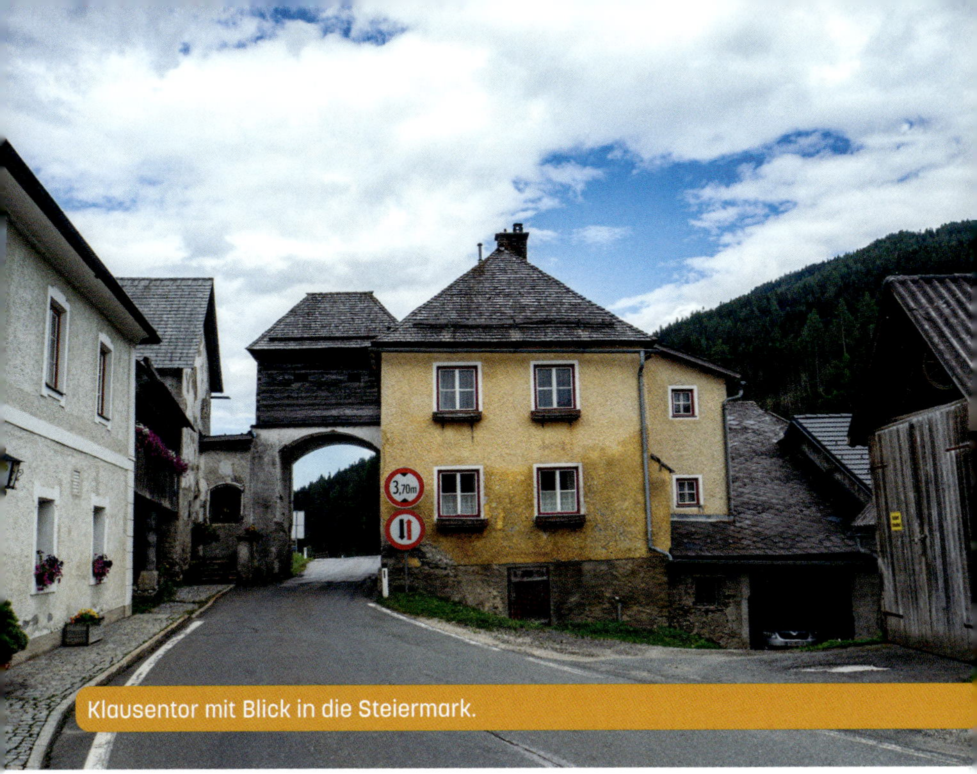

Klausentor mit Blick in die Steiermark.

Steht man neben dem Klausenwirt und schaut durch das Tor von der Salzburger Seite in Richtung Steiermark, traut man seinen Augen nicht so recht und hört sich dann vor sich hin murmeln: Hier ist die Zeit stehen geblieben. Diese Wahrnehmung lässt sich im Lungau des Öfteren erleben, sticht hier aber besonders ins Auge, weil das kaum 2,70 Meter breite Tor einen Durchlass der B 96, der Murtal-Landesstraße, bildet und sich wie ein Dino aus grauer Vorzeit gegen den Strom der Zeit gestemmt hat. Hier weist nichts auf breite Straßenführung mit entsprechenden Rändern und vor allem freier Sicht hin. Für die Kutschen gemacht und bis in unsere Zeit gehalten.

Weil wir noch ein weiteres Überbleibsel dieser sich über den gesamten Talboden erstreckenden ehemaligen Grenzsicherung sehen wollen, lassen wir unsere Wanderung auf den Gstoder hier beim Klausentor beginnen, womit wir uns am östlichsten Punkt des Landes befinden. Wir orientieren uns nach Süden und erreichen nach etwa 70 Höhenmetern die Ruine Klausegg, deren Ursprung ins 11. Jahrhundert zurückreicht. Die Burg – 70 Meter höher gelegen als die Klause – bildete einst den Abschluss einer Grenzmauer, die sich auf einer Länge von 400 Metern über das gesamte Tal spannte. Sie war mit Wehrgängen versehen und schuf eine Verbindung zwischen der Klause mit Passhaus und der Burg. Somit konnte der gesamte Verkehr kontrolliert werden und man hob entsprechende Zölle ein. Die gesamte Anlage, die ausschließlich der Grenzsicherung diente, gilt als anschauliches Beispiel mittelalterlicher Herrschaftssicherung. Der Weg von Tamsweg über Seetal in die Steiermark und damit auf habsburgisches Gebiet war die einzige Straßenverbindung in den Lungau, ohne mühsam einen Pass passieren zu müssen. Die heute zusätzlich verfügbare Strecke über Ramingstein war im Mittelalter nur äußerst schwierig zu befahren.

Der als Höhenburg angelegte Wehrbau war auch Sitz eines landesfürstlichen Pflegamtes, allerdings ohne richterliche Hoheit und demnach nur auf die Grenzsicherung ausgerichtet. Die Burg bestand aus drei begehbaren Stockwerken, hatte eine 265 x 12,6 Meter große Grundfläche und bestand aus 2,5 Meter dicken Wänden. Ab Mitte des 17. Jahrhunderts verlor die Festungsanlage an Bedeutung, und die Hofkammer befahl die Abtragung des Grenzturms. Definitiv aufgelöst wurde die Pflege am Ende des 17. Jahrhunderts, als das Pflegamt zu Klausegg der Hauptpflege in Moosham einverleibt wurde. Somit begann der Verfall der mittelalterlichen Wehranlage. Am Ende des 20. Jahrhunderts erfolgte die Restaurierung der Burgruine und der Reste der Mauer – das heißt, die erhaltungswürdigen Mauerteile wurden versiegelt und mit einem Schutzdach versehen.

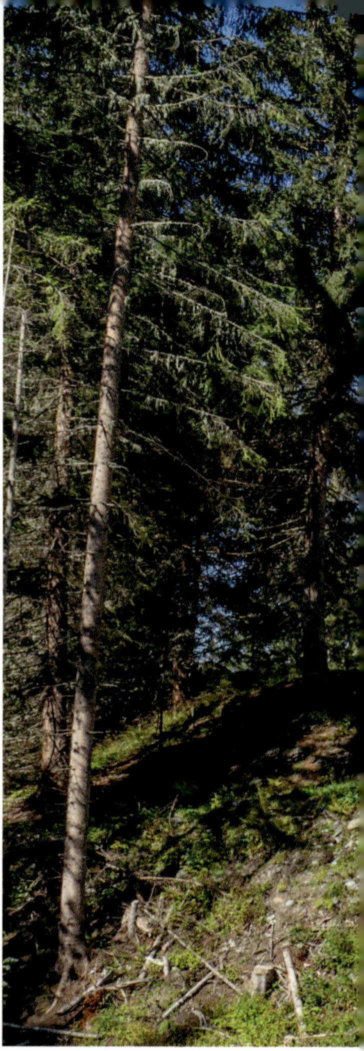

Danach führt uns der Weg durch den Wald und über kleine Lichtungen bis zu einer Forststraße, auf der wir dann die Dorferalm – ein kleines Almdorf auf 1 644 Metern, das von einer Agrargemeinschaft bewirtschaftet wird – erreicht haben. Von dort geht es steil über Wiesen weiter hinauf und nach 500 anstrengenden Höhenmetern beginnt dann die moderate letzte Etappe, die uns auf den Gipfel des Gstoder führt, wo sich Herz und Lungenflügel wieder beruhigen und der Blick weitet. Es ist zum Staunen, was dieses Panorama mit Frauenalpe, Kreischberg, Turrach und weiter zu den Nockbergen und den anschließenden Lungauer Bergen, hinter denen sich die Hafnergruppe in den östlichen Hohen Tauern erhebt, alles zu bieten hat, womit wir keineswegs am Ende der Aufzählung angelangt sind. Denn was wäre der Lungau ohne die Niederen Tauern, die sich von West nach Ost in die Radstädter, Schladminger

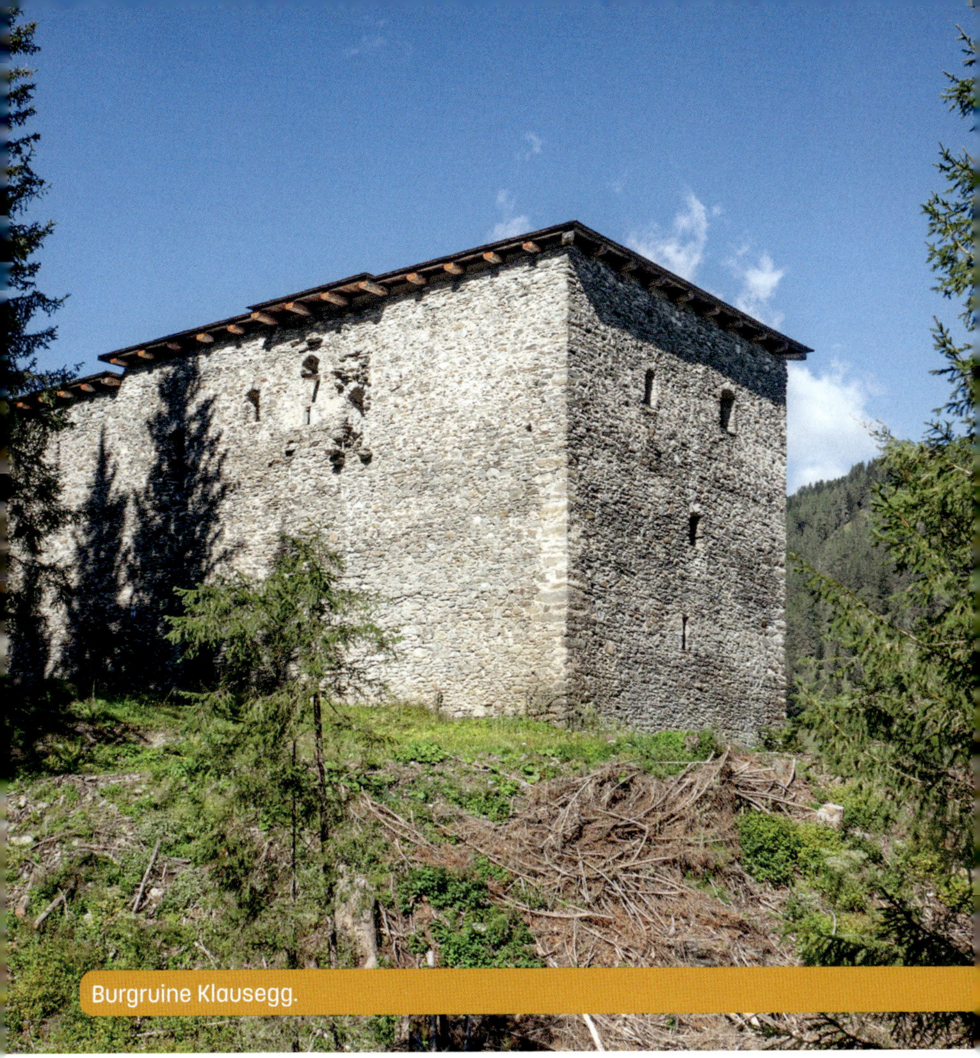

Burgruine Klausegg.

und Wölzer Tauern gliedern? Nicht zu vergessen die Seetaler Alpen, die sich als Höhenzug südlich der Mur in westöstlicher Richtung erstrecken und als höchste Erhebung den Zirbitzkogel kennen, der mit seinen 2 396 Metern das obere Murtal auf steirischer Seite dominiert.

Der Rückweg führt über die Route des Aufstiegs. Einzig oberhalb der Ruine Klausegg nehmen wir den Abzweig in Richtung Seetal, weil wir noch einen Abstecher zum Europaschutzgebiet Seetaler See machen. Der Moorsee interessiert uns wegen der botanisch spannenden Schwingrasen. Deren Bildung, so die naturwissenschaftliche Erklärung, hat mit dem Prozess der Verlandung von Gewässern zu tun. Die sich langsam bildenden Pflanzendecken werden dabei von einem Wurzelfilz zusammengehalten. Ist die Rasenbildung stark genug, können auf so einem Rasen durchaus auch Bäume wachsen.

Bergbau

Abgelegen und hinter den Bergen, aber strategisch nützlich, mögen – verkürzt dargestellt – die Fürsterzbischöfe den Lungau eingeschätzt haben, als es um die Bildung einer territorialen Einheit des Erzbistums ging. Im Gegensatz zum Domkapitel, das durch Schenkungen wie Mauterndorf zur mächtigsten Grundherrschaft im Lungau aufgestiegen war, verfügte das Erzbistum bis zum Beginn des 13. Jahrhunderts über keinerlei Besitzungen in der Gegend, die heute den Lungau ausmacht.

Das Ende des Fürsterzbistums war eine politische Entscheidung und wurde im Reichsdeputationshauptschluss zu Regensburg 1803 festgelegt. Eingeläutet wurde das Ende des selbstständigen Kirchenstaates jedoch bereits durch die schwierig gewordene wirtschaftliche Lage, zu der auch die nachlassenden Erträge aus dem Bergbau zählten. Außerdem drückte die Konkurrenz aus Übersee die Preise. Es ist vielfach belegt, dass Hieronymus Graf Colloredo, der letzte souverän regierende Fürsterzbischof, nichts unversucht ließ, um den wirtschaftlichen Niedergang doch noch aufzuhalten. Ob es nun tatsächlich die versiegenden Erzlager waren, die zur Einstellung führten, oder doch nur die fehlenden finanziellen Mittel, um den Abbau weiter zu forcieren – das sind nach wie vor nicht endgültig gelöste Fragen.

Als die Bayern in Salzburg ein paar Jahre das Sagen hatten, spekulierten sie durchaus damit, vor allem den Silberbergbau in Ramingstein wieder aufzunehmen, zumal der Hüttenbetrieb in Schellgaden für die Verarbeitung der dort gefundenen goldhaltigen Erze mit schmelzwürdigen Silberschlacken aufrechterhalten geblieben ist.

Gold in Schellgaden und Rotgülden war in den vergangenen Jahren der Grund für Probebohrungen verschiedener Bergbauunternehmen, die im Besitz der jeweiligen Schürfrechte sind. Das Ergebnis dürfte nicht zufriedenstellend gewesen sein, denn es folgten keine weiteren Maßnahmen. Auch die Nationalsozialisten hatten unmittelbar nach dem Einmarsch in Österreich ein Auge auf die vermeintlichen Goldlager in Schellgaden unterhalb des Kreuzecks geworfen. Hier kann ebenso nur spekuliert werden, warum es doch nicht zu einem Abbau gekommen ist. Entweder brachten die Bohrungen nicht das gewünschte Ergebnis, oder der Bau der Autobahn war doch wichtiger. Fachleute, die mit den Lungauer Erzlagerstätten vertraut sind, gehen wiederum davon aus, dass im Altenberg-Revier der früheren Silbermine doch noch erhebliche Goldadern vorhanden sind.

Und was es mit dem goldträchtigen Inneren des Schwarzenbergs auf sich hat, weiß auch niemand so genau. Vielleicht sind ja die geschützten Hochmoore auf dem Plateau des Berges mehr als eine Laune der Natur? Im Schaubergwerk Ramingstein kann zumindest in Ansätzen nacherlebt werden, unter welch unermesslich harten Bedingungen die Knappen unter Berg geschuftet haben müssen. Und die historischen Hochöfen in Bundschuh und Kendlbruck gelten als wichtige Zeugnisse der bescheidenen Lungauer Industriegeschichte.

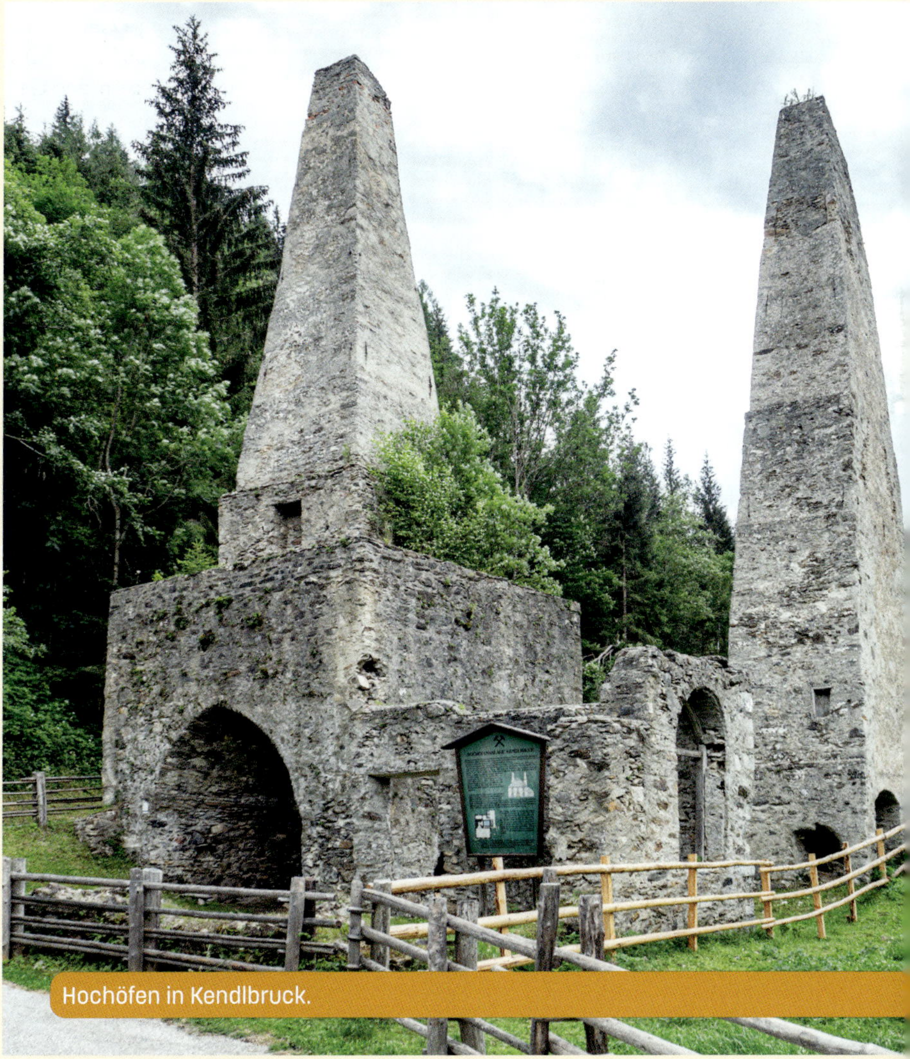

Hochöfen in Kendlbruck.

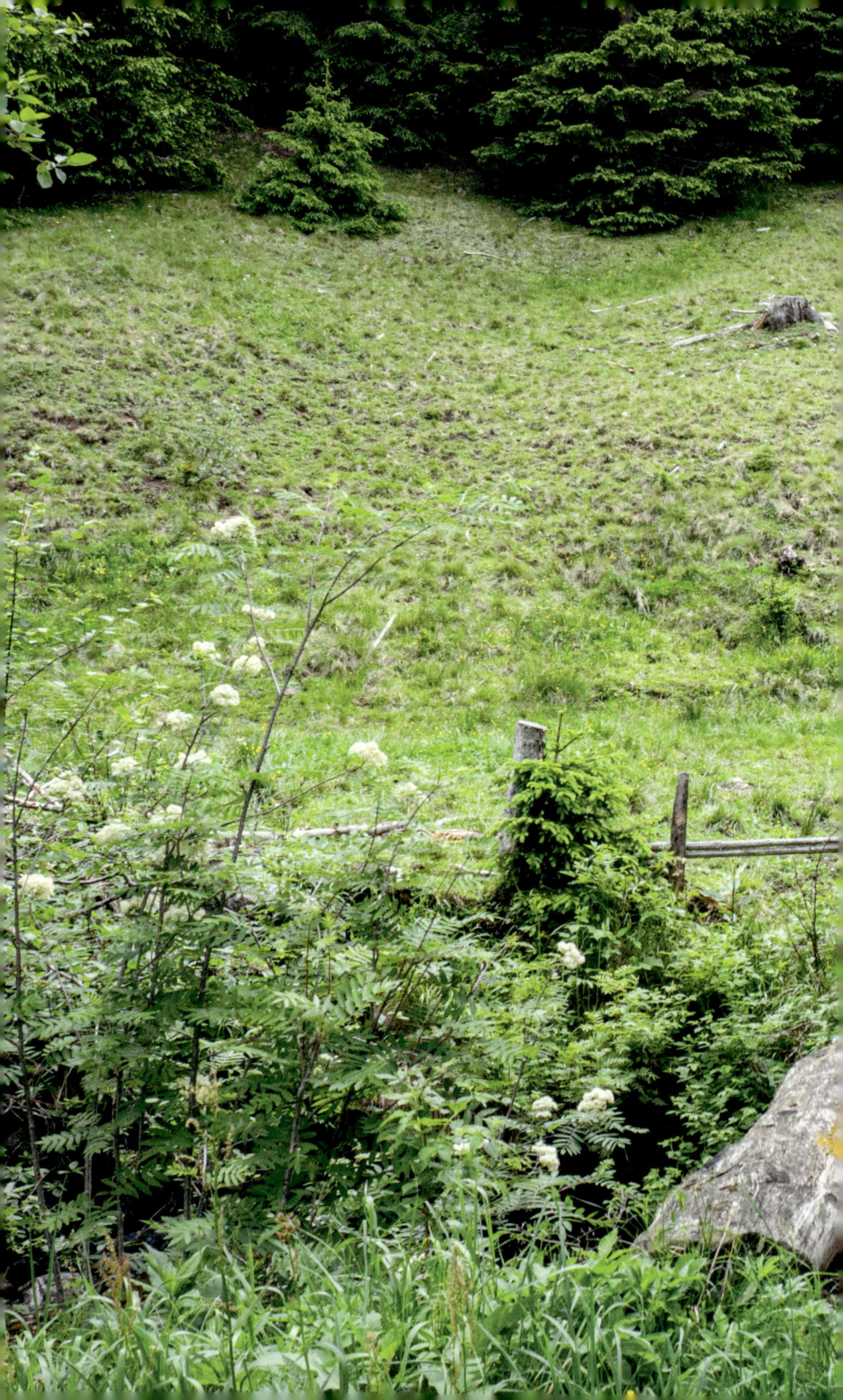

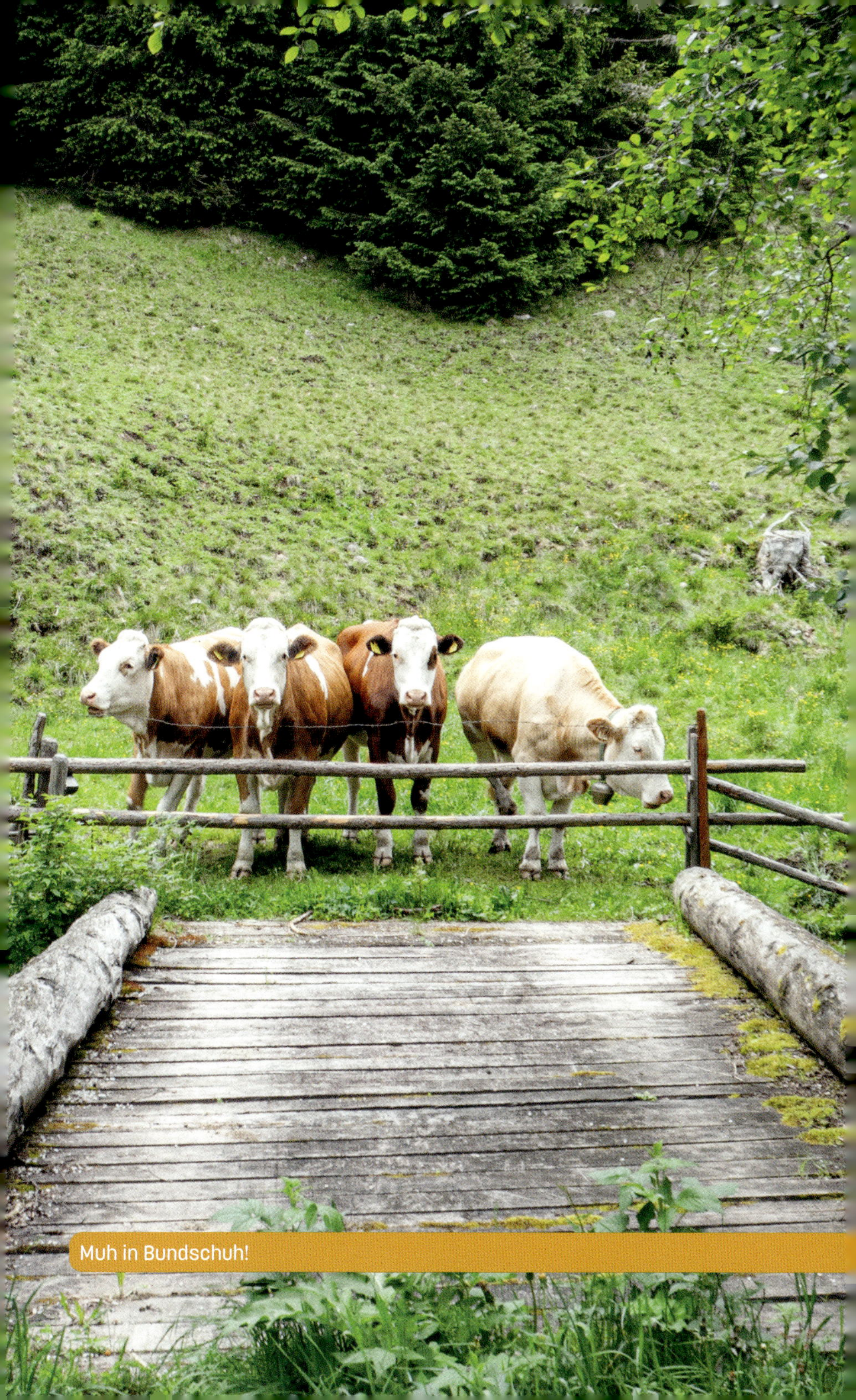

Muh in Bundschuh!

Sanfte Höhen, milde Kuppen

Wandern in den Nockbergen

Ohne Nocken ist die ländliche Küche nicht komplett. Sie kommen in vielerlei Gestalt auf den Tisch, ob als Hauptspeise oder Beilage, ob süß oder pikant. Zwischen Kasnocken, Topfennockerln und den obligaten Salzburger Nockerln, den zuckersüßen Parvenüs, hat alles Platz, was sich weitgehend dadurch definiert, dass es sich um eine undefinierte Form handelt. Nicht nur die Größe ist beliebig, sondern auch der Aufbau – und die Grundfläche sowieso. Die größeren Nocken werden mit einem Löffel ausgestochen, schwungvoll in die Pfanne befördert und je nach Lust und Laune mit mehr oder weniger Temperament leicht eingedrückt. Und genau so ein Bild geben die vielen Kuppen, Hügeln, Buckeln und eben auch die Nocken: Gmeinnock, Seenock oder Sauregggnock. Kulinarisch gesehen sind die Nockerl von Haus aus eine Freude, auch den Wanderungen kann ein gewisser kulinarischer Charakterzug zugeschrieben werden, ohne dabei gleich an eine Genusswanderung zu denken. Zwischendurch kann es in dieser Wanderregion, die am Katschberg beginnt und östlich des Mühlbachgrabens, der sich von Kendlbruck in südlicher Richtung bis zur Grenze zu Kärnten erstreckt, doch richtig anstrengend werden, wohl auch, weil die Entfernungen gerne unterschätzt werden.

Die Faszination des Nockalmgebiets speist sich überwiegend aus der Tatsache, dass es fast zur Gänze unbesiedelt geblieben ist. Außer den während des Sommers bewirtschafteten Almen und einigen Ferienhäusern halten sich die Spuren der Zivilisation sehr in Grenzen. Es hätte auch alles anders kommen können, wenn der Römerweg durch den Greinwald hinauf zur Laußnitzhöhe und weiter nach Teurnia bei Spittal an der Drau nach dem Abzug der Römer erhalten geblieben und weiter ausgebaut worden wäre. Noch immer sichtbare Meilensteine erinnern an diese Zeit.

Etwas mehr als ein Jahrtausend später, als mit dem Bergbau in der Region begonnen wurde, kamen Bergarbeiter in die Gegend und schufteten unter Arbeitsbedingungen, die uns heute mehr als unverständlich erscheinen. Damit brach für den abgelegenen und ärmlichen Landesteil eine Zeit der wirtschaftlichen Expansion an, um es mit einem heutigen Begriff zu umschreiben. Mit dem Aufkommen des Tourismus kam schließlich wieder verhaltener Wohlstand in die Gegend.

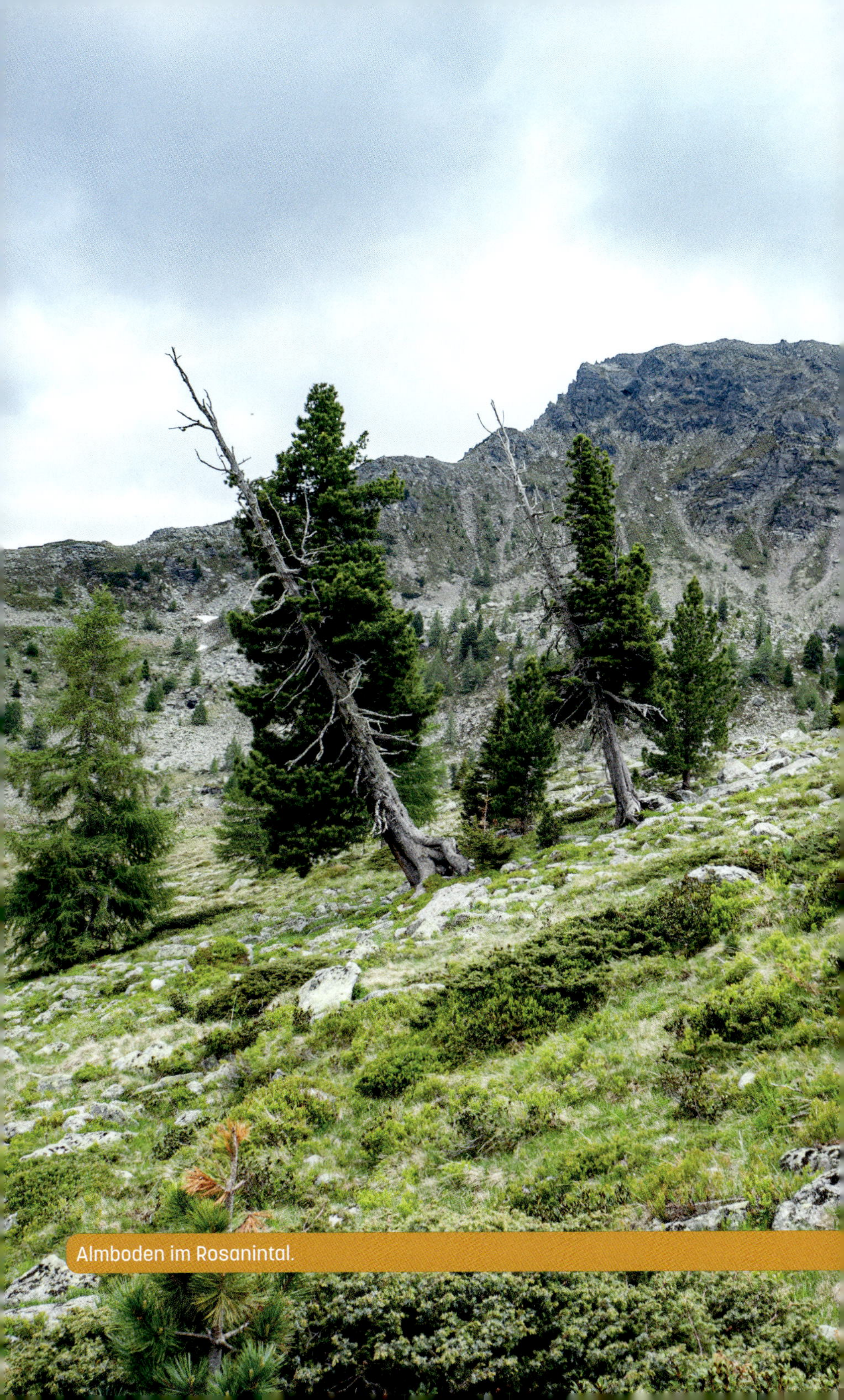

Almboden im Rosanintal.

25 Gezähmter Wildbach

Im Leisnitzgraben

Regionalbus 710, Haltestelle St. Margarethen (Ortsmitte)
5 km 2 h 260 hm Römersteine Gasthof Löcker in St. Margarethen, Gasthof Schlögelberger mit Wildpark

Erlebnisreiche Familienwanderung

Wenn die Familie gemeinsam im Leisnitzgraben unterwegs ist, stehen Gaudi und Spaß an erster Stelle und das Wasser im Mittelpunkt. Der abwechslungsreiche Erlebniswanderweg ist ideal, um sich an heißen Sommertagen Bewegung und Abkühlung zu verschaffen. Es geht gemütlich bergan und die Kinder merken die Steigung kaum, weil es sie von einer Attraktion zur nächsten zieht.

So unbeschwert und heiter die Stunden an so einem Sonnentag vergehen, so wild und tosend kann die Leisnitz werden, wenn ein Unwetter im Gange ist. Die Wildbachverbauung hat ganze Arbeit geleistet und mit „Dosierwerk", „Sortierwerk" und „Murbrecher" imposante Bauwerke in den Graben gesetzt. Um St. Margarethen vor Vermurungen zu schützen, wurden zuoberst die Murbrecher aufgestellt, dann folgt weiter unten das Sortierwerk und schon in Talnähe wird immer häufiger zusätzlich auch noch ein Dosierwerk errichtet.

Das zwischen dem Aineck und dem Greinwald gelegene Dorf St. Margarethen wurde nicht nur einmal von der hochwasserführenden Leisnitz arg in Mitleidenschaft gezogen. Der Schuttkegel, auf dem die Häuser rund um die Kirche stehen, spricht Bände. So wurde der Ort im Jahre 1903 weitgehend zerstört, und in den Jahren 1965 und 1966 entging er jeweils nur knapp einer Katastrophe. Weil die Fluten, die die Leisnitz mit sich führen kann, dermaßen mächtig sind, wurde bereits 1803 mit ersten Wildbachverbauungen begonnen. In der Folge kam es zu einer umfassenden Sicherung, die um die Jahrtausendwende auf die Höhe der Zeit gebracht wurde. Was Wasser alles anrichten kann und wie lebensnotwendig es auf der anderen Seite ist, soll wohl auch der Wasserstein vermitteln, der auf dem kleinen Platz zwischen Kirche und Straße steht und als Sinnbild des gezähmten Wildwassers und als Spender des frischen nassen Elements gedeutet werden kann.

Dieser Wasserstein ist wie geschaffen für uns als Ausgangspunkt der Halbtageswanderung. Westlich der Kirche gehen wir in südlicher Richtung auf den Graben zu und kommen bald an einer Reihe kleinerer Häuser vorbei, die sich an beiden Seiten des Baches an die Abhänge schmiegen. Dass auch auf den

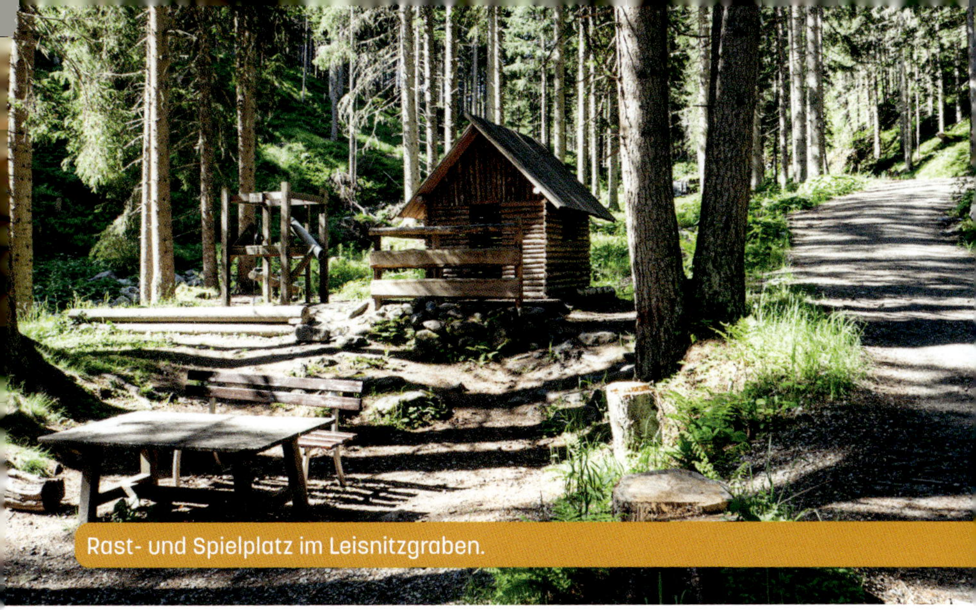

Rast- und Spielplatz im Leisnitzgraben.

schmalsten Grundstücken vor den Häusern kleine Hausgärten angelegt sind, ist im Lungau eine sehr sympathische Selbstverständlichkeit. Das Rauschen des einstigen Wildbaches begleitet uns von Anfang an und der Grundton lässt erahnen, wie furios das anschwellende Wasser zu tönen imstande ist. Nach etwa einem Drittel des Weges kommen wir zum Dosierwerk, der letzten „Notbremse", bevor die Wassermassen den Ort erreichen. Es besteht aus einer Mauer mit meterbreiten Schlitzen, die einen dosierten Wasserdurchlauf gewährleisten. Der hinter der Sperre befindliche Stauraum kann rund 12 000 Kubikmeter Geschiebe und Wildholz aufnehmen. Das bachaufwärts angebrachte Sortierwerk ermöglicht weiter oben das Sortieren von sogenanntem Grobgeschiebe, worunter Wildholz und Felsbrocken zu verstehen sind. Hier beträgt das Fassungsvermögen hinter der Sperre etwa 18 000 Kubikmeter. Nach insgesamt einer Gehstunde erreichen wir den Murbrecher, der mit Hilfe von 1,40 Meter starken Längsscheiben mit Stahlblechpanzerung die stoßweisen Murenabgänge brechen soll. Der Stauraum hinter dieser Sperre ist mit gut 30 000 Kubikmeter Fassungsvermögen der größte von den dreien.

Für Kinder gibt es am Rande des Weges Tafeln, auf denen Märchen und Sagen erzählt werden. Noch spannender sind aber die Zwergenhöhle und die Wasserpumpe samt hölzernem Speicher und Wehranlage sowie die Abstecher zum Wasserfall und zu den Römersteinen, die hier seit fast zwei Jahrtausenden stehen und die 27. Meile der 201 n. Chr. erbauten Römerstraße nach Teurnia markiert haben.

Es versteht sich ganz von selbst, dass zu dieser Wanderung zumindest auch ein Kneippbad gehört, wenn es zum Baden zu frisch sein sollte. Für den Rückweg nehmen wir die Route über den alten Schlögelbergerweg.

26 Durchbuckeln

Zwischen Bonner und Dr.-Josef-Mehrl-Hütte

Regionalbus 710, Haltestelle St. Margarethen (Ortsmitte), bzw. 712 (Rückfahrt von Schönfeld) 13 km 7 h 1100 hm
Neue Bonner Hütte, Laußnitzer Hütte

Sportlich-ambitionierte Tagestour für Fitte

Die Nockberge sind Teil der Gurktaler Alpen, erstrecken sich über die Bundesländer Kärnten, Salzburg und Steiermark und sind auch Namensgeber für den Biosphärenpark Kärntner Nockberge, der zusammen mit dem Lungauer Bruder den größten UNESCO-Biosphärenpark darstellt. Um die Essenz dieser charakteristischen Gebirgslandschaft, die vielen Hügel, Kogel, Buckel und Nocken, intensiv und hautnah zu erleben, taugt am besten eine Tagestour in konstanter Höhe auf durchschnittlich 2 100 Meter.

Eine mögliche Variante dafür bietet der Trail zwischen der Bonner Hütte oberhalb von St. Margarethen an der Grenze zu Kärnten und der in diesem Kapitel öfter erwähnten Dr.-Josef-Mehrl-Hütte in Schönfeld. Dabei kann mehr als eine Handvoll Gipfel und Höhen „eingestrichen" werden – gleichermaßen ideal für Gipfelsammler und entspannte Tourengeher, die eher auf der meditativen Seite beheimatet sind.

Die erste Etappe führt durch den Leisnitzgraben und anschließend über die Esseralm hinauf zur Bonner Hütte. Nach der Rast wählen wir für die weitere Route den Weg Nr. 113, der uns in einem weiten Bogen um die Ebenwaldhöhe führt, um danach den Weg in Richtung Laußnitzer Hütte und Laußnitzsee einzuschlagen. Wo sich der Weg nach dem See gabelt, bleiben wir mit der Nr. 113 bis zum Tagesziel in Schönfeld verbunden.

Dazwischen erleben wir die Schwarzwand mit einer Höhe von 2 214 Metern und den Gmeinnock, der 2 130 Meter misst, ehe wir nach dem Anderlesee die Kameritzhöhe erreichen und uns wiederum auf 2 162 Meter befinden. Das nächste Ziel ist die Gaipahöhe mit 2 192 Metern. Bevor es dann zum Abstieg in Richtung Matehanshöhe kommt, stehen wir ein letztes Mal an diesem Tag auf knapp 2 200 Meter, und zwar auf der Zechnerhöhe.

Da die einzelnen Abschnitte dieses Trails als selbstständige Touren in diesem Kapitel beschrieben sind, verzichten wir hier auf die Wiederholung. Mit dem Wissen um das Große und Ganze schärft sich der Blick auf das Detail, was der gesamten Tour wiederum eine sehr individuelle Note verleiht.

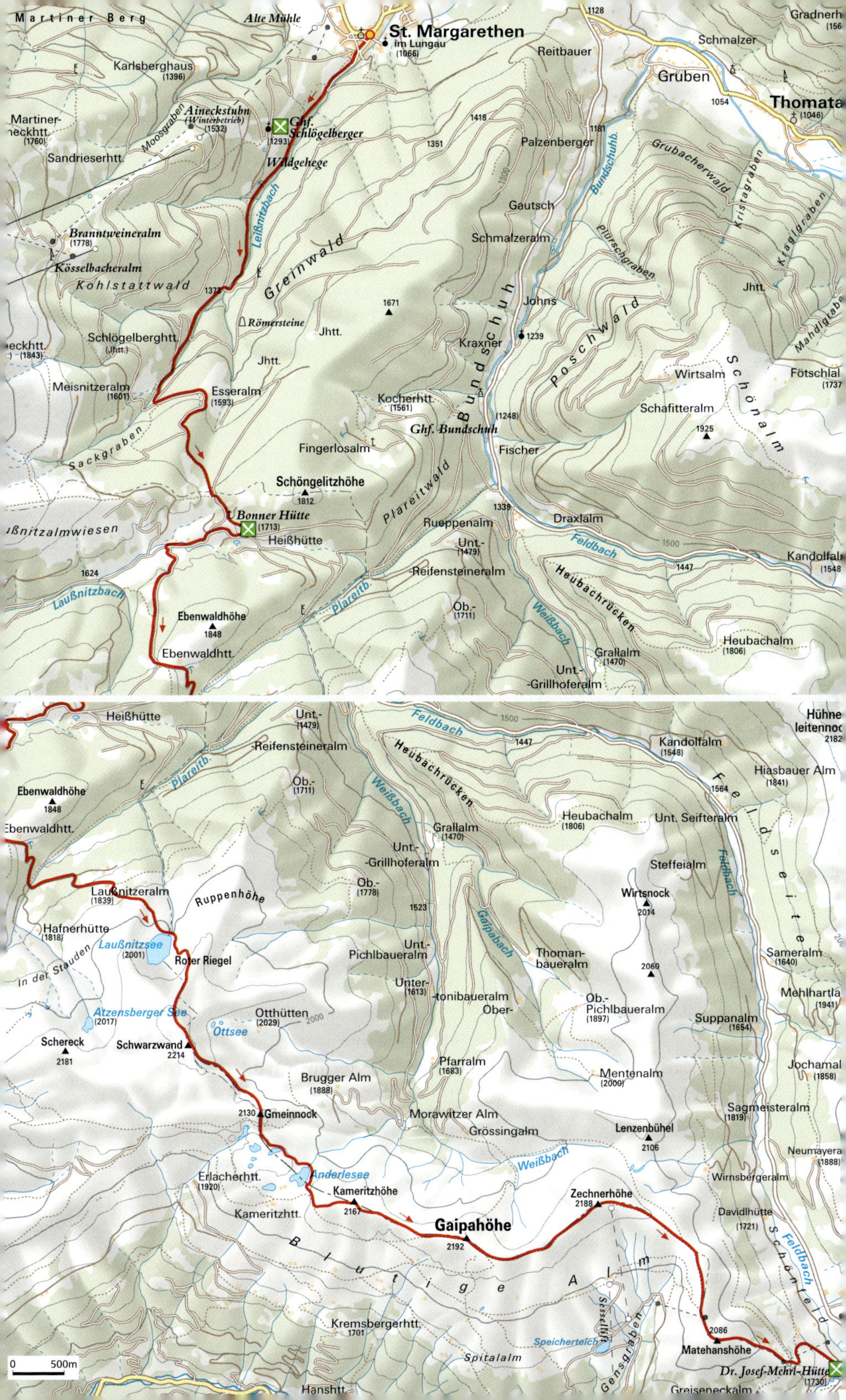

Martiner Berg
Alte Mühle
St. Margarethen
im Lungau
(1066)
Reitbauer
1128
Gradnerh
Schmalzer
Gruben
1054
Thomata
(1046)
Karlsberghaus
(1396)
Martiner-
neckhtt.
(1760)
Aineckstubn
(Winterbetrieb)
(1532)
Ghf.
Schlögelberger
(1293)
Moosgraben
Sandrieserhtt.
Wildgehege
1418
1351
1181
Palzenberger
Grubacherwald
Kristagraben
Bundschuhb.
Gautsch
Leißnitzbach
Branntweineralm
(1778)
Kösselbacheralm
Kohlstattwald
Greinwald
Schmalzeralm
Plürschgraben
Klaglgraben
1373
Jhtt.
Römersteine
1671
Johns
Poschwald
Mahdlgraben
Schlögelberghtt.
(Jhtt.)
Jhtt.
Kraxner
1239
Bundschuh
Schönalm
(1843)
Jhtt.
Meisnitzeralm
(1601)
Esseralm
(1593)
Kocherhtt.
(1561)
Wirtsalm
Fötschlal
(1737)
(1248)
Schafitteralm
Sackgraben
Ghf. Bundschuh
1925
Fingerlosalm
Fischer
Plareitwald
Schöngelitzhöhe
1812
Bonner Hütte
(1713)
Heißhütte
1339
Rueppenalm
Draxlalm
ßnitzalmwiesen
Feldbach
1500
Unt.-
(1479)
1447
Kandolfalm
(1548)
1624
Reifensteineralm
Heubachrücken
Laußnitzbach
Plareitb.
Ob.-
(1711)
Ebenwaldhöhe
1848
Weißbach
Heubachalm
(1806)
Ebenwaldhtt.
Grallalm
(1470)
Unt.-
-Grillhoferalm
Heißhütte
Unt.-
(1479)
Feldbach
1500
Hühne
leitennoc
2182
-Reifensteineralm
1447
Kandolfalm
(1548)
Heubachrücken
Ebenwaldhöhe
1848
Plareitb.
Ob.-
(1711)
1564
Hiasbauer Alm
(1841)
Feldseite
Ebenwaldhtt.
Weißbach
Grallalm
(1470)
Heubachalm
(1806)
Unt. Seifteralm
Unt.-
-Grillhoferalm
Steffeialm
Feldbach
Laußnitzeralm
(1839)
Ruppenhöhe
Ob.-
(1778)
1523
Wirtsnock
2014
Hafnerhütte
(1818)
Laußnitzsee
(2001)
Roter Riegel
Gaipabach
Unt.-
Pichlbaueralm
Thoman-
baueralm
Sameralm
(1640)
In der Stauden
Unter-
(1613)
-tonibaueralm
Ober-
2060
Mehlhartla
(1941)
Atzensberger See
(2017)
Otthütten
(2029)
2000
Ob.-
Pichlbaueralm
(1897)
Suppanalm
(1654)
Ottsee
Schereck
2181
Schwarzwand
2214
Pfarralm
(1683)
Jochamal
(1858)
Brugger Alm
(1888)
Mentenalm
(2000)
2130
Gmeinnock
Morawitzer Alm
Sagmeisteralm
(1819)
Grössingalm
Lenzenbühel
2106
Neumayera
(1888)
Weißbach
Anderlesee
Wirnsbergeralm
Erlacherhtt.
(1920)
Kameritzhöhe
2167
Zechnerhöhe
2188
Davidlhütte
(1721)
Kameritzhtt.
Gaipahöhe
2192
Blutige Alm
Schönfeld
Feldbach
Sessellift
Gensgraben
Kremsbergerhtt.
1701
2086
Speicherteich
Matehanshöhe
0
500m
Spitalalm
Dr. Josef-Mehrl-Hütte
(1730)
Hanshtt.
Greiseneckalm

27 Bergbaugeschichte im Landschaftsschutzgebiet

Von Thomatal nach Bundschuh

Regionalbus 712, Haltestelle Thomatal (Ortsmitte) 13 km
6 h 300 hm Hochofenmuseum Bundschuh, Kirche St. Georg mit Pfarrer-Pfeifenberger-Ausstellung

Leichte Wanderung hin und zurück

Wenn von den Besonderheiten des Lungaus die Rede ist, wird oft mehr oder weniger scherzhaft eingeworfen, dass die Bevölkerungsdichte der von abgelegenen Regionen in Sibirien oder im Norden Kanadas entspricht. Um es zu konkretisieren, wird dann von drei bis fünf Menschen pro Quadratkilometer gesprochen. So abwegig ist der Vergleich aber gar nicht, wenn wir uns die Situation am Beispiel des Gemeindegebiets von Thomatal, einer der 15 Lungauer Gemeinden, anschauen. Es umfasst mit den beiden Katastralgemeinden Thomatal und Bundschuh knapp 76 Quadratkilometer und teilt sich jeweils fast zur Hälfte in Wälder und Almen auf. Den Rest von gut vier Prozent machen landwirtschaftlich genutzte Flächen aus, auf denen aktuell 352 Menschen leben. Das ergibt eine Bevölkerungsdichte von 4,6 Personen auf einem Quadratkilometer. Bingo. Die Zahlen ähneln sich augenscheinlich. Dass man auf der Tour zum Großen Königstuhl, dem höchsten Ort des Gemeindegebiets, an wenig Besiedlung vorbeikommt, liegt in der Natur der Dinge. Es ist aber auch im Tal unten nicht sehr viel anders, was während einer Wanderung zwischen Thomatal und Bundschuh deutlich wird.

Wir starten in Thomatal bei der Kirche, die dem hl. Georg geweiht ist, dem Patron der Bauern und Viehzüchter, und die nach wie vor als einzige Kirche im Land Salzburg ohne Strom und Heizung auskommt. Zu verdanken hat sie das dem langjährigen Pfarrer Valentin Pfeifenberger, von der Bevölkerung gern Voitl genannt, der sich während der Innenrenovierung der Kirche durchgesetzt hat und weder eine Heizung einbauen noch Stromkabel verlegen ließ. Trotzdem oder vielleicht aus gerade deshalb bereitet die Gemeinde eine Ausstellung zwischen Kirche und Pfarrhof zu Ehren des gebürtigen Zederhausers vor, die ab 2023 zu sehen sein wird.

Ein Denkmal, das den hochwürdigen Herrn auf einem Esel reitend zeigt, gibt es bereits und dieses ist auch der Ausgangspunkt unserer Wanderung nach Bundschuh. Wir gehen dabei auf einem Abschnitt des Lungauer Kulturwanderwegs in nordwestlicher Richtung und bei einer scharfen

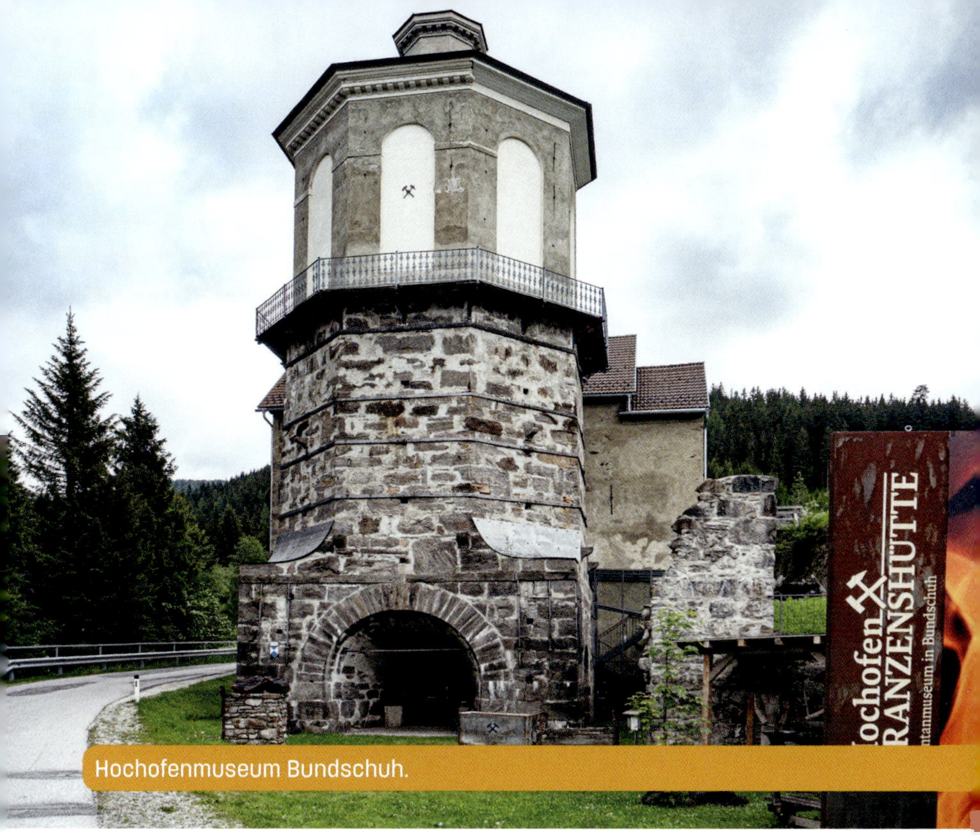

Hochofenmuseum Bundschuh.

Linkskurve nach etwa eineinhalb Kilometern wird aus dem Bundschuhbach der Thomatalbach. Danach geht es eine kurze Strecke auf dem Wanderweg Nr. 67 und anschließend auf dem mit der Nummer 69 rund fünf Kilometer taleinwärts, wobei es auf einigen Abschnitten durchaus zur Sache geht, was die Höhenmeter betrifft. Im Großen und Ganzen nimmt man aber die Wanderung durch das Landschaftsschutzgebiet als Erholung wahr, geht es doch hauptsächlich über Wiesen, begleitet von Bachmusik. Beim Hochofenmuseum Bundschuh sind wir auf einer Höhe von 1350 Metern angekommen und haben 300 Höhenmeter hinter uns gebracht.

Bekannt wurde Bundschuh durch den Abbau von Eisenerz, was bis in das frühe 16. Jahrhundert zurückreicht. Von den zehn Kilometer taleinwärts bei Schönfeld gelegenen Erzlagern wurde das Gestein mit Ochsenkarren zur Verhüttung herausgefahren. Bundschuh war seinerzeit eines der größten Bergbaureviere im Land und allein im Hüttenbereich mit Hochofen, Röstofen und Gebläsehaus waren an die 100 Arbeiter tätig. Das Wahrzeichen dieser ehemaligen Industrieanlage ist der 1867 erstmals angeblasene und 1975 renovierte Hochofen, der eine Höhe von insgesamt 25 Metern misst. Das Museum wurde 2012 eröffnet.

28 Im Grenzland zwischen Kärnten und Salzburg

Über die Gaipa

Regionalbus 712, Haltestelle Schönfeld 10,5 km 4,5 h
680 hm Dr.-Josef-Mehrl-Hütte

Lange, aber nicht beschwerliche Tour

Der Weg ist das Ziel. Wir sind beim Wandern und nicht beim Bergsteigen. Die Gipfel nehmen wir gerne mit, aber nicht um jeden Preis. Der Kick liegt in der Bewegung. Wie fordert uns der Boden heraus, was verlangt die Seehöhe von unserem Körper und wie spielt die Tagesverfassung mit? Mit dieser vorausschauenden Einstellung werden wir mit den Nockbergen gut Freund. Wandern als Therapie – nicht um zu heilen, sondern als Prävention. Was kann der Körper, was will ich von ihm? Potenzialanalyse. Immer wieder spannend zu erfahren, welche Ressourcen in uns schlummern!

Die Gaipa, wie sie von den Lungauern kurz und bündig genannt wird, ist eine der unzähligen Kuppen in diesem Bergland zwischen Salzburg und Kärnten, das Teil des Biosphärenparks Lungau und Nockberge ist. Darum heißt sie auch mit vollem Namen Gaipahöhe, und dahinter verbirgt sich eben kein aufragender Fels mit spitzem Gipfel, sondern ein Mugel oder Buckel, von dem mehrmals die Rede sein wird, einer von beinah unendlich vielen, die sich zu einem eigenwilligen Gebirgskosmos geformt haben. Hier heroben auf einer durchschnittlichen Höhe von 2 200 Metern, wo es – anders als in den Niederen Tauern – kaum Seen gibt, weil sich die Gletscher nicht darüber hinweggewälzt haben, bewegen wir uns in einer schier endlosen Almlandschaft.

Die Tour beginnt wie einige andere auch bei der Josef-Mehrl-Hütte, was letztlich vor allem der Erreichbarkeit mit dem öffentlichen Nahverkehr geschuldet ist. Von dort aus beginnen wir mit dem Aufstieg zur Matehanshöhe auf 2 086 Metern und sind damit auch schon mittendrin im ehemaligen Erzabbaugebiet. Der weitere Weg an der Landesgrenze zu Kärnten ist gleichzeitig ein Abschnitt des Arnowegs, der an den Außengrenzen des Landes Salzburg entlangführt und 1998 anlässlich des 1200-jährigen Bestehens des Fürsterzbistums eröffnet wurde. Auf ihm erreichen wir die Zechnerhöhe und befinden uns damit auf 2 188 Meter. Südlich davon liegt die Blutige Alm, wo es der Legende nach im frühen 8. Jahrhundert zu einem erbitterten Kampf zwischen Slawen und Bajuwaren gekommen sein soll.

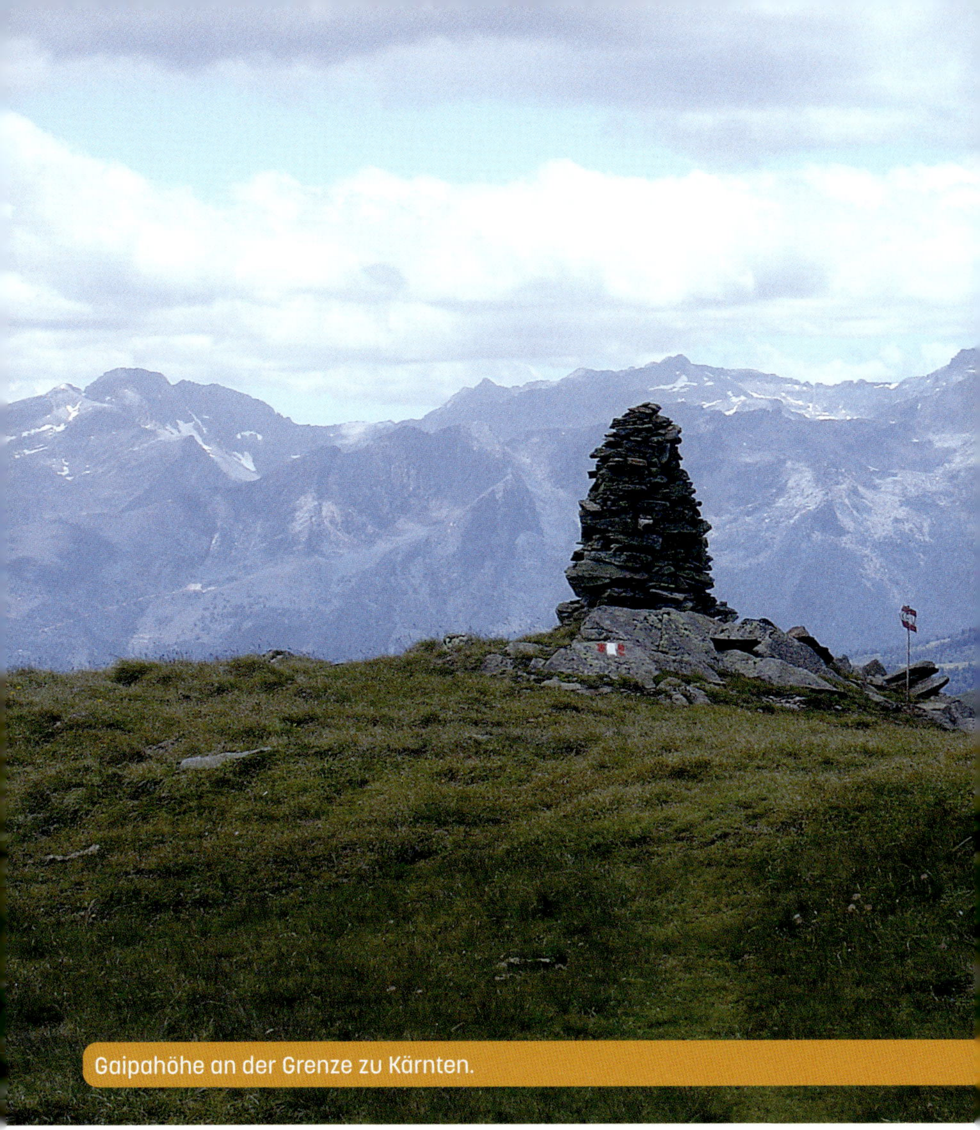

Gaipahöhe an der Grenze zu Kärnten.

Weil wir die wenigen Seen im Nockgebiet nicht vernachlässigen wollen, nehmen wir nicht den von der Gaipa nördlich verlaufenden Pfad, sondern bleiben auf dem Arnoweg in westlicher Richtung bis zur Kameritzhöhe und peilen von dort aus den idyllisch gelegenen Anderlesee an, der zu einem kurzen Bad einlädt. Über einen etwas sumpfigen Steig geht es weiter zum Gmeinnock und zum Laußnitzsee. Nach einem kurzen Abstecher auf Kärntner Territorium gelangen wir wieder auf den Grenzweg entlang des Blareitbaches, den wir schließlich verlassen, um in Richtung Hochofenmuseum Bundschuh ins Tal zu gelangen.

29 Bellevue im Dreiländereck

Über die Nocken zum Großen Königstuhl

Regionalbus 712, Haltestelle Schönfeld · 5 km · 5 h
615 hm · Rosaninsee · Dr.-Josef-Mehrl-Hütte, Esslalm

Mehrstündige Tour, die Kondition verlangt

Der Berg wird seinem Namen gerecht. Für den Anstieg haben wir eine Route gewählt, die uns über drei Gipfel führt, ehe wir der Majestät die Reverenz erweisen. Geben wir uns dem Sprachspiel hin und sagen wir, dass wir uns „hinaufbuckeln" – schließlich sind die Nocken den Buckeln gleichzusetzen. Mit seinen 2 336 Metern ist der Große Königstuhl zwar nicht die höchste Erhebung in den Nockbergen, aber die Aussicht auf dem Grenzberg zwischen Salzburg, Kärnten und der Steiermark ist dafür entsprechend royal. Bei

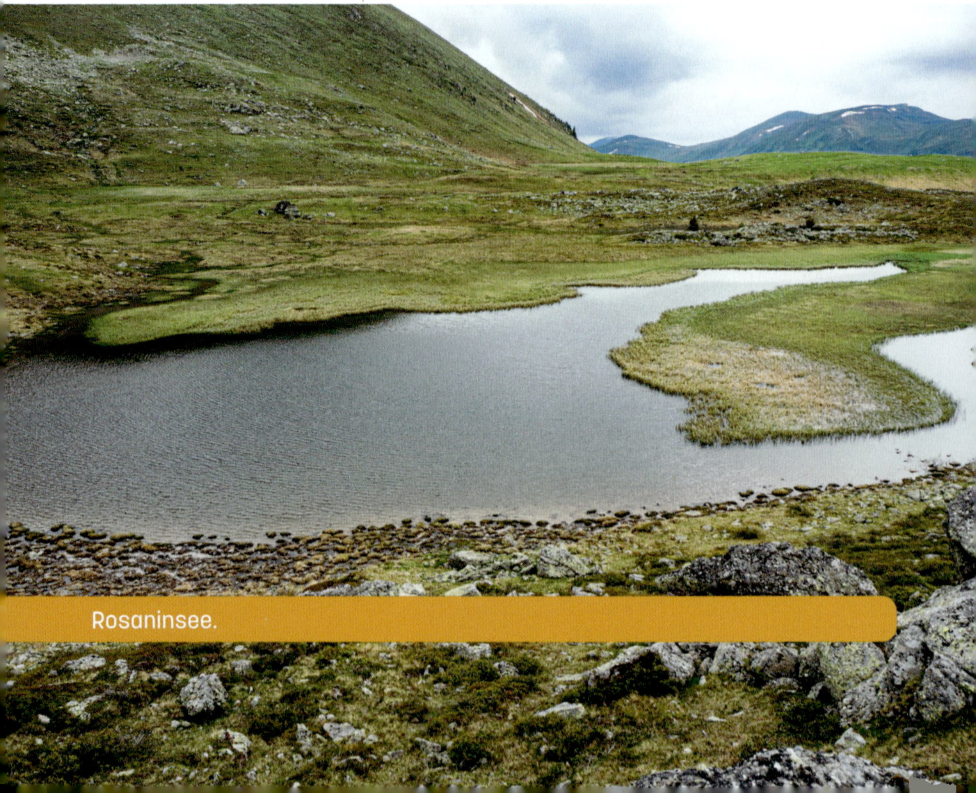

Rosaninsee.

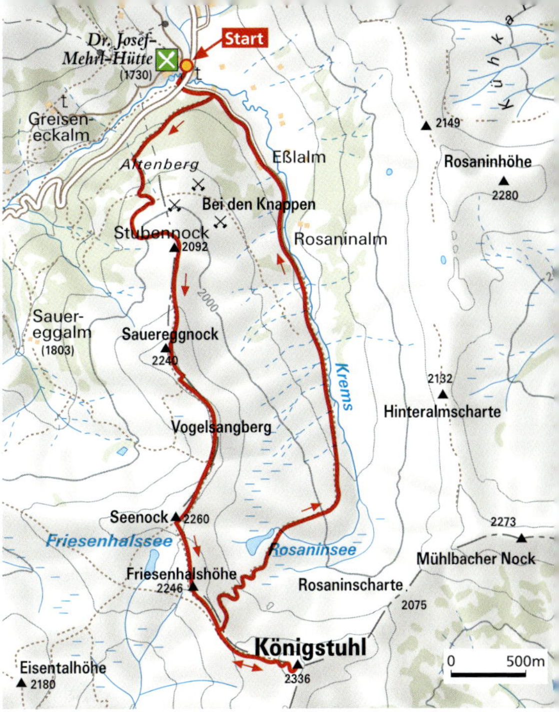

entsprechend gutem Wetter blitzt uns die gletscherbedeckte Hochalmspitze aus der Ankogelgruppe in den Hohen Tauern entgegen, etwas näher liegen die Nockberge und die Höhenzüge der Niederen Tauern.

Östlich der Scharte, die auf knapp 2 200 Meter liegt, glänzt der Rosaninsee in der Sonne, sofern sie scheint. Da die Reize der Natur aber nur bedingt vom Wetter abhängig sind, zieht uns der kleine aus der Eiszeit stammende Bergsee, der 200 mal 60 Meter misst, in seinen Bann. In der Umgebung eines Niedermoores schreitet die Verlandung unaufhörlich fort. Dies ist ein schöner Beweis dafür, dass die Natur ihrem Wesen nach nie statisch ist. Für den Abfluss des Sees sorgt die Krems, ein Bächlein, das zuerst keck und forsch über Stock und Stein sprudelt, um weiter unten im Tal in eleganten Mäandern seine Spur zu ziehen. Bei Sonnenschein lädt der See sogar zum Baden ein.

Der Ausgangspunkt unserer Tour liegt bei der Dr.-Josef-Mehrl-Hütte in Schönfeld auf 1 730 Metern. Wir starten in westlicher Richtung auf einem Schotterweg, gehen an einigen Wochenendhäusern vorbei, sehen linker Hand das Wasser des Kremsbaches glitzern und achten darauf, dass wir nach der letzten Hütte auf der rechten Seite den Einstieg nicht verpassen.

Entlang des sogenannten Knappensteigs geht es den Weg Nr. 125 – einem Forstweg – auf ein Plateau hinauf, wo sich der Weg gabelt. Wir folgen nicht dem Hinweis „Knappenwanderweg“, sondern gehen durch einen Lärchenwald auf einen Rücken hinauf und erreichen damit unser erstes Ziel, den Stubennock auf 2 092 Metern. Auf diesem Bergkamm gehen wir weiter und „buckeln“ uns zuerst zum Saureggnock auf 2 240 Meter und anschließend zum Seenock auf 2 260 Meter hinauf. Von dort kommen wir, leicht abwärts gehend, zur Scharte, wo sich der Weg wieder aufteilt. Wir peilen unser erklärtes Ziel, den Gipfel des Großen Königstuhls, an, um danach am Rosaninsee eine längere Rast einzulegen. Der Rückweg führt uns, vom Rauschen des Baches begleitet, durch das Rosanintal hinaus nach Schönfeld, die erste Etappe dieses Weges geht etwas ruppig über Stock und Stein, danach geht’s moderat über Almwege bis zum Ausgangspunkt zurück.

30 Ein besonderer Boden

Knappenweg und Zirbenwald in Schönfeld

Regionalbus 712, Haltestelle Schönfeld · 4 km · 2 h
210 hm · Pulverturm und Knappenhaus
Dr.-Josef-Mehrl-Hütte, Esslalm

Familienausflug mit kleinem Anstieg

Wer nach Schönfeld kommt, um eine besondere Ecke des Lungaus kennenzulernen und keine Ambitionen hat, eine Bergspitze zu erklimmen oder auf einem der Nocken zu stehen, ist gut beraten, wenn neben dem Erkunden des Rosanintales auch der Knappenweg auf dem Programm steht. Die anschaulich präsentierte Geschichte des Knappenweges auf den Altenberg steht dabei in einem spannenden Kontrast zu den naturkundlichen Besonderheiten der Mäanderbildungen des Kremsbaches sowie den Kiefern, die die Almlandschaft so nachhaltig prägen. Unter ihnen sticht die Zirbe hervor, die gerne als Königin der Alpen bezeichnet wird, wofür mehrere Gründe ins Treffen geführt werden. Zum einen liebt sie Höhe: je höher, umso besser – und damit meint sie die Höhenlage zwischen 1 500 und knapp 2 700 Metern. Das bedingt auch ihre Robustheit und Widerstandskraft. Vom Leben gezeichnet, kann sie bis zu 25 Meter hoch werden und ein Alter von 200 bis 400 Jahren erreichen. Einzelne Exemplare scheinen sich den Olivenbaum zum Vorbild genommen zu haben und werden bis zu 1 000 Jahre alt. Zu den charakteristischen Eigenschaften, die der Zirbe zu einem erstaunlichen Revival verholfen haben, zählen der Geruch des Holzes, der sich über einen sehr langen Zeitraum verströmt, und ihre dekorative Maserung mit den rotbraunen Ästen. Zirbenholz weist das geringste Schwindverhalten unter den heimischen Hölzern auf und ist sehr leicht. Somit erklärt es sich von selbst, warum so viele alte Stuben mit Zirbenholz vertäfelt sind und auch der neue ländliche Chic nicht ohne die Zirbe, Pinus cembra, wie sie botanisch genannt wird, auskommt. Dabei war noch gar nicht von den Zirbenzapfen die Rede, die es braucht, um den beliebten Zirbenlikör herzustellen.

Der Knappenwanderweg wiederum vermittelt uns einen Einblick in die äußerst beschwerliche Arbeit der Knappen, die das gesamte Jahr über im Einsatz waren, und das auf einer Höhe von knapp 2 000 Metern. Noch heute verweisen Erz- und Abraumhalden sowie ein Knappenhaus auf diese längst

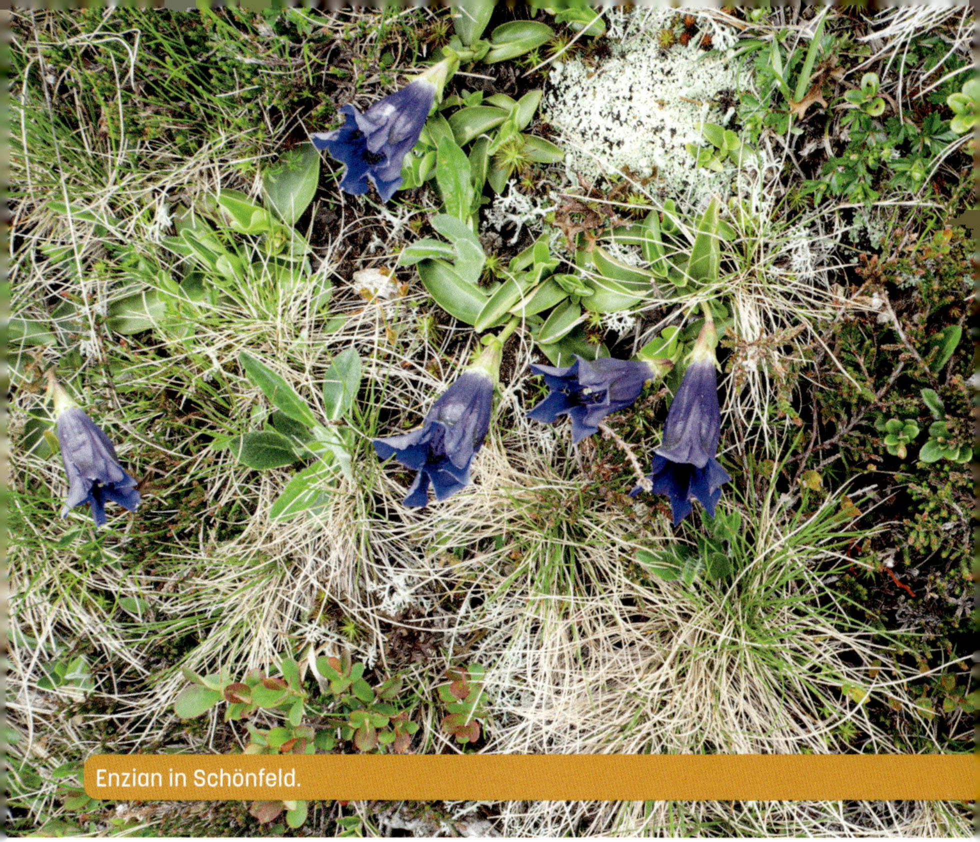

Enzian in Schönfeld.

vergangene Zeit industriellen Bergbaus in der zweiten Hälfte des 19. Jahrhunderts, als die Hochofenanlage in Bundschuh zu den modernsten Verhüttungsanlagen im damaligen Kronland zählte. Was die Knappen zu Tage förderten, wurde mit Ochsenkarren in das zehn Kilometer entfernte Bundschuh transportiert. Was heute musealen Charakter hat, schuf bis zum Beginn der 1960er-Jahre die Lebensgrundlage gar nicht so weniger Lungauer.

Ausgangspunkt für diese Erkundungstour im Rosanintal ist die Dr.-Josef-Mehrl-Hütte, von der wir auf dem Schotterweg bis zu den letzten Häusern gehen, um danach direkt nach rechts auf den Wanderweg Nr. 125 einzubiegen und gut 200 Höhenmeter auf den Altenberg hinaufzuwandern, um uns dabei über die Besonderheiten des Bergbaus in dieser Region informieren zu lassen. Wer mit Kindern unterwegs ist, sollte den Hinweg auch für den Rückweg wählen. Anschließend empfiehlt es sich, auf dem Almweg taleinwärts zu spazieren und sich vom eifrig sprudelnden Kremsbach und seinen beinah kunstvollen Schleifen begleiten zu lassen und auf die Pflanzen zu achten, die beidseits des Weges in Hülle und Fülle wachsen. Die knorrigen und verwitterten Bäume stellen sich ganz von selbst in den Blick und runden das Bild dieser archaisch wirkenden Landschaft ab.

31 Der Ramingsteiner Hausberg

Von der Karneralm auf den Kleinen Königstuhl

Regionalbus 712, Haltestelle Schönfeld · 8 km
5 h · 490 hm · Gasthof Königstuhl

Nicht schwer, aber es geht mehrmals bergauf und bergab

Der Kleine Königstuhl gilt als der Hausberg von Ramingstein und steht seinem größeren Bruder in nichts nach, außer dass der Anstieg etwas sanfter vonstatten geht. In der Höhe überragt der Große den Kleinen um bescheidene 90 Höhenmeter. Es ist nicht recht auszumachen, worin die Gemeinsamkeiten der beiden Berge bestehen könnten, um vom Großen bzw. Kleinen Königstuhl zu sprechen. Allenfalls in der Form lassen sich Ähnlichkeiten entdecken.

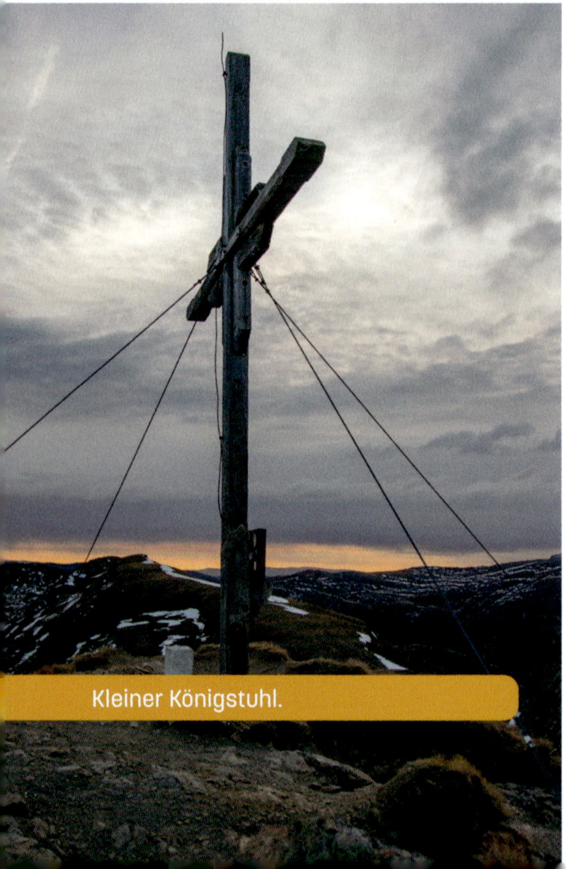

Kleiner Königstuhl.

Um nicht weiter der Haarspalterei zu verfallen, konzentrieren wir uns auf die Route, die uns von der Dr. Josef-Mehrl-Hütte in nordöstlicher Richtung zur Karneralm führt. Sie zählt zum Gemeindegebiet von Ramingstein und besteht in der Hauptsache aus einer Reihe von Ferienhäusern und zwei Almen. Heute deutet nichts mehr darauf hin, dass hier vor Jahrzehnten reger Skibetrieb herrschte. Spätestens seit 2013 gibt sich die Karneralm alles in allem recht idyllisch, wären da nicht noch Grundstücke und Baubewilligungen, die zum Zwist in der Gemeindestube führen und einen weiteren

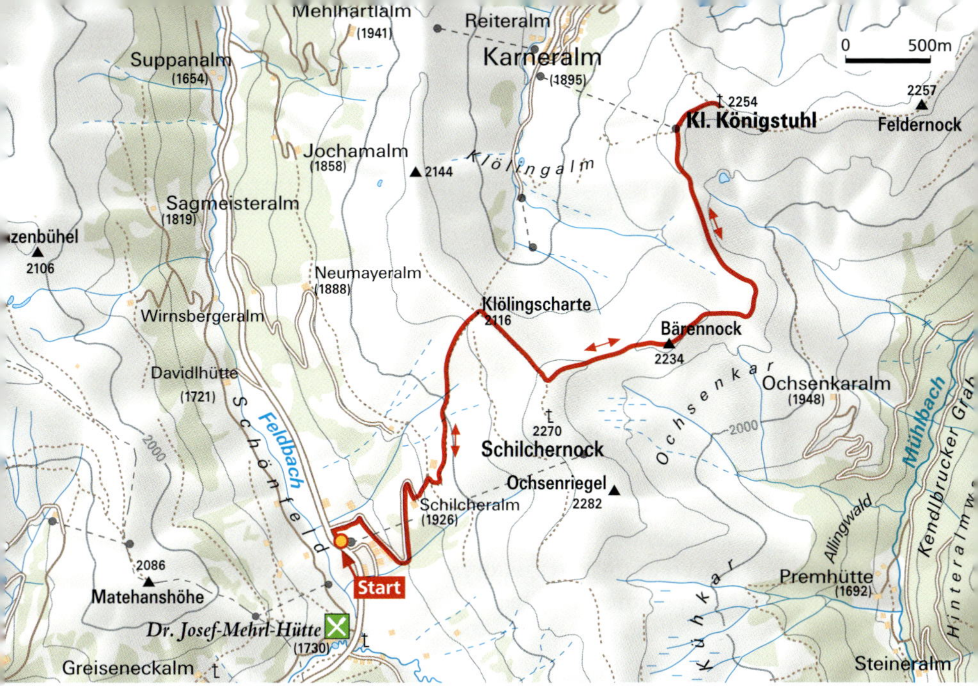

Schauplatz verfehlter Politik in Sachen Zweitwohnsitze und Ferienhäuser darstellen, die sich über das gesamte Landesgebiet verstreut haben und zukünftige Generationen daran erinnern, wie sorglos die Vorväter Grund und Boden verscherbelt haben.

Weil eine wesentliche Maßgabe für die Auswahl der einzelnen Touren darin besteht, die Anreise mit dem öffentlichen Personennahverkehr sicherzustellen, wurde auch für diese Tour die Haltestelle Schönfeld nahe der Mehrl-Hütte ausgewählt. Über die Schilcheralm wandern wir auf dem Weg Nr. 125 über die Klöllingscharte zum 2 144 Meter hohen Klöllingnock, den wir auf dem Weg zum Kleinen Königstuhl so nebenbei mitnehmen. Im Weiteren kommen wir über die Reiteralm zur Karneralm, die wir durchqueren, um danach in Serpentinen den Weg zu unserem Tagesziel zu vollenden. Gipfelrast ist angesagt, das Panorama will genossen werden, schließlich soll der Weitblick doch auf seine Kosten kommen. Über Schwarzenberg und Lasaberg geht der Blick in Richtung Norden zum Preber und weiter zum Hochgolling und steigert sich bis zum Dachsteinmassiv. In südlicher Richtung machen wir die Julischen und Karnischen Alpen aus – und wer sich ein wenig auskennt, wird unter den vielen Spitzen, Kanten und Formationen sogar den Triglav, den mit 2 864 Metern höchsten Berg unseres südlichen Nachbarlandes Slowenien, ausmachen können.

Für den Rückweg peilen wir die südwestlich gelegene Klöllingalm an, um dort auf den Weg Nr. 125 zu stoßen, über den wir zum Ausgangspunkt zurückkehren.

32 Weg der Hoffnung

Mit dem Fahrrad über den Bettlmandl-Tauern

55 km · Tagestour · 80 hm · Jagglerhof

Ausgiebige Radtour durch den Lungau

Die Lungauer Kultband „Querschläger“ hat Geschichte geschrieben und sie ist nach wie vor aus der musikalischen Dialektszene nicht wegzudenken. Das gilt nicht nur für „entan Tauern“, sondern auch für Fans und Liebhaber diesseits des Alpenhauptkamms und generell. Den Kultstatus hat sich die Band auch dadurch erarbeitet, weil sie ihre Texte und Geschichten gerne im Lungau ansiedelt oder sich von Lungauer Originalen, außergewöhnlichen oder auch ganz gewöhnlichen Plätzen sowie besonderen historischen Momenten inspirieren lässt. So auch von jenem Weg, der von Thomatal nach St. Margarethen führt und als „Bettlmandl-Tauern“ den Lungauer Kosmos erweitert. Der Name ist wohl zu jener Zeit entstanden, als erwerbslose Familien aus der Obersteiermark in den Lungau gekommen sind, in der Hoffnung hier Brot und Lohn zu finden. Und weil sich Bettlmandl ein wenig freundlicher anhört als Bettler, ist aus diesem Weg der Bettlmandl-Tauern geworden.

Die Tour ist so angelegt, dass sie auch mit Kindern gefahren werden kann. Wem die gut 55 Kilometer zwischen St. Michael, Mauterndorf, Bruckdorf, Pfarrwerfen, St. Andrä, Tamsweg, Thomatal und von St. Margarethen wieder nach „Michö“ zurück zu viel sind, kann den einen oder anderen Streckenabschnitt auch weglassen oder sie auf mehrere Tage aufteilen.

Es ist Fritz Messner, Kraftlackel und Powerhead der erwähnten Band „Querschläger“, zu verdanken, dass eine Radtour durch den Lungau zugleich auch eine Entdeckungsreise in das Innere ihrer Texte und Musik ist. Auf *www.querschlaeger.at* ist nachzulesen, wo die Inspirationsquellen liegen und Begegnungen stattgefunden haben. Und dabei wird viel preisgegeben – dass die Mur nicht zu kurz kommt, liegt in der Natur der Dinge. Ihre Energie scheint ansteckend zu sein, was auf unnachahmliche Weise verewigt wurde: „Es wassa va da mur / des rinnt so weit / soweit wie ma glei denken kann / es wassa va da mur / des treibt die radla / und die noie zeit voran.“

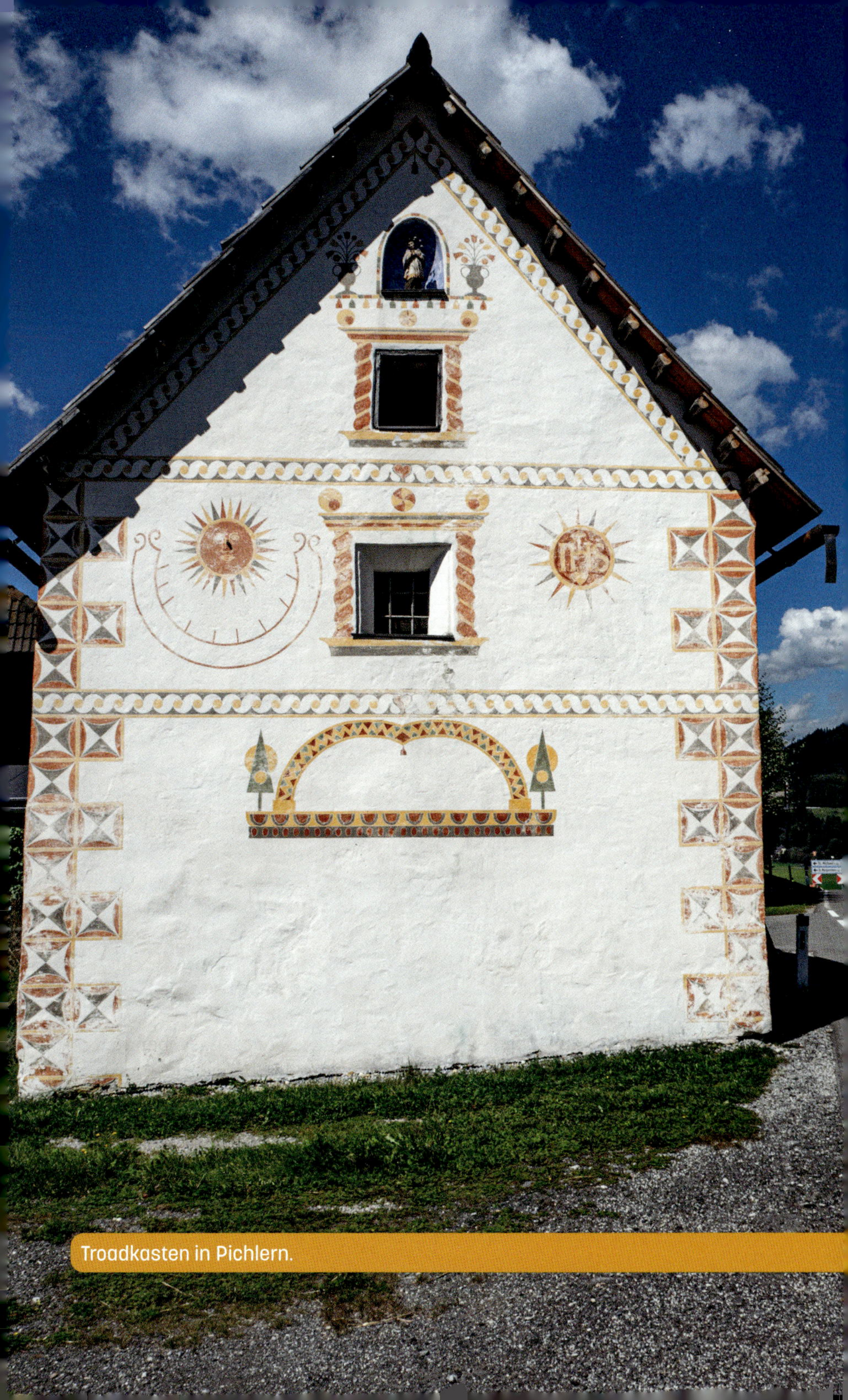

Troadkasten in Pichlern.

Biosphärenpark Lungau

Das Logo des Lungauer Biosphärenparks bildet eine stilisierte Blume mit sechs Blüten ab. Fünf davon stehen für die Themenfelder Land und Wirtschaft, Soziales, Kultur und Brauchtum, Natur und Raum, Tourismus sowie Energie und Mobilität, die sechste repräsentiert die Menschen, die hier leben, arbeiten und feiern. So scheinbar lose die einzelnen Blüten, wie sie dargestellt sind, so intensiv ist das Beziehungsgeflecht dazwischen, das zwar unsichbar bleibt, doch auf höchst unterschiedliche Weise funktioniert.

Im Lungau ist die Natur zu Hause, das Terrain ist einzigartig. Diese unwiderlegbare Tatsache zieht sich wie ein roter Faden durch die Beschreibung der einzelnen Touren und Wanderungen. Und sie ist gleichermaßen Geschenk wie Herausforderung. Das zum Vorteil aller unter einen Hut zu bringen, gestaltet sich schon etwas schwieriger und stellte die Bevölkerung immer wieder vor große Herausforderungen. Für Markus Schaflechner, der die Geschicke des Biosphärenparks lenkt, geht es darum, die Herausforderungen in Stärken umzuwandeln und das Geschenk mit möglichst vielen Leuten zu teilen.

Die weitgehend dünn besiedelte inneralpine Landschaft – 20 000 Menschen leben auf 1000 Quadratkilometer – mit ihren vielfältigen Tälern und Höhenzügen ist wie geschaffen für einen Biosphärenpark, in dem es gilt, Natur und Umwelt zu schützen und zu bewahren – und gleichzeitig für die Bevölkerung Entwicklungsmöglichkeiten in wirtschaftlicher, sozialer und kultureller Hinsicht zu schaffen. Zu diesem Zweck wurden drei Zonen ausgewiesen. Die Kernzone umfasst Schutzgebiete, die als naturnahe Lebensräume erhalten und erforscht werden. Sie macht gut fünfeinhalb Prozent der Gesamtfläche aus und die einzelnen Gebiete erstrecken sich bis auf eine Ausnahme – dem Seetaler See – im hochalpinen Raum. Die Pflege- beziehungsweise Pufferzone umfasst etwas mehr als ein Drittel des Lungaus und wird als Schutzzone zum Erhalt besonderer Natur- und Kulturlandschaften definiert. Mit knapp 56 Prozent umfasst die Entwicklungszone gut die Hälfte der gesamten Bezirksfläche und wird als Lebens-, Wirtschafts- und Erholungsraum der Bevölkerung definiert, die Siedlungsgebiete eingeschlossen. Wie sehr die Lungauer seit je auf ihre Landschaft geschaut haben, lässt sich daran ablesen, dass schon lange vor der Verleihung der Biosphärenpark-Würde Schutzgebiete ausgewiesen und Schutzgedanken formuliert wurden: vom Nationalpark über Ramsar und Natura 2000 bis zum Naturpark und breitflächigen Naturschutzgebieten.

UNESCO Biosphäre LUNGAU

Biosphärenpark wird man nicht, das muss man wollen und einen entsprechenden Antrag stellen. Zuständig dafür ist die UNESCO, jene in Paris ansässige UN-Organisation für Erziehung, Wissenschaft und Kultur. Die grundlegende Idee dafür geht auf das in den frühen 1970er-Jahren entwickelte MAB-Programm zurück. Die Abkürzung steht für Man and the Biosphere – Mensch und Umwelt. Hierzulande wird das Programm von der Österreichischen Akademie der Wissenschaften koordiniert.

Wer aufmerksam im Lungau unterwegs ist, wird wahrnehmen, auf welch vielfältige Art und Weise sich der Biosphärenpark bemerkbar macht.

Da jede Lungauer Gemeinde auch eine Biosphärenpark-Gemeinde ist, werden die Besucher jedes Mal aufs Neue mit dem Begriff konfrontiert und wollen früher oder später wissen, was es damit auf sich hat. Und die Einwohner nehmen die Zusatzbezeichnung mittlerweile als Auszeichnung an, sind es doch sie, die den Ideen Nahrung geben, ihre Leistungen und Produkte entsprechend ausrichten und optimieren, damit das Ganze im Sinne gemeinsam erarbeiteter Strategien umgesetzt werden kann. Das betrifft fast alle Lebensbereiche – am sichtbarsten zeigt sich das im Bildungs- und Kulturbereich, bei Energie- und Mobilitätsprojekten sowie in der Landwirtschaft und, damit gekoppelt, beim Thema Ernährung.

Über kurz oder lang wird der Biosphärenpark Lungau auch außerhalb seiner Grenzen wahrgenommen werden. Anders als die National- und Naturparks sind die Biosphärenreservate in Österreich noch nicht so stark im Bewusstsein der Bevölkerung verankert, wie sie das verdienen würden. Stand 2022 gibt es hierzulande vier Modellregionen, weltweit sind es 738 in 134 Staaten. Neben dem grenzübergreifenden Biosphärenpark Lungau und Kärntner Nockberge gibt es noch die Reservate Großes Walsertal in Vorarlberg, Wienerwald in Wien und Niederösterreich sowie Unteres Murtal in der Steiermark. Im Lungau sind die Grenzen deckungsgleich mit denen des politischen Bezirks Tamsweg. Eine Doppelung erfährt die Biosphären-Identität am Übergang zu Kärnten, wo sie beidseits der Grenze gelebt wird. Von weiterem Nutzen für ihre Verankerung ist die Lungauer Konstruktion, dass die personellen und institutionellen Belange von Biosphärenpark, Regionalverband und Leader-Region sowie der Klima- und Energiemodellregion Lungau aufs Engste miteinander verbunden sind.

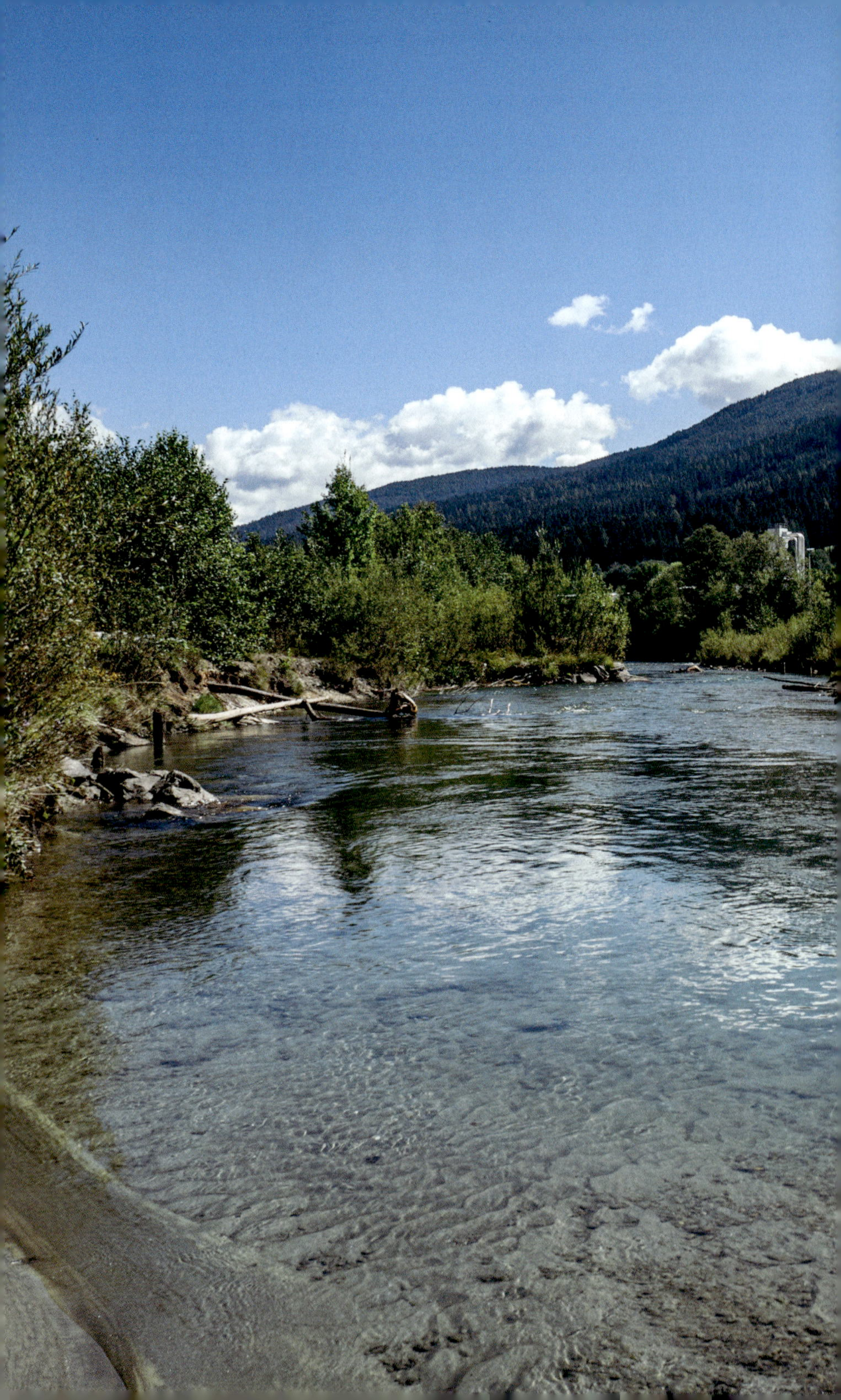

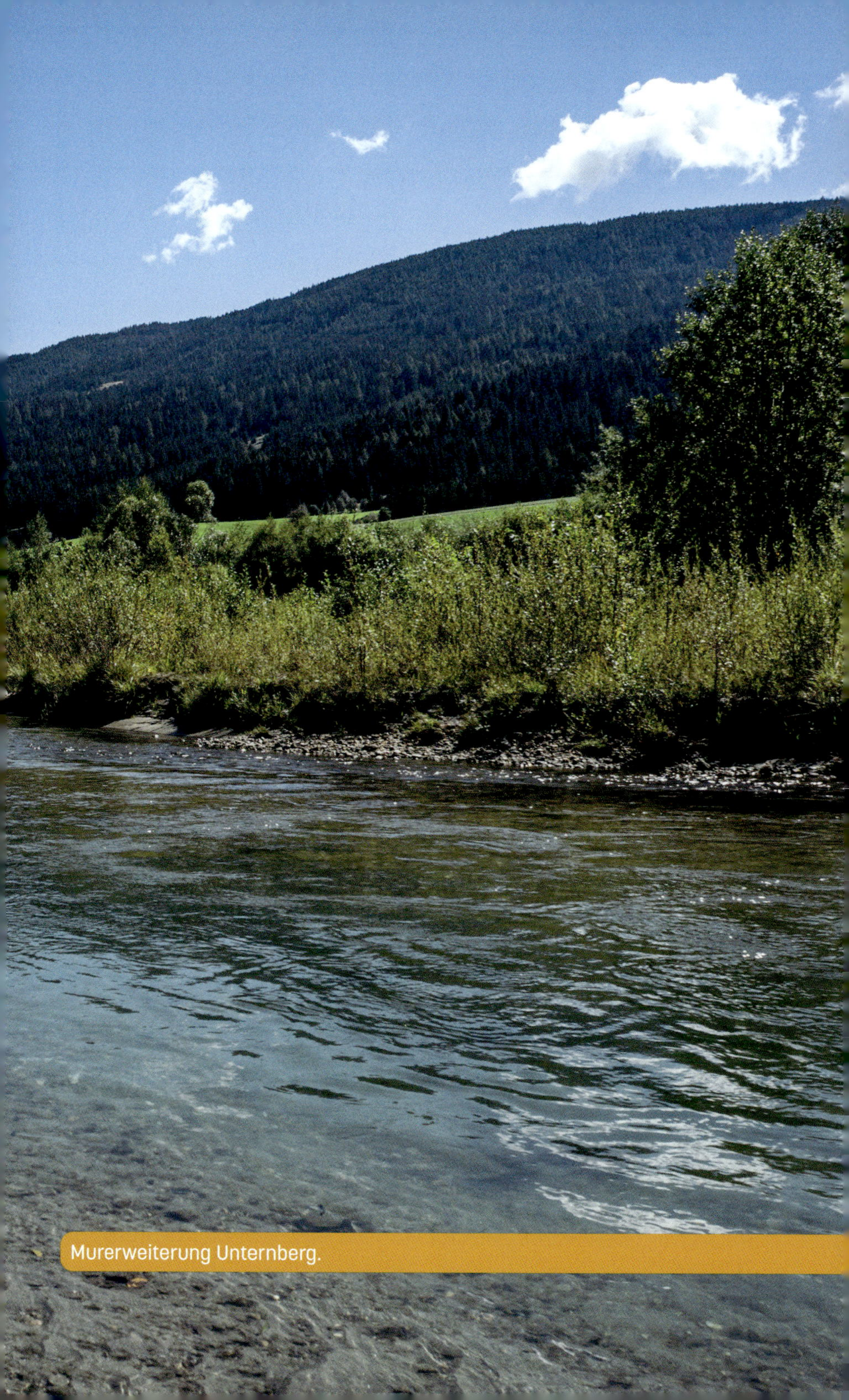

Murerweiterung Unternberg.

Wo der Bach zum Fluss wird

Beidseits der Mur entlang

Die Mur entwässert den Lungau samt und sonders. Sie nimmt alles auf, was aus den Tälern der Niederen Tauern und der Nockberge zu ihr hinabströmt, alles bis auf den Kremsbach, der in die Lieser auf Kärntner Seite mündet. Das lässt den Bach, der in der Kernzone des Nationalparks Hohe Tauern entspringt, nach dem Zusammenfluss mit dem Zederhausbach beim Eintritt in das Lungauer Becken schnell anwachsen. Aus dem Bach wird ein Fluss, der den Bezirk prägt und ihn auf einer Länge von 58 Kilometern durchfließt.

In diesem Kapitel haben wir es nur zu Beginn direkt mit den Bergen und Tälern zu tun. Den Grundton schlägt das Wasser an und die Melodie liefern die Orte und Sehenswürdigkeiten beidseits des Flusses. St. Michael, von den Lungauern kurz „Michee" genannt, lernen wir als einen der Hauptorte des Bezirks kennen. Das historisch bedeutsame Unternberg wird von der Wächterin der Mur, dem Schloss Moosham, überthront, das über mehrere Jahrhunderte hinweg ein wichtiger Verwaltungsstandort war und von wo die zum Tode verurteilten Delinquenten ihren letzten Weg im Zeiserlwagen angetreten haben. Alles unter den klaren Blicken des Flusses.

Nach Tamsweg macht die Mur entlang der Abhänge des Schwarzenbergs Straße und Bahntrasse zu Nebenschauplätzen und freut sich, wenn sich wasserbegeisterte Extremsportler im Raftingboot den einen oder anderen Adrenalinkick holen. In Ramingstein und im weiter östlich gelegenen Kendlbruck weiß sie uns viel vom Bergbau im Lungau zu erzählen und von der langen Geschichte der Burg Finstergrün, die nach wie vor die Grenze zur Steiermark überwacht, obwohl sie dazu schon längst keinen Auftrag mehr hat. Die Mur verbindet das steinerne hochalpine Gelände ihrer Herkunftsgegend mit den weiten Niederungen des Drautals und damit das Innergebirg mit den südöstlichen Gebieten der ehemaligen Donaumonarchie. Mit den Geschichten rund um Schloss Moosham und die Burg Finstergrün tischt sie die Welt des Altösterreichischen kurz vor dem Inferno des Ersten Weltkriegs und dem darauffolgenden Zusammenbruch der europäischen Ordnung auf, wie uns die Flüsse im Allgemeinen viel über Vergehen und Wiederkehr zu sagen haben.

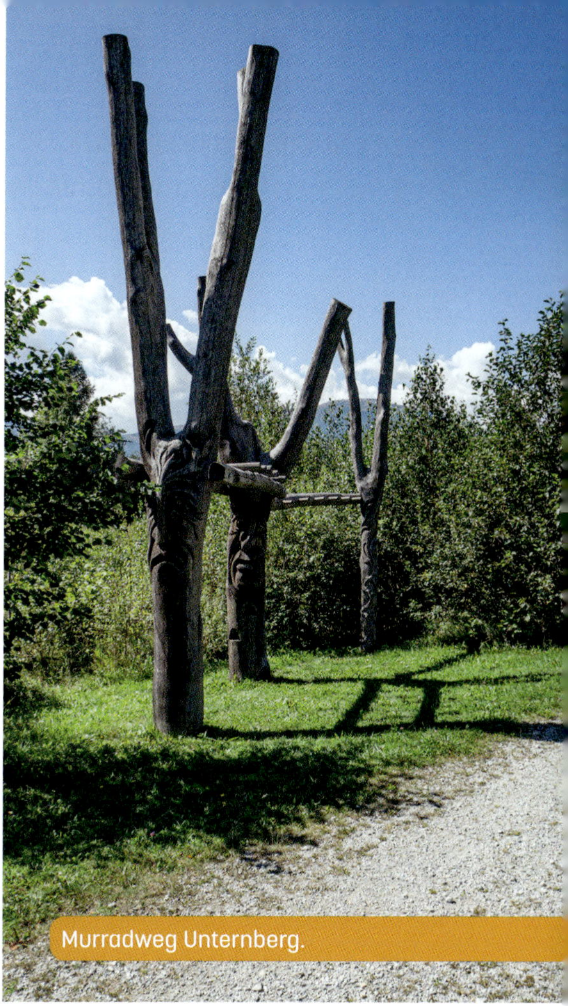

Murradweg Unternberg.

Die Geschichte der Mur ist freilich auch eine Geschichte von sumpfigen und moorigen Böden sowie von Überschwemmungen und dem Kampf um die Bewirtschaftung der sauren Wiesen beidseits des Flusses, der sich in weiten Mäandern durch den Talboden zog. Das Moor unterhalb von Schloss Moosham wurde bis weit in das 19. Jahrhundert an die verschiedenen Eisenhütten und Hammerwerke geliefert, um diese mit Brennstoff zu versorgen. Die ersten Regulierungsbestrebungen gehen bereits auf die zweite Hälfte des 19. Jahrhunderts zurück.

Seit den späten 1990er-Jahren geht der Trend im Flussbau jedoch in eine andere Richtung. Das Ideal wird nicht mehr in einer größtmöglichen Reglementierung gesehen, was seinen Ausdruck in einem geradlinigen Verlauf mit tiefer Sole und hohen, steilen Ufern fand. Aktuell geht es um die Öffnung dieser stringenten Wasserführung, um die Erweiterung des Flussbettes und um dessen Anpassung an den ursprünglichen Verlauf. Das gibt der Landschaft rasch ein anderes, ein organisches Gepräge. Und wer weiß heute schon, wie die einzelnen Antworten auf die Herausforderungen, mit denen uns die Klimaveränderung konfrontiert, aussehen werden? „Die Natur im Fluss", so lautet der doppeldeutige Titel der Ausstellung „(M)URSPRUNG" in Muhr. Alles ist immer im Fluss, das lehrte uns schon der vorsokratische Philosoph Heraklit von Ephesos (um 520–460 v. Chr.), der im fließenden Wasser das Symbol der ständigen Veränderung sah. Er hinterließ uns den Satz: „Wir steigen in dieselben Flüsse und steigen nicht. Wir sind und sind nicht." Auf eine einfache Formel gebracht: Man kann nicht zweimal in denselben Fluss steigen, was Johann Wolfgang von Goethe zu dem Bild „Dauer im Wechsel" verdichtete.

33 Erlebnisreiche Mur

Zwischen Muhr und Ramingstein

55 km · 4 h (hin und zurück) · 140 hm · Ausstellung „(M)URSPRUNG", Naherholungsgebiet Murerweiterung · Jagglerhof

Radtour mit Kultur im Gepäck

Die Gemeinde Muhr hat ein besonderes Alleinstellungsmerkmal: Sie ist sowohl eine der 15 Biosphärenpark-Gemeinden als auch im Verband der Nationalparkgemeinden Hohe Tauern. Wenngleich die Zone des Nationalparks nur die Talschlüsse des Rotgülden- und Muritzentales umfasst, so liegen diese doch im Gemeindegebiet von Muhr und machen sie daher zu einer Nationalparkgemeinde. Diese Doppelfunktion prädestinierte Muhr schließlich auch dafür, eine Ausstellung über die Mur unter dem Titel „(M)URSPRUNG. Natur am Fluss" zu beherbergen. Und noch eine Besonderheit gilt es in diesem Zusammenhang zu erwähnen: Die Mur ist der einzige Fluss im Einzugsbereich des Salzburger Anteils im Nationalpark Hohe Tauern, der nicht in die Salzach mündet. Auf ihren 453 Kilometern vom Murtörl bis zur Mündung in die Drau an der ungarisch-kroatischen Grenze durchfließt sie als Österreichs zweitlängster Fluss völlig unterschiedliche Landschaften, als ihre Ursprungsregion vermuten ließe.

Um den Fluss und die Region, die er prägt, besser kennenzulernen, besuchen wir vor dem Start unserer Radtour, die uns bis an die Grenze zur Steiermark führt, die 2018 eröffnete Ausstellung in Vordermuhr. Danach geht's los und vor allem bergab, was mehr oder weniger für die gesamte Strecke gilt. Weil Wasser immer nur abwärts fließt und wir stets der Mur entlang radeln, haben wir es zumindest auf der ersten Etappe nur mit Gefälle zu tun. An der Stelle, wo die Besucher des Lungaus die Tauernautobahn verlassen, vereinigen sich die junge Mur und der Zederhausbach am östlichen Ausläufer des Zickenbachs. Damit erreicht sie das Lungauer Becken, um südlich von St. Michael und Unternberg in nordöstlicher Richtung auf Tamsweg zuzufließen. Aber so schnell folgen wir ihr nicht, weil wir uns die in den vergangenen Jahren errichtete Murerweiterung etwas genauer ansehen wollen. Schließlich wurde hier ein Naherholungsgebiet geschaffen, das seinesgleichen sucht. Jedenfalls stehen die etwa 600 Meter langen Schleifen und Mäander

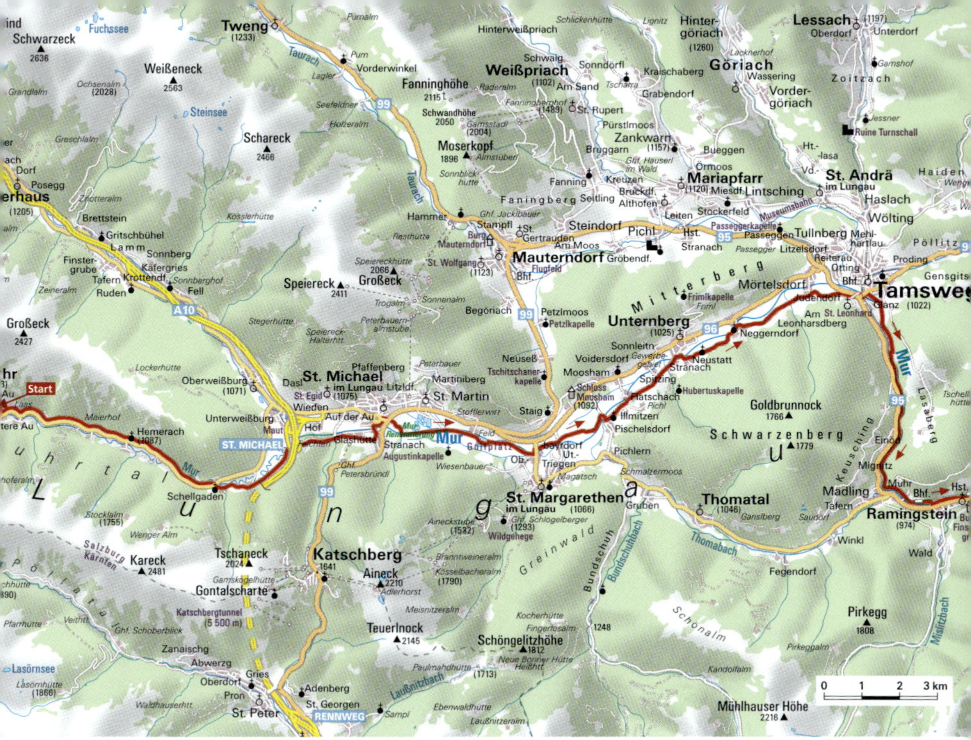

in einem krassen Gegensatz zur sonstigen „Architektur" der „Wasserstraße". Der Begriff ist deshalb gerechtfertigt, weil die Mur in einem Zeitraum von etwa einhundert Jahren stark gezähmt und eingepfercht wurde – in dem Irrglauben, dadurch könnten landwirtschaftliche Nutzflächen gewonnen und Hochwässer verhindert werden. Bereits 1876 kam es zur Gründung einer Regulierungsgenossenschaft, womit eine der ältesten Flussregulierungen im Land ihren Startpunkt gefunden hatte, die bis in die 1980er-Jahre andauerte. Das Besondere an der aktuellen Erweiterung des Flussgebiets ist, dass man der Mur an diesem Abschnitt ihren ursprünglichen Verlauf zurückgab, was Grundabtretungen seitens 15 Grundeigentümern ermöglichten. Hier darf sich der Fluss wieder ausbreiten – und für die Menschen wurde ein neuer Erholungs- und wohl auch Erlebnisraum erschlossen.

An Tamsweg fahren wir in südöstlicher Richtung vorbei, passieren dann das enge, zuweilen etwas dramatische Teilstück, wo sich der Radweg die Enge der Talsohle mit Eisenbahn und Straße teilen muss, und erreichen so Ramingstein und abschließend auch Kendlbruck, das kurz vor der Landesgrenze zur Steiermark liegt. Nach entsprechender Stärkung nehmen wir die Rückfahrt in Angriff, die ein wenig mehr Beinarbeit erfordert – in Zeiten des E-Bikes aber besonders überschaubar, beträgt die Steigung doch ohnehin nicht einmal 150 Höhenmeter, die sich auf 55 Kilometer Radstrecke verteilen.

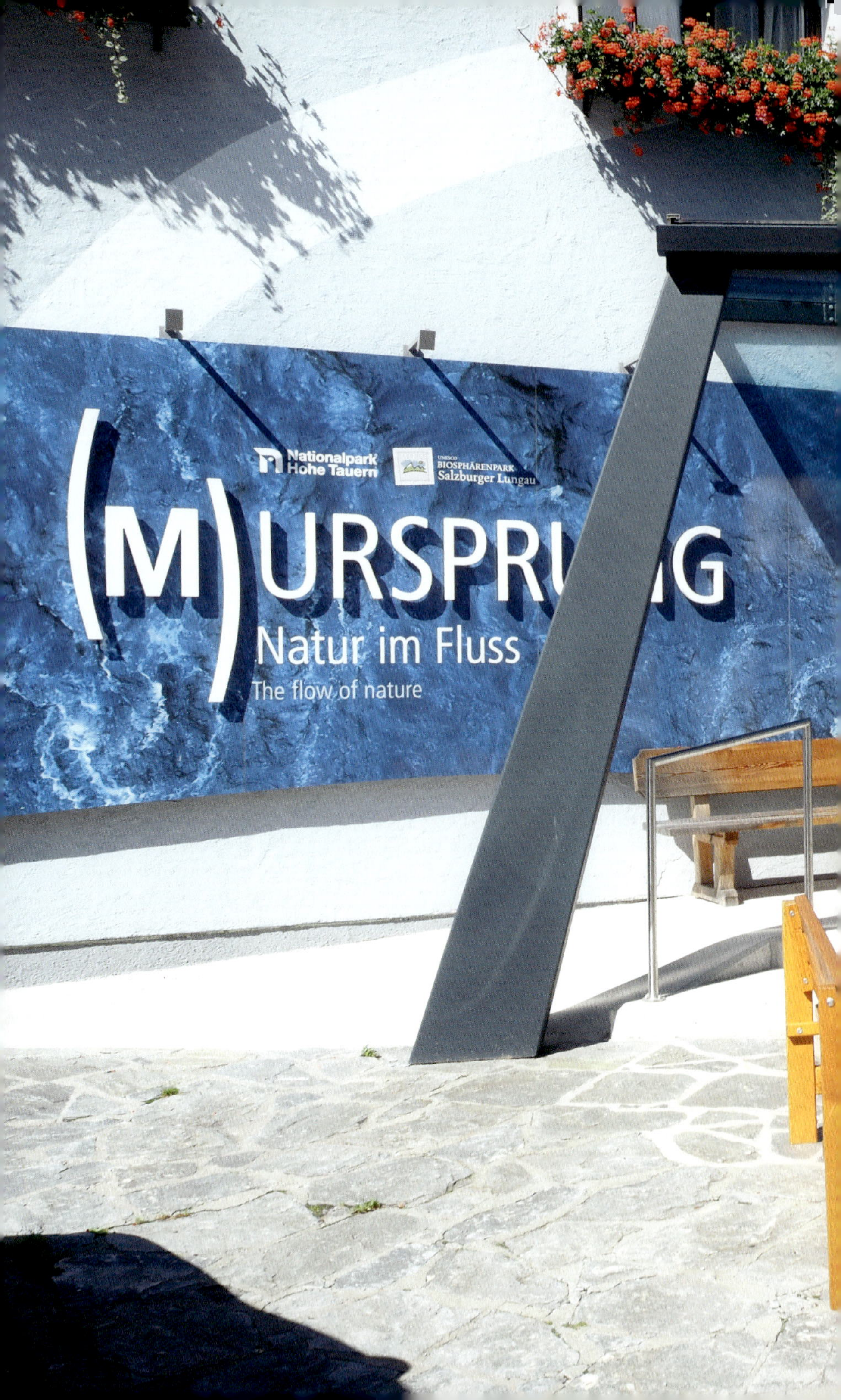
Nationalpark
Hohe Tauern
BIOSPHÄRENPARK
Salzburger Lungau
(M)URSPRU G
Natur im Fluss
The flow of nature

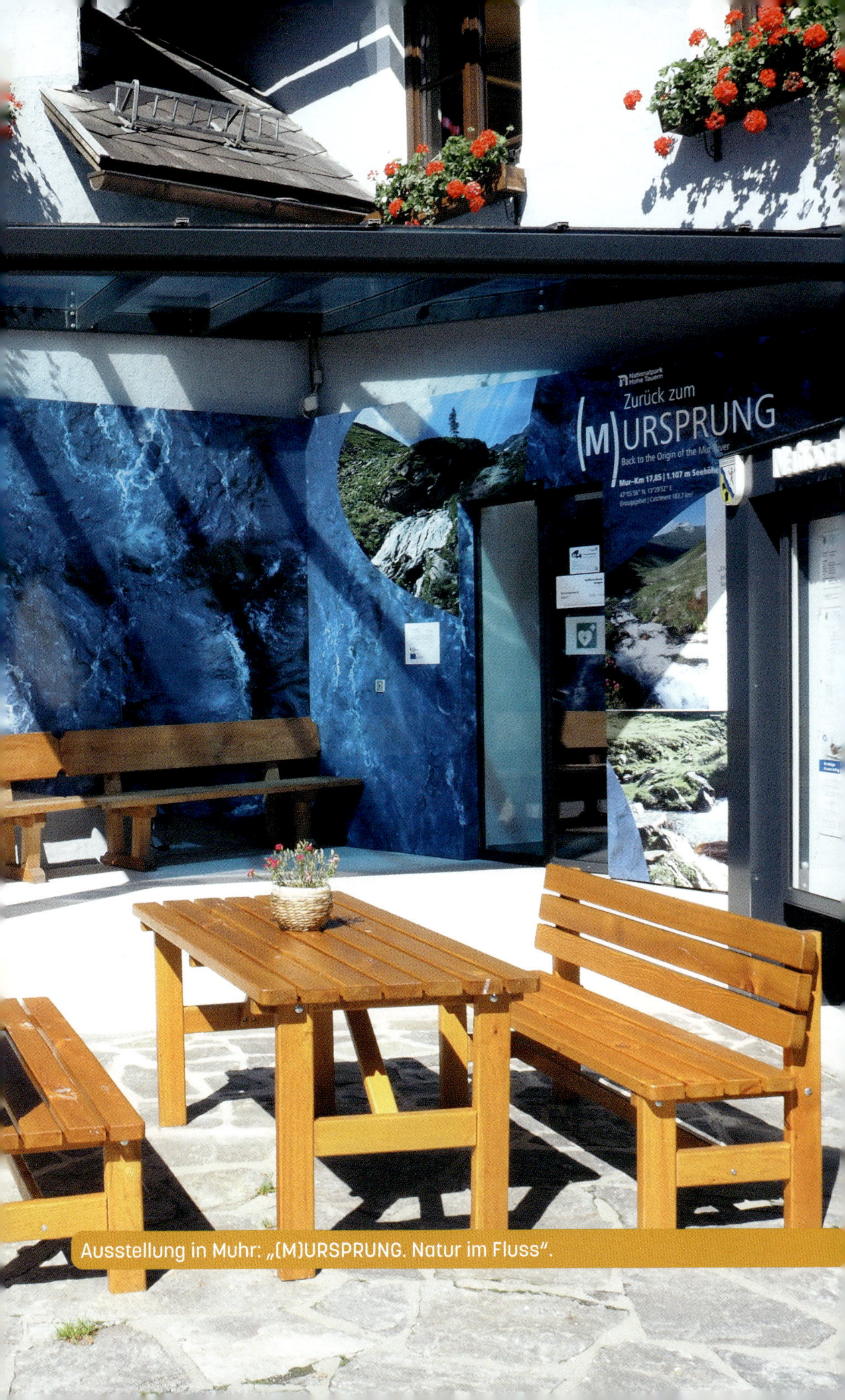

Ausstellung in Muhr: „(M)URSPRUNG. Natur im Fluss“.

34 Zwischen den Kirchen St. Egid und St. Martin

Am Fuße des Speierecks

Regionalbus 270, Haltestelle St. Michael Au | 15 km | 5 h | 100 hm | Die Kirchen St. Michael, St. Egid und St. Martin | Gasthof Staigerwirt

Leichte Tageswanderung für Kirchenliebhaber

Der Michaelitag wird am 29. September gefeiert, der des heiligen Ägidius, Egid, Gilgen oder Gilles (wie er im Französischen heißt) jedoch schon am 1. September. Und das Martinigansl wird am 11. November verspeist, nachdem die Kinder mit den Laternen durch den Ort gezogen sind. In Gegenden, wo Wein angebaut wird, kommt zu St. Martin auch der neue Trunk auf den Tisch, aber nicht, bevor er „gelobt" worden ist. Weil in der byzantinisch geprägten Kirchenwelt eine Fastenzeit begonnen hatte, wurde noch einmal auf den Putz gehauen, nicht zuletzt deshalb wird an diesem Tag – zumindest dem Kalender nach – auch der Anfang des Faschings gefeiert. Der Todestag des hl. Martin, Bischof von Tours in Frankreich, ist auch als Zins- und Zehenttag bekannt, an dem abgerechnet, bezahlt, entlassen und neu eingestellt wurde. St. Egid ist der Einzige der Vierzehn Nothelfer, der dem Martyrium entkommen ist. Der Gründer der Benediktinerabtei St. Gilles in Frankreich, die während der Hugenottenkriege größtenteils zerstört worden war, hat als Patron viel zu tun: Um seine Gunst und Hilfe bitten stillende Mütter und Hirten ebenso wie Bettler, Versehrte und unheilbar Kranke. Wir kümmern uns jedoch nicht um die Chronologie des Kirchenkalenders, sondern erweisen zuerst dem Erzengel Michael die Reverenz, gehen dann zum Kirchlein St. Egid und schließen mit dem hl. Martin, wie es sich gehört.

Unsere Tagestour startet in der Pfarrkirche, im Ortszentrum von „Michee", wie die Lungauer zu St. Michael sagen. Außen fällt der markante Spitzhelmturm sofort ins Auge, innen gilt das Interesse dem Kontrast zwischen dem spätgotischen Hauptschiff mit Netzrippengewölbe einerseits und dem romanisch-frühgotischen Altarraum mit Kreuzrippengewölbe andererseits sowie dem beachtenswerten Volksaltar des Bildhauers Peter Brandstätter aus St. Michael, der 2008 aufgestellt wurde.

Von der Kirche gehen wir anschließend in westlicher Richtung über den Raikaplatz, durch die Rotkreuzgasse und über den Schwimmbadweg bis zur

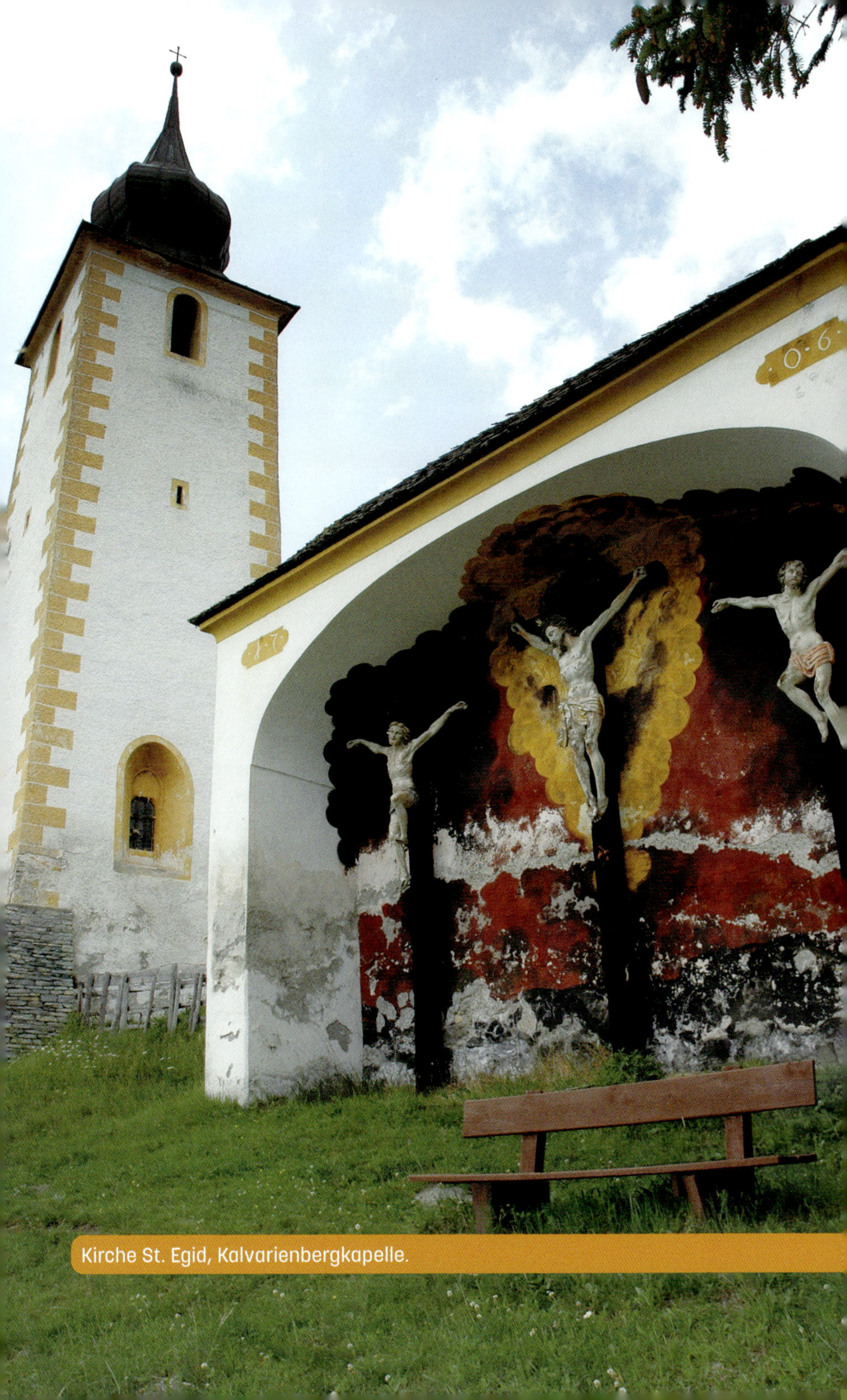

Kirche St. Egid, Kalvarienbergkapelle.

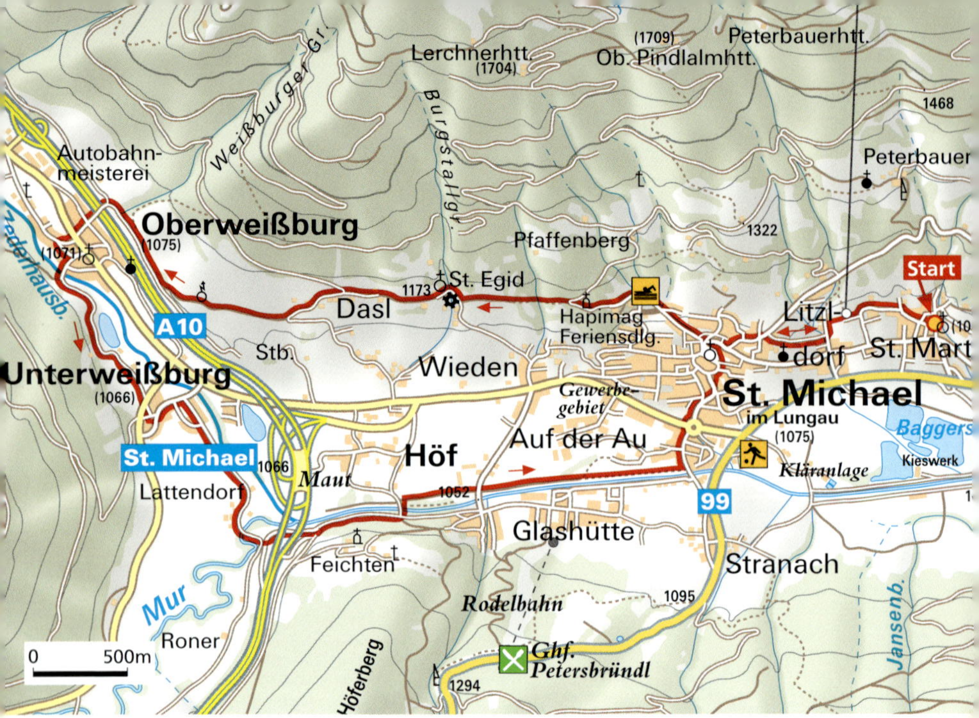

ehemaligen Wallfahrtskirche St. Egid. Von dem schlichten, etwas gedrungen wirkenden Bau aus dem späten 13. Jahrhundert mit der östlich davon stehenden Kalvarienbergkapelle hat man einen guten Blick auf den Katschberg. Wir wandern weiter in Richtung Osten, kommen durch die Ortschaft Dasl und in nördlicher Richtung nach Oberweißburg, wo wir unter der Tauernautobahn hindurchgehen bis zum Zederhausbach, den wir überqueren und an dessen rechtem Ufer wir bis zu seiner Mündung in die Mur spazieren.

Für die ersten paar hundert Meter bleiben wir auf der rechten Flussseite, um dann südlich der kleinen Ortschaft Höf auf die linke Seite zu wechseln. Bei der übernächsten Möglichkeit biegen wir links in die Austraße ein, kreuzen die Bundesstraße und gelangen anschließend über die Marktstraße wieder zur Kirche hinauf, an der wir rechts vorbeigehen und uns im Weiteren immer in östlicher Richtung halten. Dabei kommen wir durch die Ortschaft Litzldorf und weiter über die Martinerstraße nach St. Martin, zur dritten Kirche auf unserer Wanderung. Die Filialkirche St. Martin fällt zum einen durch ihren massiven Westturm auf und zum anderen durch die bemerkenswerten Fresken aus dem späten 14. Jahrhundert an der Nordwand. Im oberen Freskenzyklus ist Christus in der Mandorla, die mit „Glorie" oder „Aura" übersetzt werden kann und nicht mit dem Heiligenschein zu verwechseln ist, mit den Aposteln dargestellt. Im unteren Zyklus ist eine Reihe von Heiligen abgebildet, unter ihnen Leonhard, Margarethe, Maria Magdalena, Wolfgang, Katharina von Alexandrien und Paulus.

Der Besuch der Kirche ist in jedem Fall ein besonderes kunsthistorisches Erlebnis, seit bei der letzten Renovierung die spätgotische Pracht der Färbelung wieder freigelegt wurde. Die „kräftigen spätgotischen Kalkanstriche" machen das gesamte Ensemble aus Kirche und Karner, der heutigen Friedhofskapelle, zu einem „farbig betonten Blickfang in der Kulturlandschaft", wie es in der Beschreibung des Bundesdenkmalamtes heißt. Auch im Inneren kehrte man zu dieser gotischen Farbigkeit mit „kräftig ockerfarbenen Gewölberippen und Gliederungen in Rotocker" zurück.

Für den Rückweg nach St. Michael gehen wir von der Kirche ein paar Schritte in östlicher Richtung zurück, biegen rechts in die Ablanzergasse ein und stoßen so nach ein paar Häusern auf den Wanderweg Nr. 91/95, in den wir rechts abzweigen. Auf diesem Rundwanderweg gehen wir nach „Michee" zurück.

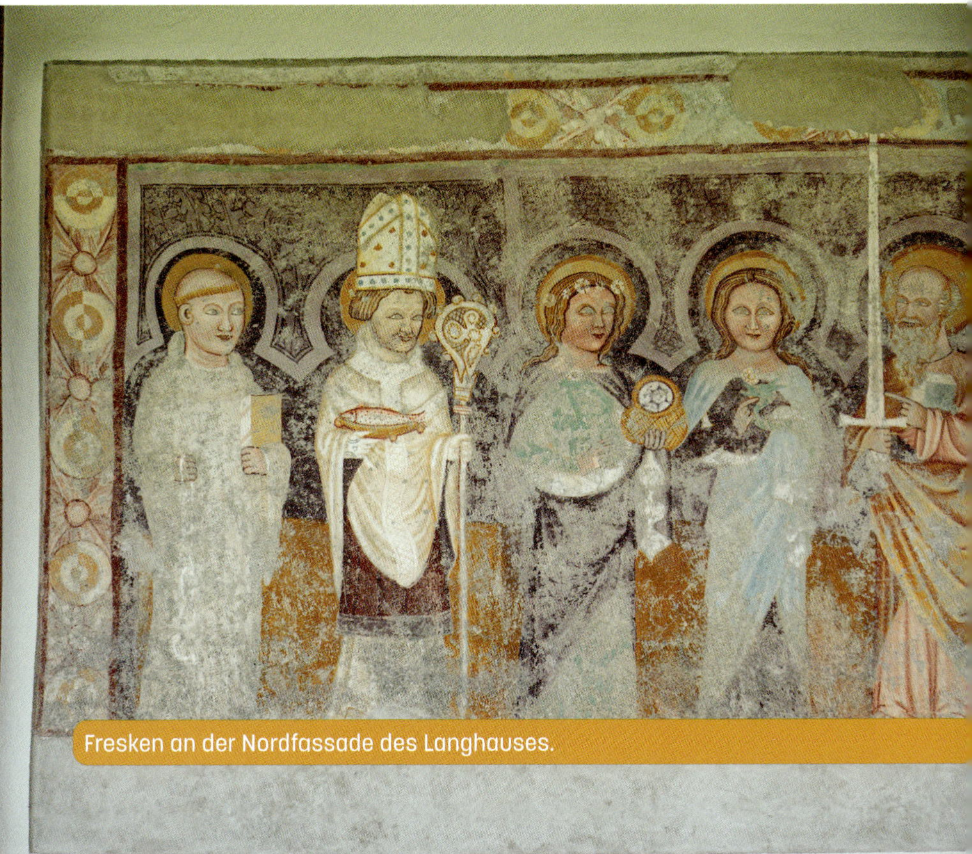

Fresken an der Nordfassade des Langhauses.

35 Alte Kultorte

Von Unternberg nach Moosham

Regionalbus 280 und 710, Haltestelle Unternberg-Ortsmitte
8 km 3 h 250 hm Schloss Moosham, Kirche von Unternberg Gasthof Gfrererstadl

Familienausflug mit viel Historie

Die heutige Gemeinde Unternberg, die sich zwischen Mitterberg und Schwarzenberg ausbreitet, zählt zu den ältesten Siedlungsgebieten des Lungaus. Bereits zur Keltenzeit soll der Mitterberg besiedelt gewesen sein. Von der römischen Ansiedlung Immurium wurden bei Grabungsarbeiten in den Jahren 1964 bis 1970 zehn Gebäude freigelegt und erforscht. Schloss Moosham – 1212 erstmals urkundlich erwähnt – wurde auf den Resten der verfallenen Römersiedlung errichtet. Weitreichende Besitzungen, die nicht nur Unternberg betrafen, sondern sich von Wölting im Osten bis in das Zederhaustal am westlichen Rand des Lungaus erstreckten, kamen durch eine Schenkung Heinrichs II., seines Zeichens deutscher Kaiser, in das Eigentum des Salzburger Erzbischofs Hartwig. Nach dessen Tod ging dieser Besitz an das Salzburger Frauenkloster auf dem Nonnberg über. Mauterndorf, das auch Teil dieser Schenkung war, fiel nach Hartwigs Tod an das Salzburger Domkapitel. Dieses großzügige Geschenk sicherte den Einfluss der Salzburger Kirche bis zum Ende des fürstlichen Kirchenstaates.

Die Wanderung von Unternberg zum Schloss Moosham ist sehr geschichtsträchtig. Beginnen wir mit Unternberg, wo uns besonders die Architektur der Kirche interessiert, handelt es sich doch um den einzigen zeitgenössischen sakralen Neubau im Lungau. Nachdem die alte Kirche baufällig geworden war, wurde in den 1970er-Jahren der österreichische Architekt Heinz Tesar – 1939 in Innsbruck geboren und 2011 mit dem Großen Österreichischen Staatspreis ausgezeichnet – mit dem Neubau beauftragt. Der neue quadratische Kirchenraum ist diagonal auf den Volksaltar ausgerichtet. Im Mittelpunkt sollte dabei eine Auftragsarbeit des Malers Wolfgang Hollegha stehen beziehungsweise hängen. Als das Bild bei der Bevölkerung keinen Gefallen fand, wurde es von der Erzdiözese zurückgezogen und es bekam im Salzburger Bildungshaus St. Virgil einen neuen Platz. 30 Jahre später folgte ein weiterer Versuch, der abermals scheiterte. Einvernehmlich wurde entschieden, das Gemälde in Salzburg zu belassen.

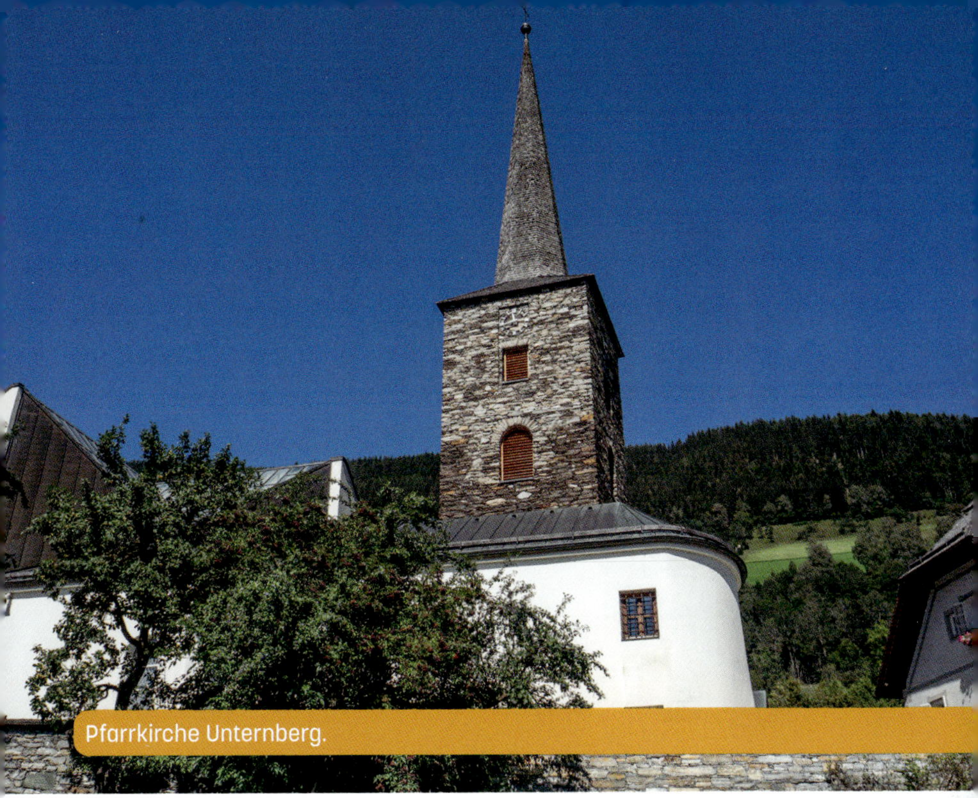

Pfarrkirche Unternberg.

Nach dem Besuch der Kirche gehen wir auf der Hauptstraße ein kurzes Stück in östlicher Richtung, um nach dem Büro des Tourismusverbandes links in den Himmelsteig-Rundweg einzubiegen. In großzügigen Serpentinen wandern wir in Richtung des Mitterbergs aufwärts, um bei der vierten Kehre links in den Kühbarn-Rundweg einzubiegen, über den wir in westlicher Richtung zum Schloss Moosham gelangen. Der Rückweg führt uns dann über den Lungauer Kulturwanderweg zur Kirche zurück.

Doch zuvor gilt unsere ganze Aufmerksamkeit der mächtigen Anlage von Schloss Moosham, die – wie gesagt – auf den Mauern einer verfallenen römischen Ansiedlung errichtet wurde. Moosham war, nachdem Erzbischof Friedrich II. von Walchen das Geschlecht der Mooshamer unterjocht und aus dem Lungau vertrieben hatte, vom 13. bis zum ausgehenden 18. Jahrhundert Sitz der Verwaltung und des Hochgerichts, das in der Verantwortung des Pflegers lag. Das hatte eine Reihe von Um- und Ausbauten zur Folge gehabt. Insbesondere war es notwendig geworden, Verliese und Folterräume einzurichten, wofür die Kellerräume unter dem großen Ostturm „adaptiert" wurden. Die Grausamkeiten des Strafvollzugs der damaligen Zeit sind auch heute noch spürbar. Die Abgeschiedenheit und Enge der dunklen Räume, die Werkzeuge, die im Rahmen der „Peinlichen Befragung", sprich Folter,

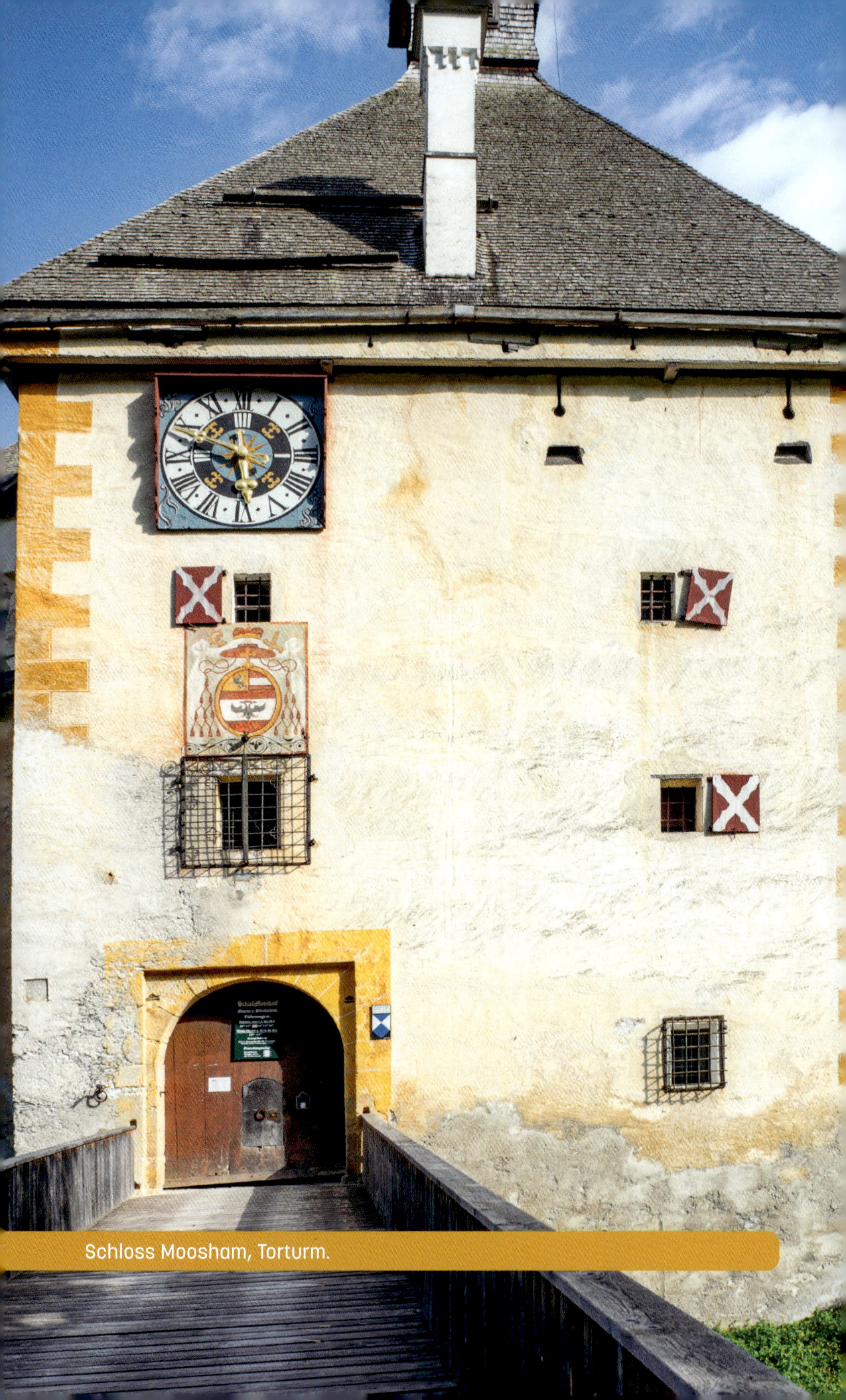

Schloss Moosham, Torturm.

Verwendung fanden, und schließlich der Weg zur Richtstätte und die Exekution sind, wenn überhaupt, nur schwer auszuhalten. Auch das Schicksal der Christina Staudinger, die 1682 als letzte „Hexe" des Lungaus auf dem Scheiterhaufen der Richtstätte „Passeggen" endete, ist mit diesem schaurigen Schauplatz aufs Engste verwoben. Historiker schätzen, dass im Lungau etwa 50 Personen wegen „Hexerei" verurteilt und hingerichtet wurden. Diese Vorgänge zählen sicherlich zu den unrühmlichsten Kapiteln der Rechtsprechung in der Geschichte des Fürsterzbistums.

Als der Wiener Adelige Johann Nepomuk Graf Wilczek (1837–1922), dessen beträchtliches Vermögen aus den Erlösen der familieneigenen schlesischen Kohlenbergwerke stammte, nach Moosham kam, um über eine dekorative Kassettendecke in Verkaufsverhandlungen zu treten, war das Schloss bereits dem Verfall preisgegeben. Die Verhandlungen führten zwar zu keinem Ergebnis, wirkten aber insofern nach, als Wilczek Gefallen an der baufälligen Immobilie fand und der Eigentümer im Grafen nicht nur den Interessenten an der hölzernen Kassettendecke sah, sondern den potenziellen Käufer des Schlosses samt den dazugehörigen Ländereien. Inwieweit Katharina Schratt, Hofschauspielerin und Wilczeks Geliebte, die Kaufentscheidung letztlich beeinflusste, darüber kann nur spekuliert werden. Belegt ist jedenfalls, dass die Familie erst Jahre später über den Kauf von Moosham informiert wurde, höchstwahrscheinlich zu einem Zeitpunkt, als die Affäre bereits beendet war. Denn der Graf überließ, wie es ein Nachkomme salopp formulierte, „die Schratt dem Kaiser", dessen Seelenfreundin sie bis zum Ende seines Lebens blieb.

Lassen wir nun aber die Geschichte mit „der Schratt" in der privaten Schatulle ruhen. Wesentlich für Moosham war, dass sich Johann Nepomuk Graf Wilczek des im Verfall befindlichen Schlosses angenommen hatte und es revitalisierte. Wilczek war ein großzügiger Mäzen, der eine Reihe von Expeditionsunternehmen unterstützte. So rüstete er 1872 die österreichische Nordpolexpedition aus, in deren Rahmen das Franz-Josef-Land in der Antarktis entdeckt wurde. Seine Unterstützung ließ er auch wissenschaftlichen und sozialen Einrichtungen in Wien zukommen: etwa der Geographischen Anstalt, der Anthropologischen Gesellschaft, dem Rudolfinerhaus sowie der Wiener Freiwilligen Rettungsgesellschaft. Der Lungau verdankt ihm letztlich nicht nur den Erhalt von Moosham, sondern auch den der über Ramingstein thronenden Burg Finstergrün.

Heute wird Schloss Moosham von Theresita Khan, einer Urenkelin von Johann Nepomuk Wilczek, als Geschäftsführerin verwaltet. Als selbstständige Energetikerin bietet sie auch nach Anmeldung persönliche Führungen durch das Schloss an.

36 Schlummerndes Gold

Eine Runde um den Schwarzenberg

30 km · 4 h · 100 hm · Unternberger Kulturradweg, Kirche in Thomatal · Gasthof Gellnwirt (Tamsweg)

Radtour ohne allzu große Strapazen

Der Schwarzenberg strahlt etwas Geheimnisvolles aus. Woran das wohl liegt? Er stellt mehr ein Hochplateau als einen Berg dar, krönt ihn doch nicht einmal ein Hauch von Kuppel oder Kogel – und das, obwohl er am Hochkopf, der höchsten Stelle, eine Höhe von 1779 Metern erreicht. Außerdem ist er beinah komplett bewaldet, und darüber hinaus wird das Plateau von einem Netz aus Mooren durchzogen. Insgesamt sind es 14 Moore, die sich über eine Fläche von knapp 270 Hektar erstrecken und so zu den größten Moorkomplexen des Landes gehören. Seit Anfang der 2000er-Jahre sind sie als Ramsar-Schutzgebiet ausgewiesen. Reicht das schon aus, um dem Hauch des Geheimnisvollen einen Namen zu geben? Wohl eher nicht. Auch die indifferente Zuordnung bringt uns nicht weiter. Die einen sehen im Schwarzenberg eine Fortsetzung des Gstoder-Lasaberg-Zuges, wenn auch durch die Mur getrennt, die anderen ordnen ihn bereits den Nockbergen zu. Schlussendlich kommen wir auf die Legende vom Gold zu sprechen: von jenem Gold, das auf dem Boden des Schwarzenbergs schlummern soll und nach dem schon mehrmals gesucht wurde, vor allem auch zu der Zeit, als der Bergbau sich im Lungau zu entwickeln begonnen hat. Die Unternehmungen blieben allesamt erfolglos, was uns Anlass zu der Vermutung gibt, dass der Berg keinesfalls bereit ist, sein Innerstes nach außen zu tragen. Die Aura soll gewahrt bleiben. Wir respektieren das und beschränken uns darauf, diesen enigmatischen Solitär mit dem Rad in der Ebene zu erkunden.

Wir starten mit der Umrundung dieses geheimnisumwitterten Blocks in Pischelsdorf, einer kleinen, zu Unternberg gehörenden Ortschaft. Diesen Einstieg wählen wir deshalb, weil dort auch der Unternberger Kulturradweg beginnt beziehungsweise endet, je nachdem, wie man es nimmt oder sehen mag. Dieser Abschnitt reicht bis Neggerndorf und fällt dadurch auf, dass entlang des Weges an Ruheplätzen Symbole installiert sind, die auf die vielfältigen Bräuche, die im Lungau nach wie vor Festkalender und Alltag prägen, verweisen. Über Judendorf erreichen wir Tamsweg, freuen uns über den freien Blick zur Wallfahrtskirche St. Leonhard, rauschen damit an der

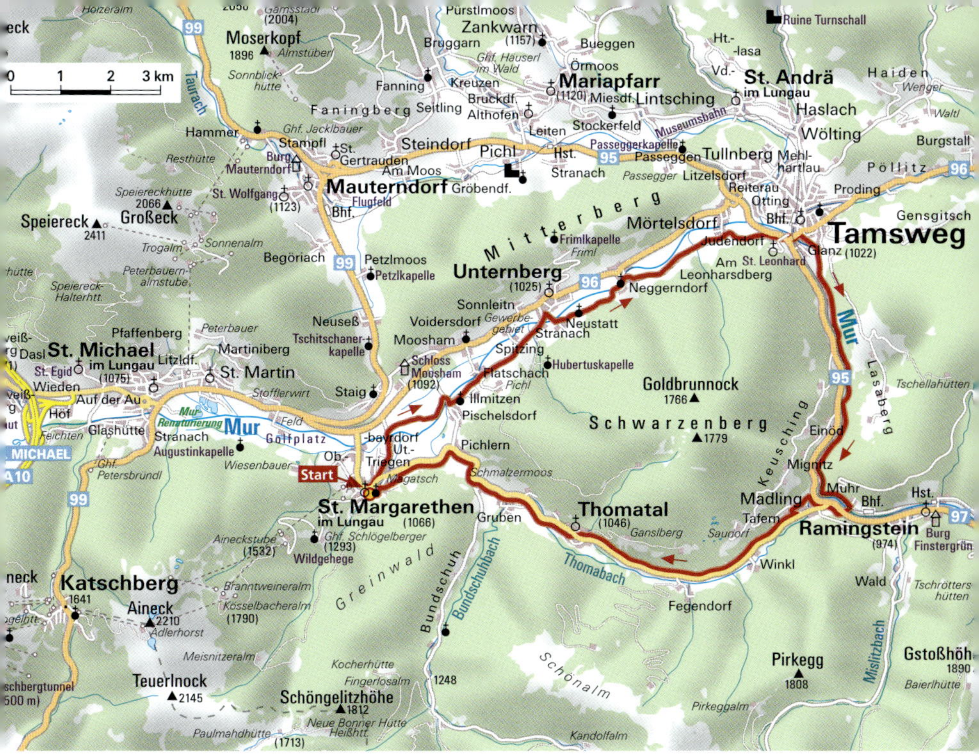

Struckerkaserne vorbei und kommen auf den spannendsten Teil dieser Runde, der auch der schönste Streckenabschnitt des Mur-Radweges auf Lungauer Boden ist. Neben dem Fluss haben nur noch die Straße und die Gleise der Schmalspurbahn Platz. Und wenn sich der Zug mit knapp 80 Stundenkilometern, womit die erlaubte Höchstgeschwindigkeit erreicht ist, in die Kurven legt, wird der Blick etwas unruhig – hoffentlich geht das alles gut aus.

Es ist natürlich alles gut gegangen, für die Bahn wie für uns, die wir inzwischen in Madling angekommen sind, wo wir den Mur-Radweg verlassen und auf die wenig befahrene Straße nach Thomatal einbiegen. Für den Lungau typisch blühen im Sommer entlang des Weges satt und prächtig Lupinen in allen Farben. Auf etwa der Hälfte der Strecke zwischen Madling und St. Margarethen liegt der an anderer Stelle schon beschriebene kleine Ort Thomatal, der weit über seine Grenzen hinaus durch das jahrzehntelange Wirken des Pfarrers Valentin Pfeifenberger bekannt wurde. Eine umfassende Würdigung dieses Lungauer Originals, der seine immense Spiritualität mit einer heiteren Leutseligkeit gut zu tarnen wusste, steht nach wie vor aus. Über Gruben, wo aus dem Bundschuhbach der Thomataler Bach wird, geht es noch einmal aufwärts, um dann über Pichlern die abschüssige Straße zu genießen. Und mit dem Blick in Richtung Schloss Moosham radeln wir auf unseren Ausgangspunkt in Pischelsdorf zu.

37 Versilbert

Finstergrün und Silbermine

Murtalbahn, Station Ramingstein 5 km 4 h (mit Besichtigungen) 400 hm Burg Finstergrün, Schaustollen Gasthof Durigon

Mehrstündige Ortsbesichtigung

Ramingstein, im Südosten des Bezirks an den Grenzen zur Steiermark und zu Kärnten gelegen, ist die einzige Lungauer Gemeinde, die unterhalb von 1 000 Meter Seehöhe liegt und deshalb seit jeher von der obersteirischen Seite, der Mur entlang, leicht zu erreichen war. Diese verwundbare topografische Situation fand in der Grenzsicherungsstrategie des entstehenden Fürsterzbistums rasch Berücksichtigung, denn bereits im ausgehenden 11. Jahrhundert wurde eine Grenzfeste errichtet, deren erste urkundliche Erwähnung auf das Jahr 1138 zurückgeht. Als zu Beginn des 15. Jahrhunderts der Bergbau in Ramingstein so richtig in Schwung kam, zogen der Bergverweser – vergleichbar einem Geschäftsführer – und das Bergbaugericht in die Burg ein. Ein entsprechender Verwaltungsapparat war notwendig geworden, weil rasch ein großer Zustrom von Knappen aus mehreren europäischen Ländern einsetzte. Um sich ein grobes Bild von der Bedeutung dieses Silberbergbaus zu machen, sei festgehalten, dass 1597 – im Jahr mit dem größten Ertrag – 628 Kilogramm Silber unter denkbar schwierigen Umständen gewonnen werden konnten. Am Ende des 18. Jahrhunderts kam der Bergbau im Erzstift generell zum Erliegen, was den geistlichen Fürstenstaat in eine schwierige wirtschaftliche Lage brachte und den Fortbestand schon vor Napoleon unsicher werden ließ. Schuld daran waren die immer geringer werdenden Fördermengen sowie die erstarkende Konkurrenz in der Neuen Welt.

In dieser Zeit des Niedergangs kam es 1841 zu einem gewaltigen Waldbrand, der nicht nur Ramingstein, sondern auch die Burg vernichtete und darüber hinaus große Waldflächen des Lungaus zerstörte. Dass es heute die Burg Finstergrün in „neugotischer Fassung" gibt, ist dem Umstand zu verdanken, dass es der Schlossherr von Moosham, Johann Nepomuk Wilczek, am kaiserlichen Hof in Wien, wo er als Kämmerer wirkte, mit einem „Arbeitskollegen" zu tun bekam, der sich für die Ruine an der „finstren Gruam" – die richtige Ableitung des Namens lautet daher folgerichtig „finstere Grube"

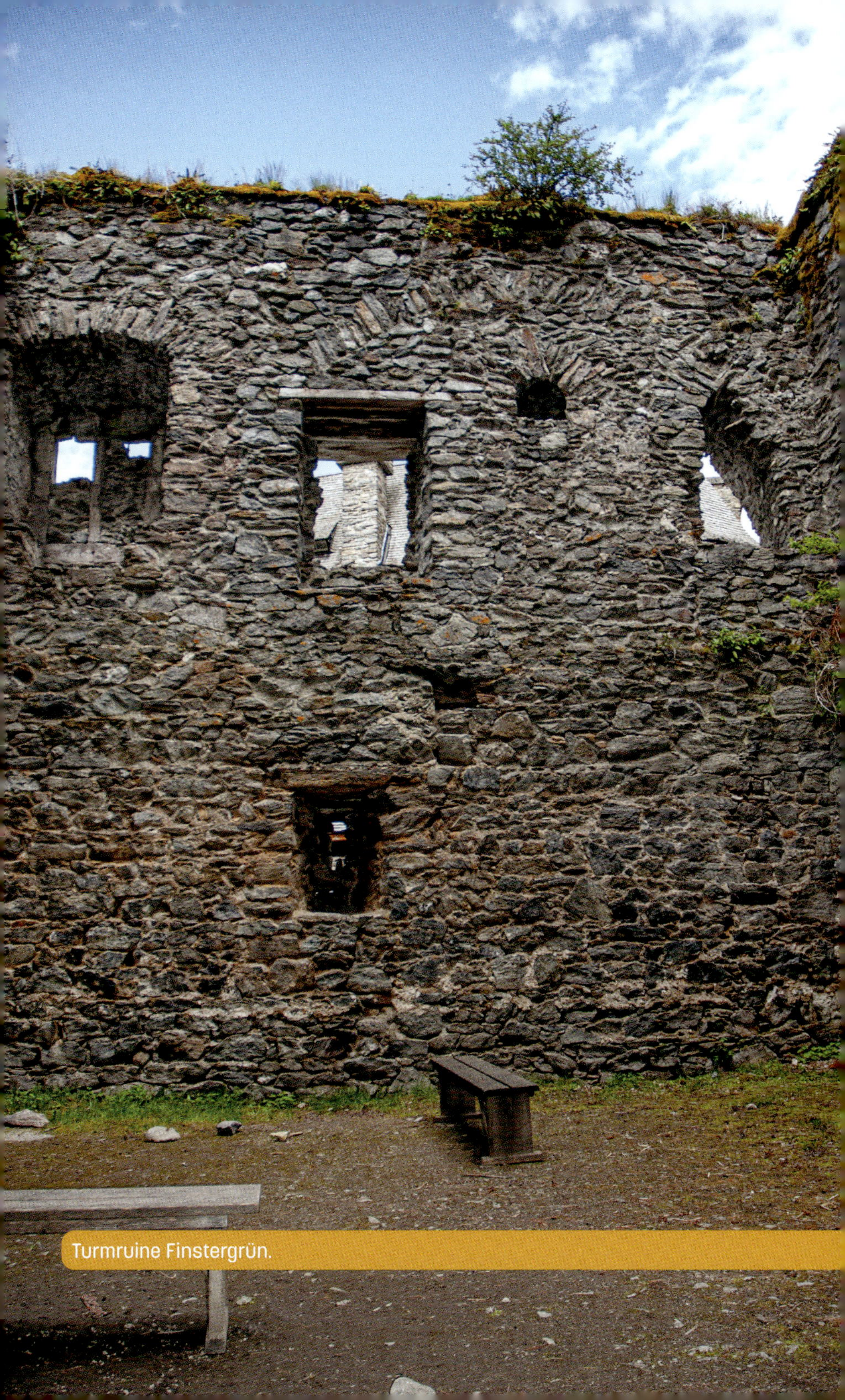

Turmruine Finstergrün.

und hat nichts mit der Farbe Dunkelgrün zu tun – zu interessieren begann. Dieser Mann war der ungarische Rittmeister Sandór Graf Szápáry de Szápár, verlobt mit der Comtesse Margarete (Margit) Henckel von Donnersmarck, die aus einer der zu jener Zeit vermögendsten deutschen Familien stammte. Das Glück währte jedoch nur ein paar Jahre, denn der Rittmeister verstarb während einer Reise nach St. Petersburg so plötzlich wie unerwartet. Die Burg war zwar bald fertig gebaut, aber noch nicht eingerichtet und wurde für die Witwe mit zwei kleinen Kindern zu einer kaum zu stemmenden Hypothek, was durch die schwierigen wirtschaftlichen und politischen Verhältnisse nach dem Zusammenbruch der Monarchie nur noch weiter erschwert wurde.

Wir beginnen mit unserer Ortsbesichtigung an der Nordseite der Kirche, wo ein ziemlich schmaler Steig zur Burg hinaufführt. Dabei kommen wir an der Grabstätte der Familie Szápáry vorbei, sie ist eines von nur zwei Gräbern auf dem Kirchenareal, denn der eigentliche Friedhof befindet sich auf der anderen Seite des Tales. Dabei darf kurz an „die Gräfin vom Lungau" Margarethe Szápáry erinnert werden, die immens viel für das Armenhaus Salzburgs, wie man den Lungau damals auch nannte, geleistet hat. Sie half im Privaten wie Öffentlichen mit persönlichen Zuwendungen aus, finanzierte den Bau der Volksschule und trug wesentlich dazu bei, dass der Lungau überhaupt an das öffentliche Telefonnetz angeschlossen werden konnte. 1972 erwarb das Evangelische Jugendwerk die gesamte Burg, die teilweises besichtigt werden kann, und führt sie seither als Jugendfreizeitheim und Jugendherberge.

Wir verlassen die Burg in südwestlicher Richtung auf einer schmalen Asphaltstraße, die uns wieder in den Ort hinunterführt. An der Bundesstraße angelangt, halten wir uns rechts und überqueren nach ein paar hundert Metern die Mur. Danach gehen wir ein Stück des Mur-Radweges entlang, bis wir auf den Asphaltweg zum Schaubergwerk abbiegen. Die steile Abkürzung durch den Wald geht schon etwas früher auch linker Hand ab. Der Besuch des Schaustollens ist im Rahmen einer Führung und nach vorheriger Anmeldung möglich.

Die Geschichte des Silberbergbaus in Ramingstein begann um die Mitte des 15. Jahrhunderts und sollte etwa 350 Jahre andauern. Wie die entsprechenden Fundstellen entdeckt wurden, ist nicht überliefert. In der Regel waren es Felsstürze oder die Vegetation an der Oberfläche, die auf eine Fundstelle hinwiesen, oder die zumindest die Vermutung nährten. Im Fürsterzbistum nahm Ramingstein – schon der Ortsname weist auf Mineralogisches hin – mit seinem Silbervorkommen hinter Gastein und Rauris eine prominente Rolle im Bergbau ein. In den 350 Betriebsjahren wurden insgesamt 21 Tonnen Silber gewonnen, was auf einen Jahresertrag von etwa 60 Kilogramm schließen lässt. In der zweiten Hälfte des 16. Jahrhunderts war der Förderertrag von Silber ausnehmend groß, was wohl auch dem Umstand zu verdanken ist, dass um diese Zeit über 50 Knappen unter Tag tätig waren.

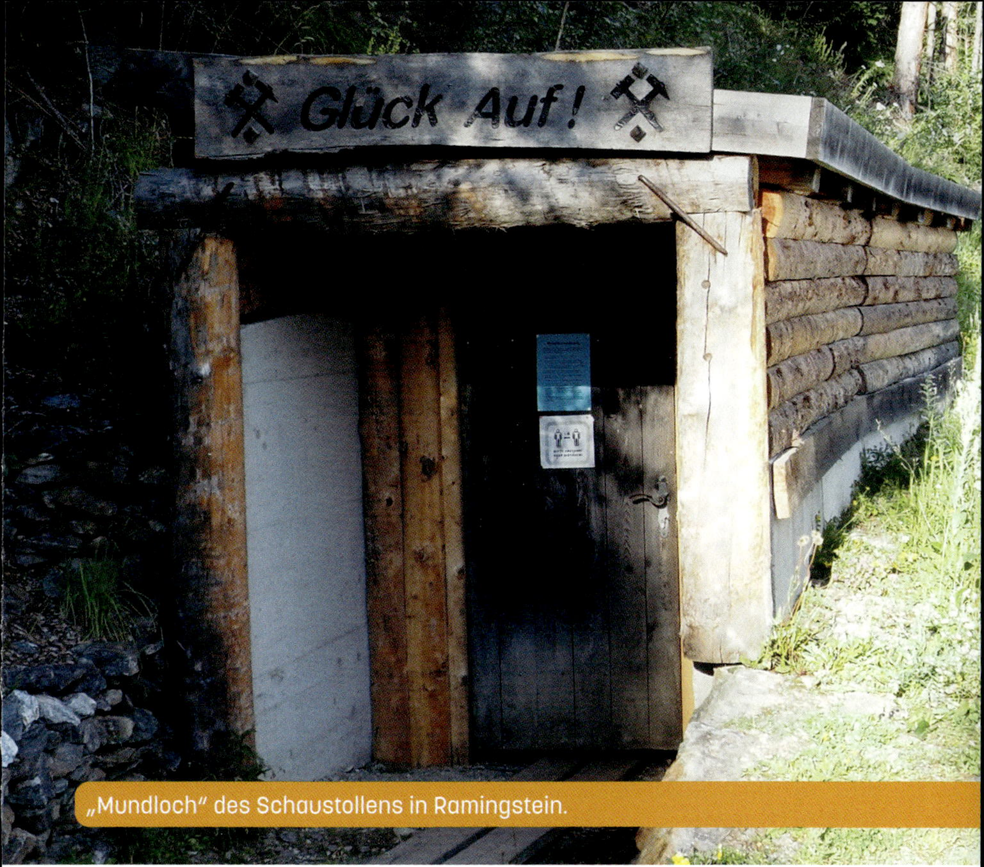

„Mundloch" des Schaustollens in Ramingstein.

Die Besichtigung des Stollens bedarf einer guten Vorbereitung, wozu nicht nur die Ausrüstung (Helm, Grubenlampe, wärmende Montur) zählt, sondern auch eine kurze, aber bündige Einführung in die Besonderheit des Stollens. Da ist dann vom Klima im Berginneren ebenso die Rede wie von der geringen Stollenhöhe und von der unendlich schwierigen Arbeit unter sehr erschwerten äußeren Umständen. Drinnen funkelt und glitzert es dann an den Wänden, was den Anschein erweckt, als müsste man das Silbererz nur von der Wand klopfen. Das ist freilich ein Trugschluss. Nichtsdestotrotz sind alle Augen auf herumliegende Steine gerichtet – sie dürfen übrigens mitgenommen werden –, ob nicht doch das eine oder andere Silberkörnchen eingeschlossen ist. Der Stollen ist über Strecken doch sehr niedrig, wobei das keine Willkür der Gewerken war. Die Knappen waren kaum größer als eineinhalb Meter, was selbstverständlich generell den harten Arbeitsbedingungen unter Tag geschuldet war. In der „Essecke" weitet sich dann der Plafond und in der Barbarakapelle, wo sich immer am 4. Dezember die Ramingsteiner zur Feier treffen, kommt das Gefühl auf, in einer Halle zu stehen. Auf jeden Fall kehrt man gut informiert und etwas demütig ans Tageslicht zurück.

38 Denkmäler unter sich

Von Kendlbruck nach Maria Hollenstein

Murtalbahn, Station Kendlbruck | 6 km | 2,5 h
100 hm | Wallfahrtskirche Maria Hollenstein, Hochöfen
Gasthof Weilharter

Gemächliche Familienwanderung

Die Legende des Wallfahrtsortes Hollenstein fußt auf einem hohlen Stein, der sich – auch heute noch – immer wieder mit Wasser füllt, wobei es sich um Wasser handelt, dem eine heilende Wirkung nachgesagt wird. Wie viele andere Orte auch, die mit einem Gnadenbild der Muttergottes in Verbindung stehen, so spielt auch in Maria Hollenstein das Wasser eine maßgebliche Rolle. Jedenfalls wurde aus dem Kirchlein, dessen Ursprünge auf das frühe 18. Jahrhundert zurückgehen, nach und nach eine gemauerte Filial- und Wallfahrtskirche, die Anfang der 1950er-Jahre ihre heutige Form erhielt. Der im 19. Jahrhundert sehr üppig geplante Ausbau mit einem Turm, der über 30 Meter messen sollte, musste in der Schublade verschwinden, da der große Brand 1842 auch die Ramingsteiner Kirche in Mitleidenschaft gezogen hatte – folglich favorisierte man deren Wiederaufbau zum Nachteil von Hollenstein.

Zu Beginn der 2020er-Jahre wurde die Kirche nunmehr unter beachtlichem Einsatz der Bevölkerung einer grundlegenden Sanierung und Renovierung unterzogen. Innen wie außen ein Schmuckstück und Ausdruck tiefer Volksfrömmigkeit putzt sie den Mühlbachgraben gehörig auf und wird auch ihre Stelle als beliebte Wallfahrtskirche, in der an jedem 13. des Monats und an jedem Dienstag zwischen Ostern und Allerheiligen Wallfahrtsgottesdienste stattfinden, wieder einnehmen.

Auf dem Weg von Kendlbruck – die zu Ramingstein gehörende Ortschaft liegt kurz vor der Landesgrenze zur Steiermark – in den Mühlbachgraben schauen wir uns zuerst das nachgebaute Pochwerk und den dazugehörigen Abenteuerspielplatz an. Wenn Kinder mitwandern, bedeutet das einen längeren Aufenthalt rund um die Anlage. Im Pochwerk wurde einst das zutage geförderte Erz zerkleinert.

Anschließend geht es weiter in den Graben hinein, bis wir recht unvermittelt vor steil aufragenden Kaminen stehen, die beim ersten Hinschauen Obelisken durchaus ähneln. Sie sind die Überbleibsel und damit weitere Zeugen

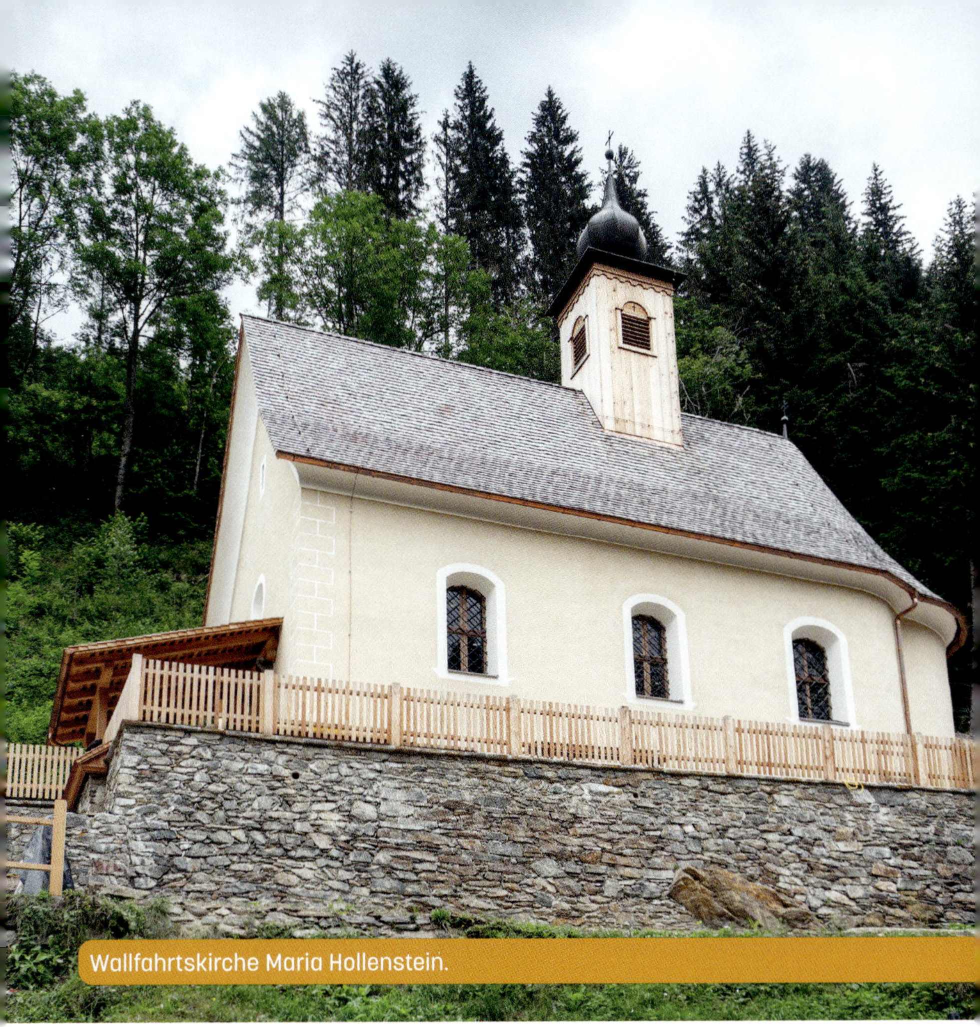

Wallfahrtskirche Maria Hollenstein.

des Bergbaus im Lungau und der alpenländischen Eisenverhüttung in vorindustriellen Zeiten. Der 1768 erstmals angeblasene Floßofen ist 20 Meter hoch und die kaminartige Esse mit zwei Gewölben misst insgesamt 29 Meter. Die montanhistorisch überaus interessante Anlage wurde 1972 instandgesetzt und seither offensichtlich sich selbst überlassen.

Gehen wir anschließend weiter in den Graben hinein, sehen wir ein paar hundert Meter später auf der östlichen Seite die neu renovierte Wallfahrtskirche Maria Hollenstein. Der weitgehend unberührte, idyllisch anmutende Graben lädt zu einer weiteren Wanderung ein. Außer einem Bächlein kommt einem über weite Strecken sonst nichts entgegen. Unabhängig davon, wie weit man nach dem Besuch der Kirche in den Graben hinein wandert – in jedem Fall geht es auf demselben Weg zurück.

Was gedeiht auf einer Höhe zwischen 1 000 und 1 500 Metern und wie kann die Bevölkerung damit ernährt werden? Das war für den Lungau über Jahrhunderte hinweg eine brennende Frage. Lange war die Bohne das Grundnahrungsmittel. So richtig wurde sie erst nach dem Zweiten Weltkrieg durch die Erdäpfel abgelöst, nachdem die Lungauer Bauernsöhne während des Kriegsdienstes jene kennen und schätzen gelernt haben. Das hatte 1949 die Gründung des Lungauer Saatzucht- und Saatbauvereins zur Folge, der bis heute für Produktion, Verkauf und Vertrieb verantwortlich zeichnet. Die erste schriftliche Erwähnung des Lungauer Eachtlings – das Wort leitet sich von Erdäpfel ab, der süddeutsch-österreichischen Entsprechung von Kartoffel – findet sich bereits 1796 in einer Beschreibung von Lorenz Hübner, einem Verfechter der Aufklärung und verantwortlichen Redakteur der Salzburger Zeitung. Um diese Zeit war die Kartoffel in Europa schon seit über 250 Jahren bekannt, nachdem sie von spanischen Eroberern aus Lateinamerika nach Europa gebracht wurde. Aktuelle Zahlen belegen, dass im Lungau jährlich durchschnittlich 1000 Tonnen Eachtling geerntet werden, wovon 400 Tonnen als Speiseerdäpfel, weitere 400 als Saatgut und 200 Tonnen als Futtererdäpfel Verwendung finden.

Ähnlich wie beim Eachtling verhält es sich auch mit dem Anbau von Getreide. Nicht jedes Saatgut ist für das raue inneralpine Klima des Lungaus geeignet. Wie sagt man doch: „Nur die Harten kommen in den Garten.“ Beim Getreide gilt das für den Lungauer Tauernroggen, einer Winterroggensorte, die bereits vor 300 Jahren im Salzburger Lungau verbreitet war und bis Mitte des 20. Jahrhunderts vermehrt und vermarktet wurde. Mit der Mechanisierung der Landwirtschaft verlor diese Roggensorte jedoch ihre wirtschaftliche Bedeutung. 2005 wurden in der Region nur mehr rund zwei Hektar mit Tauernroggen bepflanzt. Aktuell sind es fünf Lungauer Familien, die auf ihren Höfen – sie liegen auf einer Seehöhe zwischen 1 000 und 1 500 Metern – anbauen und verarbeiten.

Wenn die Äcker abgeerntet sind, fahren die Lungauer Bauern um den Rupertitag, dem 24. September, „aus der Alm“, wie sie zum Almabtrieb sagen. Dann ist die Zeit zum „Schafaufbratln“ gekommen, wobei in gemütlicher Runde Schöpsernes, Lammfleisch mit Eachtling, aufgetragen wird. Der Almabtrieb stellt nach wie vor ein wichtiges Ereignis im Lungauer Festkalender dar. Deshalb wird um dieses vornehmlich auch das Rahmkoch zubereitet und serviert. Dabei handelt es sich um eine besondere Süßspeise, die es nur

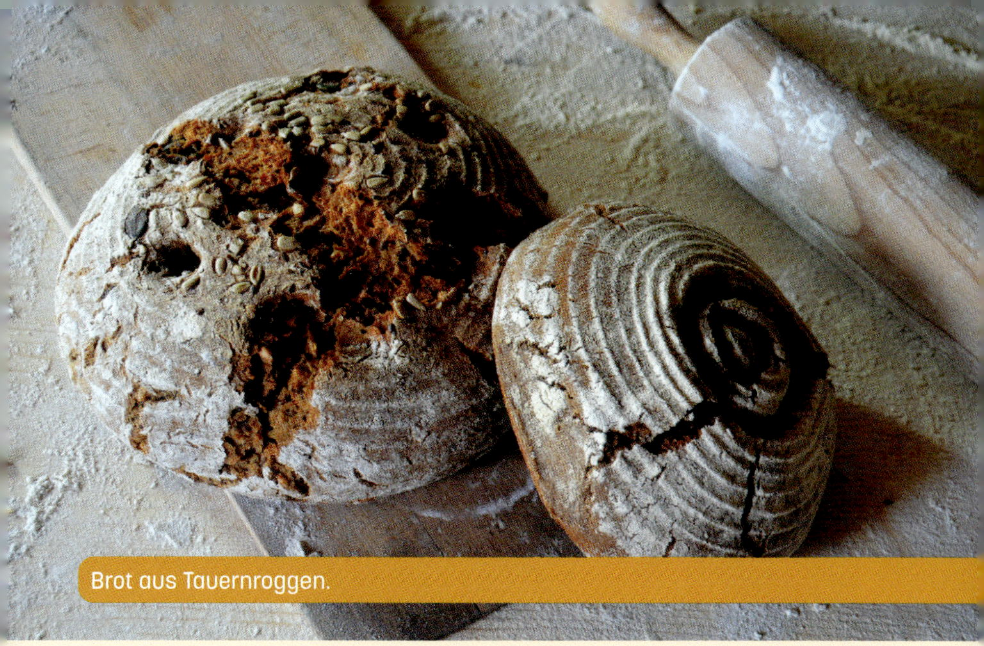
Brot aus Tauernroggen.

im Lungau gibt und die in der Hauptsache aus Mehl, Butter, Rahm und Zucker besteht. Von den Kalorien her gedacht, ist das beileibe keine leichte Sache, aber auch das Aus-der-Alm-Fahren ist kein Honigschlecken, noch dazu, wenn das Wetter nicht mitspielt. Die Almen gehören zum Wandererlebnis im Lungau wie der Samson zum Festaufzug. Insgesamt werden noch knapp 350 Almen bewirtschaftet. Auffällig hoch ist in der eher kleinteilig angelegten Lungauer Landwirtschaft der Anteil der zertifizierten Bio-Bauern. Von den rund 650 landwirtschaftlichen Betrieben haben sich mehr als die Hälfte der biologisch ausgerichteten Bewirtschaftung verschrieben. Das bedeutet einen österreichweiten Rekord. Wenn weiters berücksichtigt wird, dass die andere Hälfte der Bauern umweltgerechte Landwirtschaft betreibt und auf den Einsatz von Mineralstoffdünger und Pflanzenschutzmitteln verzichtet, dann gilt der Lungau als Vorreiter einer grundsätzlich biologisch ausgerichteten Landwirtschaft.

Während die statistischen Prognosen für die Entwicklung der Bevölkerung im Lungau nichts Gutes verheißen, stimmen die Berichte über das Engagement der jungen Landwirte dagegen sehr positiv. Das beginnt mit dem schon beschriebenen Eachtling, setzt sich mit dem Tauernroggen fort und wird durch Besonderheiten in der Rinder- und Schweinezucht ergänzt. Die Begegnung mit den engagierten Lungauer Produzenten ergibt sich ganz von selbst, wenn man an den Höfen vorbeiwandert oder sich in ihrer Nähe befindet. Mit Initiativen wie der Lungauer Kochwerkstatt und der „Speis“ werden Einheimische wie Gäste eingeladen, die nachhaltigen Produkte und kreativen Zubereitungen unmittelbar kennenzulernen.

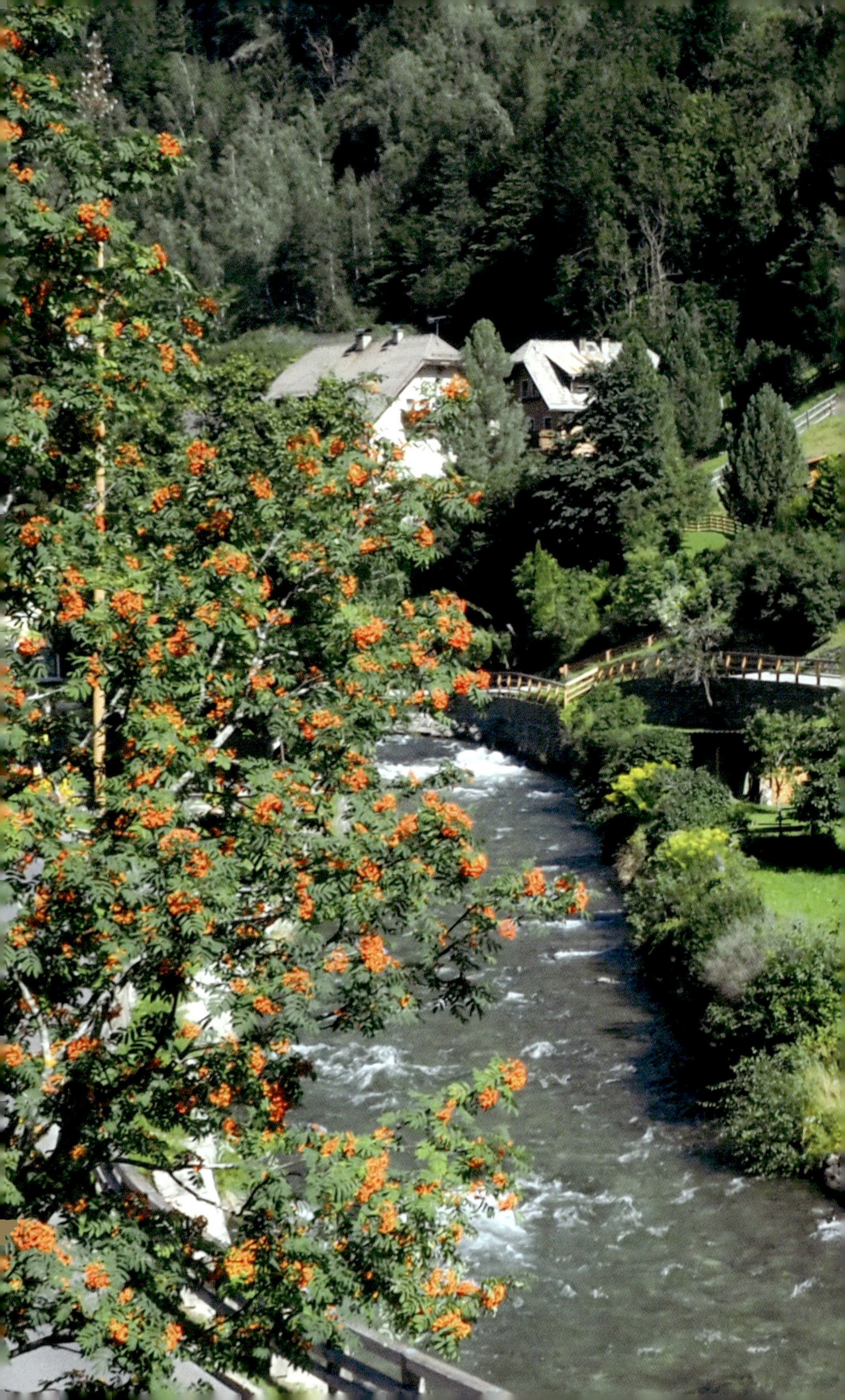

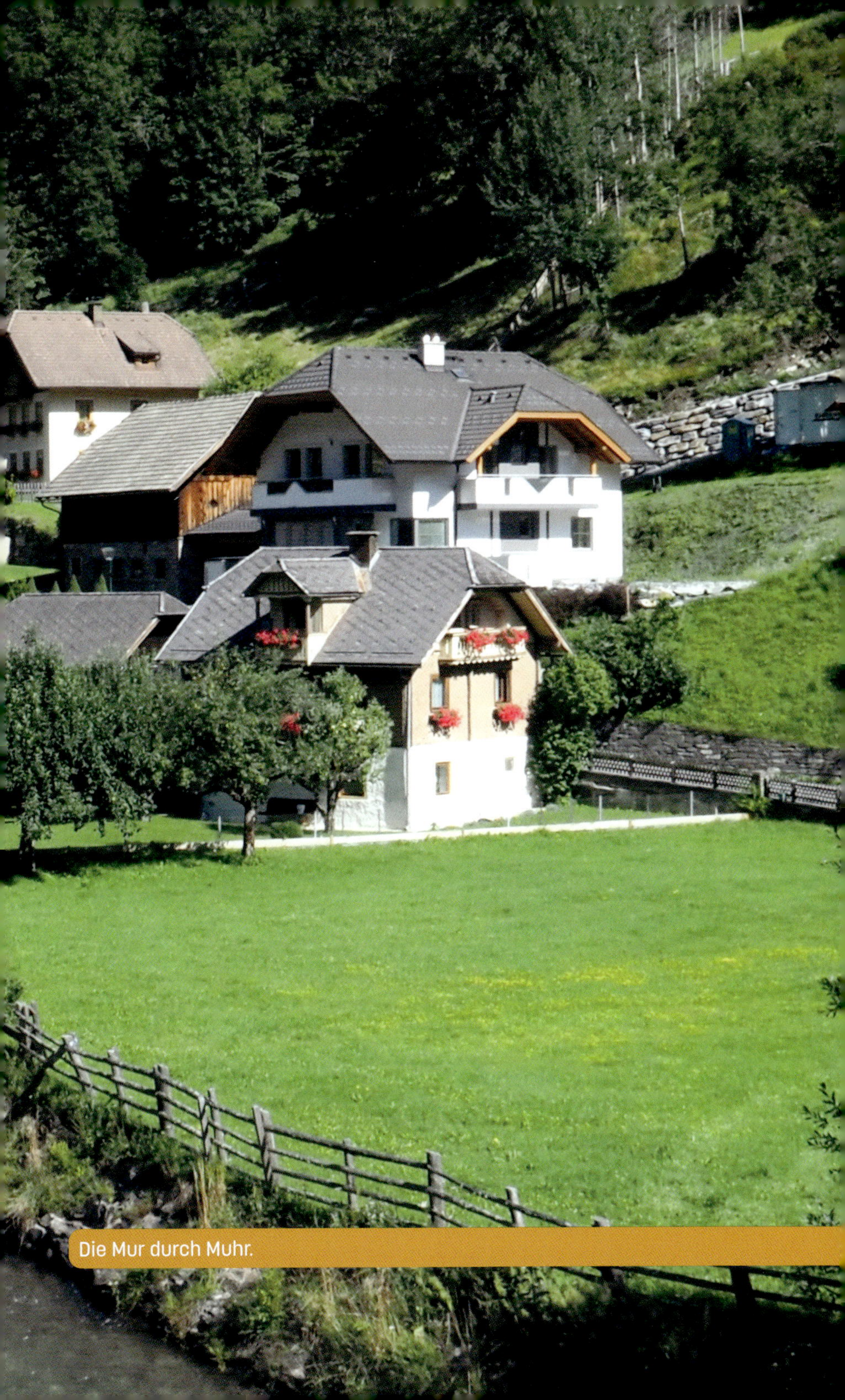

Die Mur durch Muhr.

In bester Nachbarschaft

Am Rand der Hohen Tauern

Zur Vielfältigkeit der Lungauer Bergwelt gehören die Hohen Tauern unbedingt dazu. Der „Alpensymphonie" würde eine wichtige Variation des Kopfsatzes fehlen, die niemand missen möchte. Hohe Tauern, Niedere Tauern, die Nockberge, die vielen Vorberge und die kleineren Gebirgszüge – sie alle prägen die Landschaft so nachhaltig, was die Einheimischen lakonisch kommentieren, wenn man von ihnen hört: „Jo, umandum san ois Berg."

Wer in dieser besonderen Landschaft unterwegs ist, wird bald mit dem Eindruck konfrontiert, dass hier die Natur das Sagen hat und nicht so sehr der Mensch. Ein Blick in die Statistik belegt diesen Befund: Auf 115 Quadratkilometern leben rund 550 Menschen. Das bedeutet eine Einwohnerdichte von 4,7 Personen pro Quadratkilometer. Man denkt dabei an Kanada und an Sibirien – aber nur, was die Zahlen betrifft. Die üppigen Blumenteppiche auf den Bergwiesen, die gibt es in dieser Form nur im Lungau. Ihre Farbenpracht erscheint deshalb so intensiv, weil wegen der besonderen klimatischen Verhältnisse – der Frühling beginnt spät und ist sehr kurz – viele Blumen gleichzeitig blühen. Das garantiert eine hohe Qualität des Honigs und ermöglicht es, dass die Prangstangen auch nach dreihundert Jahren noch immer mit zigtausenden Blüten von Margeriten, Enzian, Kohlröschen, Frauenmantel und vielen anderen geschmückt werden können. Dass die Prozession mit den berühmten Prangstangen am Peter-und-Paul-Tag, dem 29. Juni, selbst in Kriegs- und Pandemiezeiten stattgefunden hat, erzählt viel über die Menschen und das Leben in den Lungauer Tälern. Vor allem aber darüber, dass ein sehr starkes Traditionsbewusstsein vorhanden ist, das sich kaum durch Einflüsse von außen untergraben lässt.

Übermäßig groß ist er nicht, der Lungauer Anteil am Nationalpark Hohe Tauern, und die Erweiterung bis Muhr hat auch erst Anfang der 1990er-Jahre stattgefunden. Aber das Gebiet um den Großen Hafner, mit 3 076 Metern der östlichste Dreitausender in den Hohen Tauern, präsentiert sich als imposante Hochgebirgskulisse mit ebenso tiefen wie funkelnden Bergseen. Neben dem Oberen und Unteren Rotgüldensee, die durch einen kleinen Wasserfall miteinander verbunden sind, zählen vor allem die beiden Schwarzseen und der idyllisch gelegene türkisgrün strahlende Karwassersee, zu dem ein fast

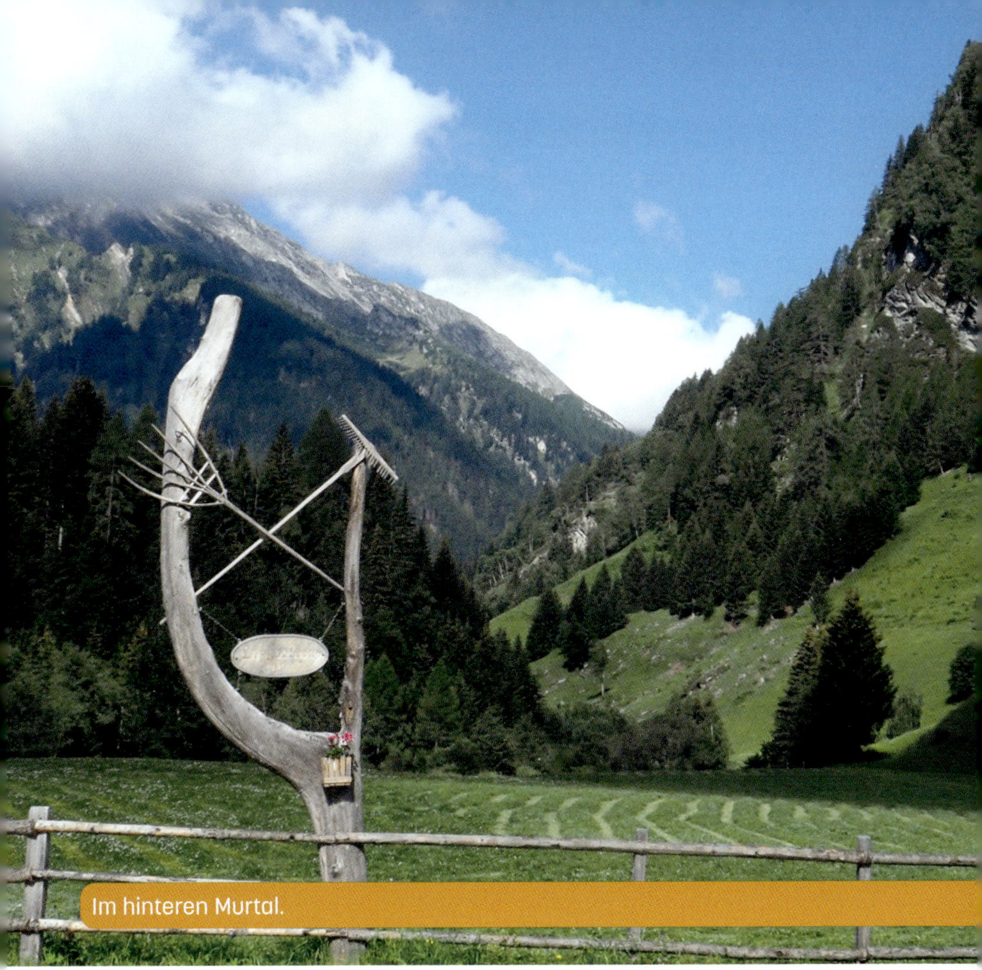

Im hinteren Murtal.

verschwiegener Steig durch eine bizarr anmutende „Tauern-Urwelt" führt, zur Garde der insgesamt 60 Lungauer Bergseen.

Ja, der Eindruck stimmt, dass hier die Natur das Sagen hat – und nicht so sehr der Mensch. Das gilt für den Lungau im Allgemeinen und für das Murtal im Besonderen. Aber was heißt das schon, wenn die Natur „das Sagen" hat? Setzt sie sich dann durch und über den Menschen hinweg? Nein, das wäre unsere Perspektive und die würde ihr nicht gerecht werden. Vielmehr ist es im Murtal wie im gesamten Lungau so, dass hier die Menschen mehr als anderswo zumindest um ein besseres Verhältnis zur Natur bemüht sind. Sie lassen ihr den Raum, den sie braucht, und vor allem kennen sie die Tugend der Bescheidenheit. Und die ist im Verhältnis Natur-Mensch eine unverzichtbare Größe, wenn wir weiterleben wollen. Die Mur lässt jedenfall grüßen.

39 Keine Nymphen und Quellgeister

Zum Ursprung der Mur hinauf

Regionalbus 700/710, Haltestelle Arsenhaus
16 km (hin und zurück) 4,5 h 560 hm
Quellgebiet der Mur Sticklerhütte

Ausgiebige Familienwanderung

Wo die Mur entspringt, streckt sich der Nationalpark Hohe Tauern nach Südosten aus. Deshalb ist die Mur der einzige Fluss in seinem Einzugsbereich, der nicht in die Salzach mündet. Der sogenannte Murursprung besteht aus mehreren Quellen, die jedoch nicht alle auf der Oberfläche sichtbar sind, so wie das an jener Stelle in der Schmalzgrube der Fall ist, zu der wir wandern und die mit einer Tafel des Grazer Alpenvereins markiert wurde.

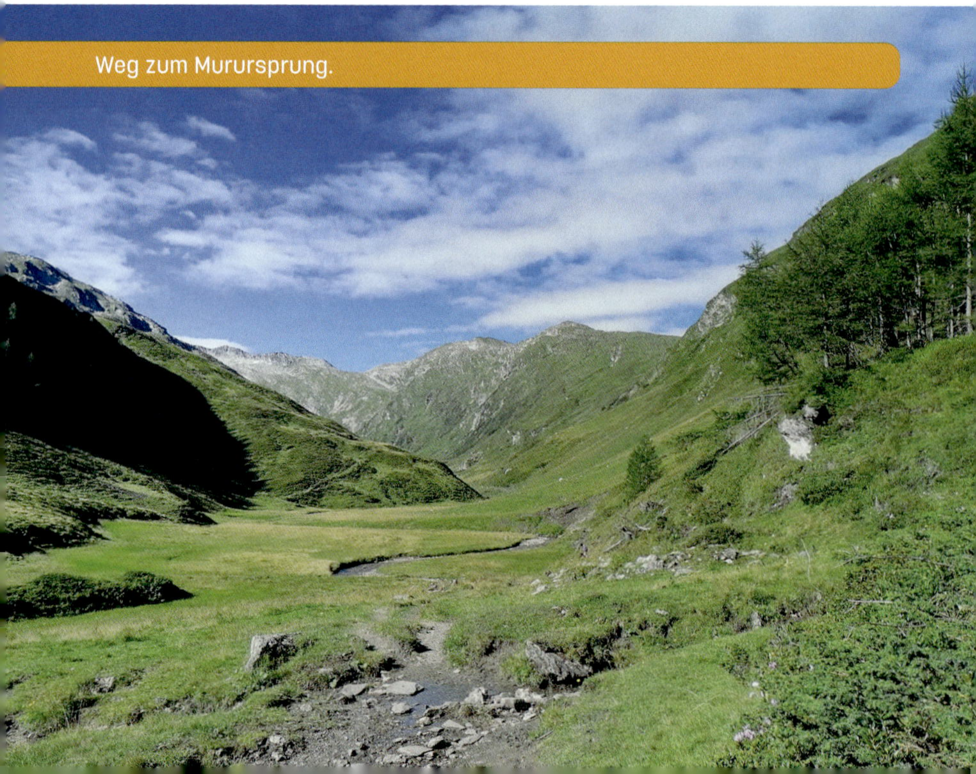

Weg zum Murursprung.

Die Mur ist nach der Donau der zweitlängste Fluss Österreichs und hat von der Quelle bis zur Mündung 453 Kilometer bzw. 1 768 Höhenmeter zurückzulegen – wobei sie bereits auf den ersten Kilometern ein Drittel des gesamten Höhenunterschieds überwindet.

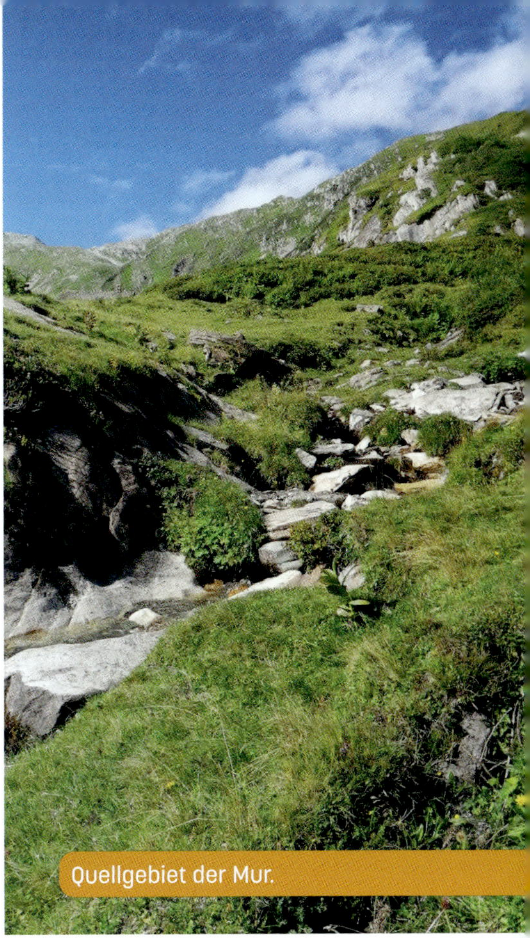

Quellgebiet der Mur.

Wir beginnen mit unserer Tageswanderung am Parkplatz der Arsenhütte in Hintermuhr. Links vom Informationskiosk des Nationalparks führt der Weg zu den Rotgüldenseen, rechts davon zweigt der Weg zur Sticklerhütte und weiter zum Murursprung ab. Wir passieren den Schranken, der den Weg als Mautstraße kennzeichnet, die während der Sommermonate vom Tälerbus befahren wird, dessen Route bis zur Sticklerhütte führt. Die ersten eineinhalb Kilometer nach dem Schranken geht es etwas steiler zur Sache. Haben wir diese Konditionskraftprobe überwunden, liegt ein angenehmer Spaziergang vor uns.

Wir kommen am Parkplatz Muritzen vorbei, wo wir uns rechts halten. Nach etwa zehn Minuten stehen wir vor der Muritzenkapelle, die sich links am Wegrand befindet. Dort zweigt ein Pfad zum Almdorf Muritzen ab, der im Weiteren zum Karwassersee führt. Wir bleiben aber auf dem Weg Nr. 740, schauen abwechselnd zur heftig gurgelnden Mur hinunter und dann wieder zu den Flanken und Graten der Hohen und Niederen Tauern hinauf, denn das oberste Murtal markiert die Grenze zwischen diesen beiden Gebirgszügen. Nach insgesamt zwei Stunden erreichen wir die Sticklerhütte, lassen sie aber erst einmal im wahrsten Sinne des Wortes links liegen und halten uns an den ausgewiesenen Pfad zum Murursprung. Zu diesem gelangt man auf dem Weg, der zuerst nördlich von der Hütte wegführt, und dann in südlicher Richtung durch den Talschluss und an der Alm vorbei durch die sogenannte Schmalzgrube geht. Für uns endet er beim Murursprung auf exakt 1 898 Metern. Der Rückweg entspricht dem Hinweg.

40 An einem Bächlein helle

Zwischen Muritzenalm und Karwassersee

Regionalbus 700/710, Haltestelle Arsenhaus · 7 km (hin und zurück) · 2,5 h · 300 hm · Karwassersee

Lohnender Aufstieg über Stock und Stein

Ist vom Karwassersee die Rede, kommen die Menschen ins Schwärmen, Besucher ebenso wie Einheimische. Der türkisgrüne See liegt in der Kernzone des Lungauer Anteils im Nationalpark Hohe Tauern und ist das ideale Ausflugsziel für all jene, die ohne große Wanderung ein Highlight der Lungauer Berg- und Seenwelt erleben wollen. Neben der unverwechselbaren Farbe des Wassers hievt ihn selbstverständlich die grandiose Kulisse mit Kölnbreinspitze, Kaltwandspitze und Marchkareck auf die oberste Sprosse der Beliebtheitsskala.

Neben dem Steig stürzt der Bach in die Tiefe.

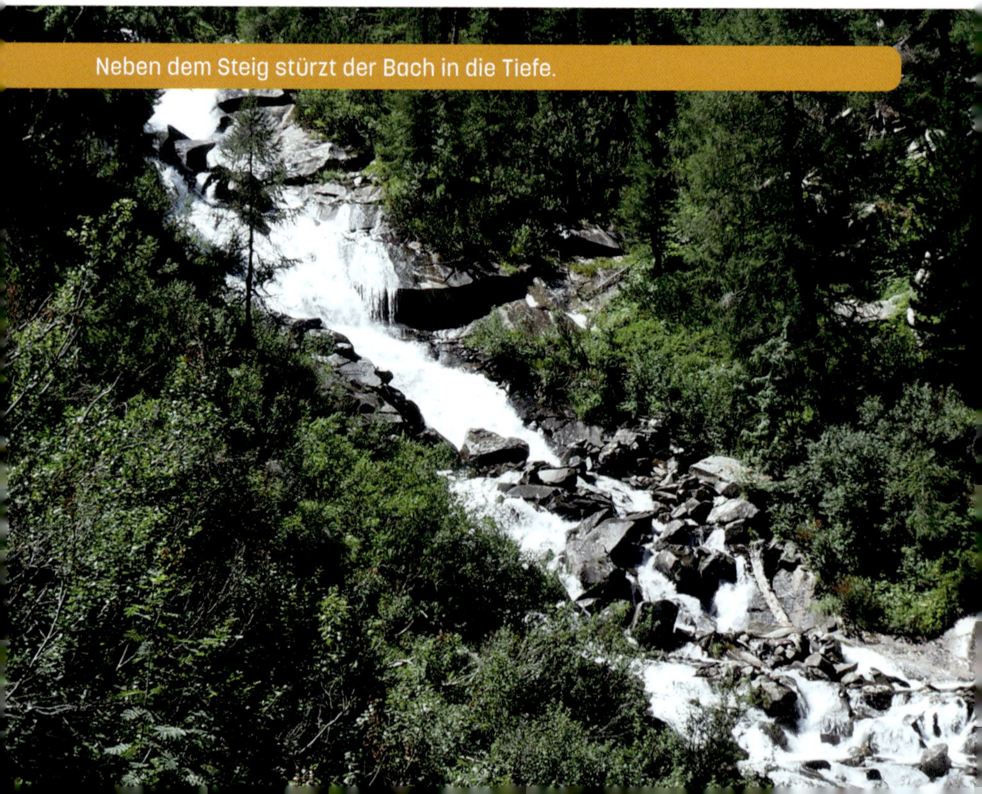

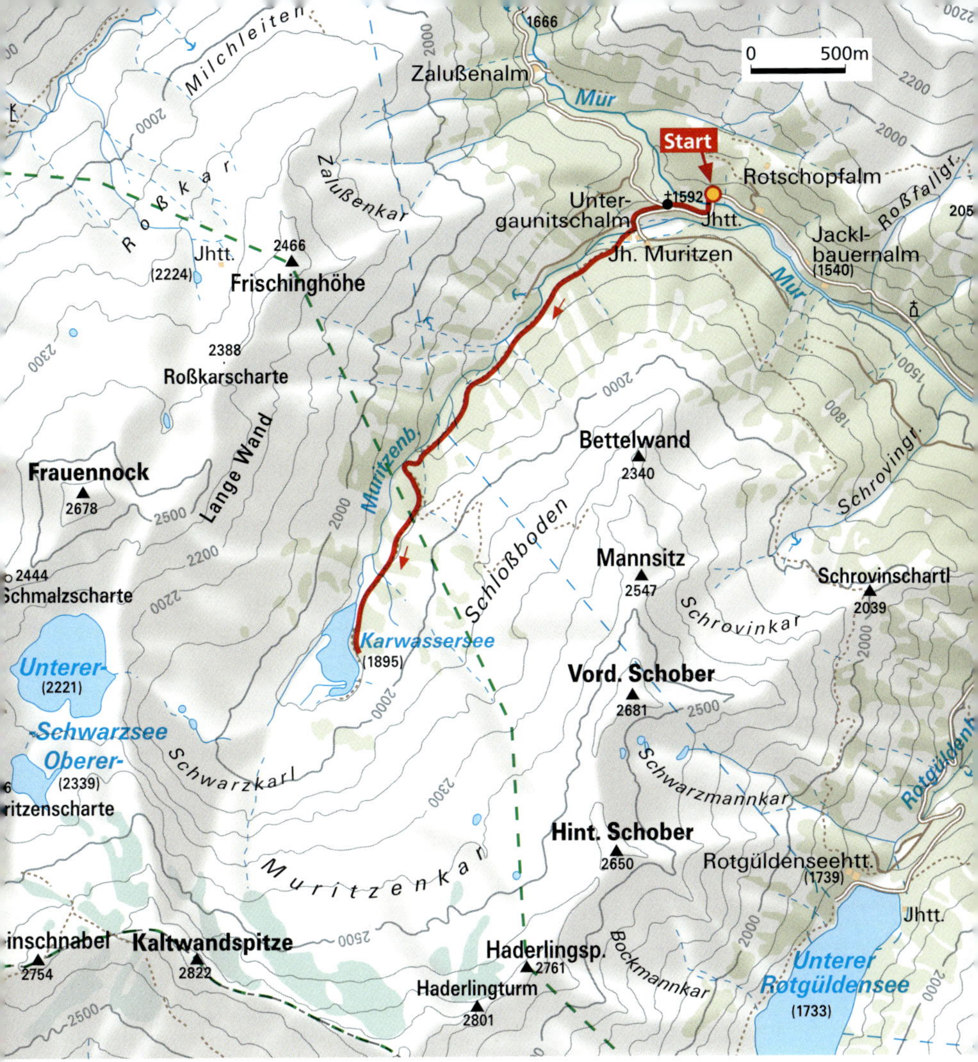

Der Weg, der zu ihm führt, macht diese Wanderung ebenfalls zu einem besonderen Erlebnis. Obwohl die Route durch diese Tauern-Urlandschaft über größeres und kleineres Gestein nur an wenigen Punkten markiert ist, kann man sie doch nicht verfehlen, hat man den sprudelnden und trudelnden Bach doch stets an seiner Seite. Der aufmerksame Leser wird es schon bemerkt haben, dass die Überschrift zu dieser Tour an das Lied *Die Forelle* von Franz Schubert angelehnt ist. Im Original lautet die Zeile: „In einem Bächlein helle, / Da schoß in froher Eil / Die launische Forelle / Vorüber, wie ein Pfeil“. Aus dem Bächlein helle wird während des Aufstiegs, der abschnittweise sehr steinig ausfällt, ein stürzender Bach, der an seinem Ursprung, am Ablauf des Sees, wiederum dem Bächlein ähnelt – es birgt allerdings keine

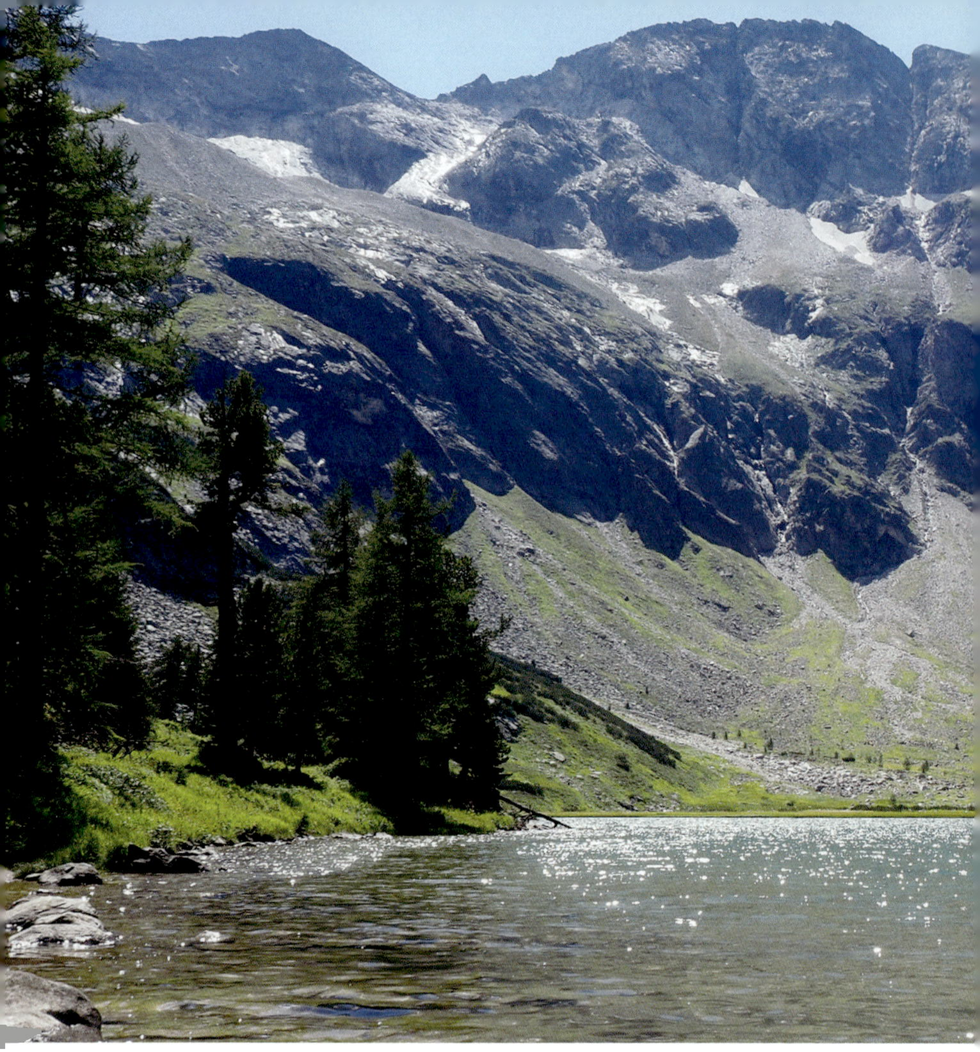

Forelle, sondern allenfalls kleines Wassergetier, das sich am Rand des Sees tummelt.

Wir beginnen mit dieser spannenden Wanderung beim Parkplatz Muritzenalm (1 565 Meter Seehöhe), der über die Mautstraße von Hintermuhr aus zu erreichen ist. Von dort aus gehen wir in westlicher Richtung, bis wir nach ein paar hundert Metern zur Muritzenkapelle, einer unter Denkmalschutz stehenden und aus groben Steinen gebauten Kirche, kommen, die einem auch wegen ihres Glockenturms in Erinnerung bleibt. Etwa 200 Meter westlich steht eine Kandelaberfichte, die wegen ihrer charakteristischen Wuchsform sofort ins Auge sticht. Bei dem gut 100 Jahre alten und über 20 Meter hohen Baum verzweigt sich der Stamm in zwei Metern

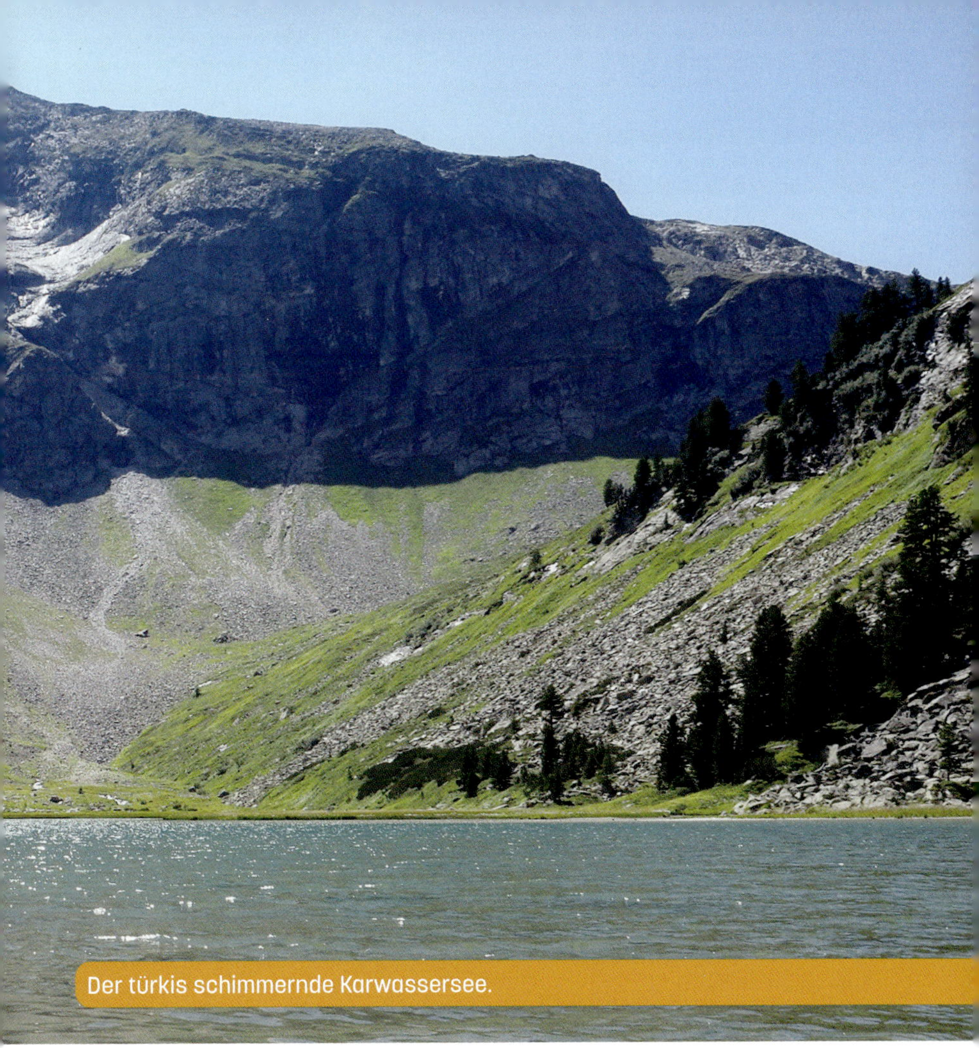

Der türkis schimmernde Karwassersee.

Höhe in mehr als zehn Einzelstämme – einem vielarmigen Kandelaber vergleichbar. Wir wandern an den Alm- und Jagdhütten vorbei und verlassen die Lichtung auf einem steilen Weg in südwestlicher Richtung, immer dem Muritzenbach entlang. Anschließend geht es durch einen lichten Lärchenwald auf einem ebenso steinigen wie moosigen Pfad weiter. Wenn wir den Abfluss des Sees, der einen kleinen Wasserfall bildet, passiert haben, sind wir bald auf der letzten Etappe, die auf fast flachem Weg bis zum See führt. Auf einem kleinen Steg wandern wir bis zum hinteren Teil des Sees, tauchen die Füße in das erfrischend kühle Nass und genießen die versteckte Idylle inmitten des imposanten Kessels. Auf demselben Weg geht es dann wieder retour zum Ausgangspunkt der Route.

41 Grenzgängig

Auf dem Weg zum Murtörl

Regionalbus 700/710, Haltestelle Arsenhaus · 20 km (hin und zurück) · 5 h · Murursprung · Sticklerhütte

Tageswanderung mit strapaziösen Abschnitten

Wie es der Name schon erraten lässt, handelt es sich beim Murtörl um einen Pass. Alpenübergänge wie hier von einem Tal in ein anderes werden in der Regel als Törl bezeichnet, unabhängig davon, ob es sich um eine markante Stelle handelt, die auf einen Übergang hinweist. Die Geografen sprechen in diesem Zusammenhang von orografisch wahrnehmbar oder nicht. Das auf einer Höhe von 2 260 Metern liegende Murtörl gilt als Grenze zwischen den Niederen und den Hohen Tauern sowie zwischen dem Lungauer Murtal und dem Pongauer Großarltal.

Wir starten dieses Mal beim Parkplatz Muritzenalm und gehen über die Zufahrtstraße zur Sticklerhütte, wofür etwa eine Stunde zu veranschlagen ist. Von dort geht es über den Talboden bis zur gut ausgeschilderten Abzweigung zum Murtörl. Der Weg zum Törl hinauf ist in vielen engen Serpentinen

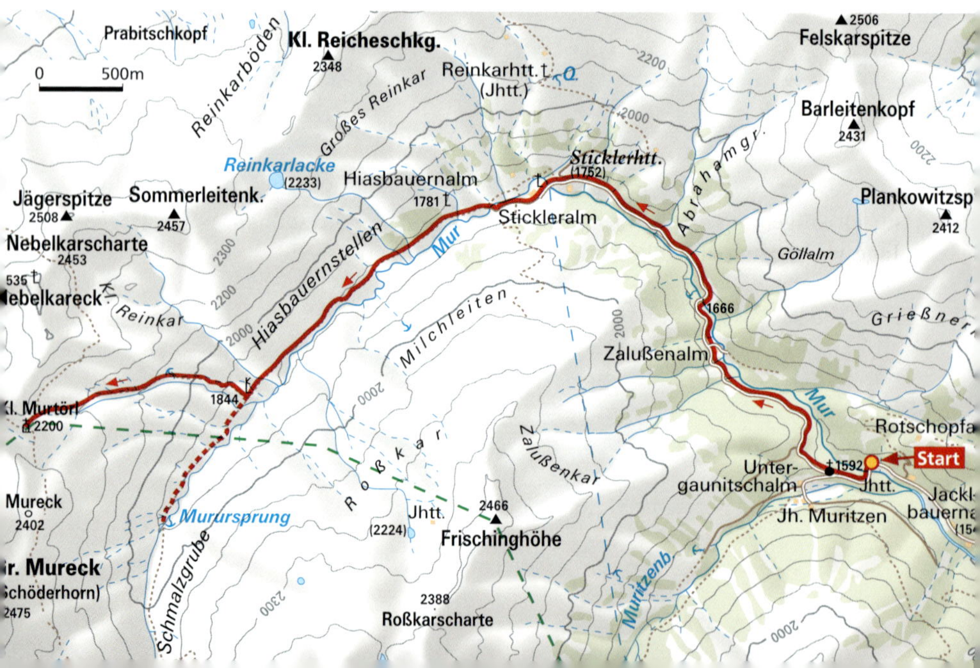

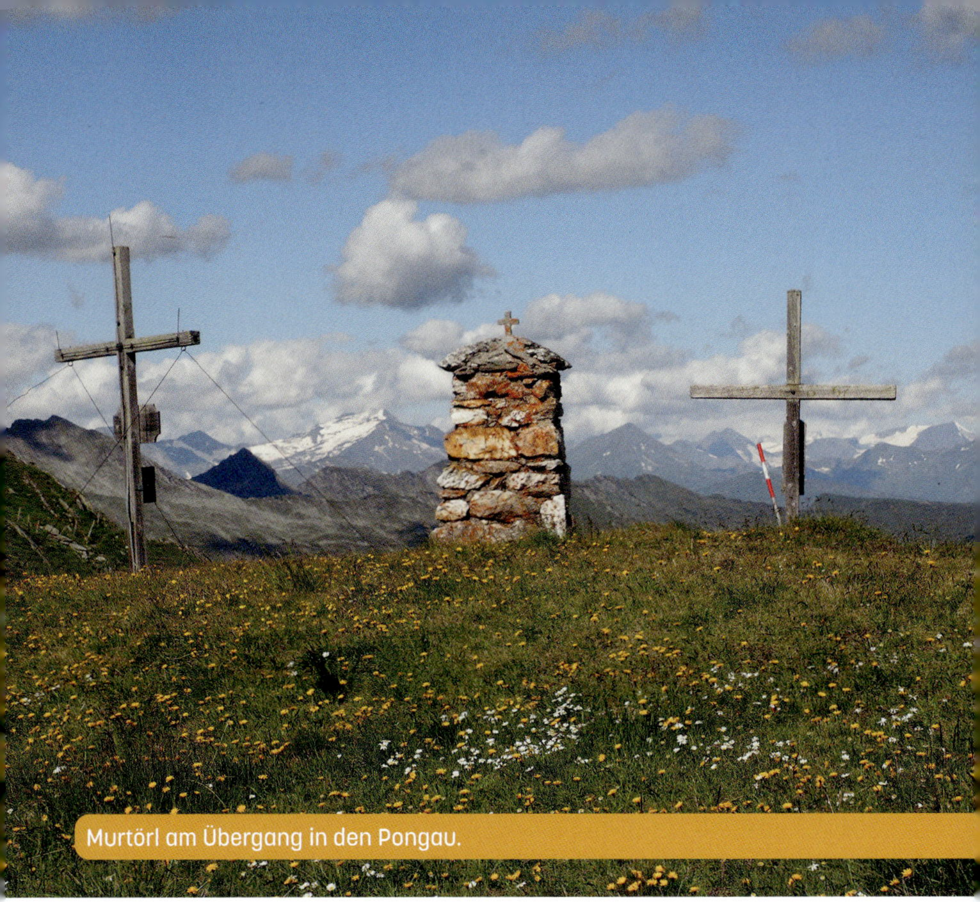

Murtörl am Übergang in den Pongau.

angelegt. Rundherum ist das Gelände ziemlich steil – erst auf den letzten Metern wird es etwas flacher. Wir sind hier im Hochgebirge, wo entsprechende Vorsicht geboten ist. Diese vorausschauende Sorgfalt beginnt schon bei der Vorbereitung der Tour, für die es auch wichtig ist, die Wetterlage in der Woche davor zu beobachten. Sollte es Schneefall gegeben haben, ist abzuklären, ob auf dem Weg noch Schnee liegt. Und wer enge Serpentinen in steiler Umgebung nicht so sehr bevorzugt, sollte sich die Teilnahme an dieser Tageswanderung ohnehin genau überlegen.

Auf dem Rückweg lohnt sich ein Abstecher zum Mururspring, die entsprechende Abzweigung ist markiert. Für den Weg hin und zurück ist eine knappe Stunde zu veranschlagen. Ansonsten verläuft der Rückweg über die Sticklerhütte bis zum Parkplatz Muritzenalm.

42 Schwerarbeit mit dem Fahrrad

Von Muhr zur Sticklerhütte

32 km (hin und zurück) · 2,5 h · 655 hm · Ausstellung „(M)URPSRUNG. Natur im Fluss" · Sticklerhütte

Eine Radtour, die es in sich hat

Der Mur-Radweg zählt zu den landschaftlich schönsten Radwegen in Österreich. Davon war in diesem Buch schon mehrmals die Rede. Von den insgesamt 1 500 Höhenmetern zwischen der Sticklerhütte und Bad Radkersburg werden allein auf dem hier beschriebenen Abschnitt zwischen Muhr und dem Ausgangspunkt über 600 Höhenmeter zurückgelegt.

Wir starten die ehrgeizige Tour, die entweder mit einem Mountainbike oder einem E-Bike in Angriff genommen werden kann, in Muhr. Das Ortsende ist taleinwärts zugleich das Ende der Landesstraße, was für Radfahrer jedoch keine Relevanz hat. Auf einer asphaltierten Straße geht es die ersten Kilometer an Höfen und üppig blühenden Sommerwiesen vorbei, bis wir eine Geländestufe erreichen, an der zwei Kehren eingebaut sind und wo auf der Südseite des Tales der Murfall rauscht. Anschließend kommen wir zum Öllschützenspeicher, der Ende der 1940er-Jahre erbaut wurde, um die Leistungskapazität des Mur-Kraftwerks zu optimieren. Auch der weitere Streckenabschnitt bis zum Arsenhaus auf 1 341 Metern gilt sozusagen noch als Auftakt zu dieser Tour.

Spürbar anstrengender wird dann der nächste Abschnitt, der vom Arsenhaus über die Mautstraße bis zur Muritzenalm führt. Diese schmale asphaltierte Straße ist zwar eine Mautstraße, aber als Zubringer zum Parkplatz doch relativ stark frequentiert. Die Schmalzgrube, so heißt dieser Talabschnitt, lässt bereits erahnen, dass es immer tiefer in die Hohen Tauern beziehungsweise in die Ausläufer der Radstädter Tauern, die sich auf der Nordseite erstrecken, geht. Hier richtet sich die Konzentration auf die Bewegung und nicht so sehr auf das Schauen und Staunen wegen der imposanten Bergwelt auf beiden Seiten des Tales. Die Mur gibt diesem Radweg nicht nur den Namen, sie ist auch eine verlässliche Begleiterin, deren Rauschen durchaus motivierend wirkt.

Am Parkplatz Muritzenalm fahren wir rechts vorbei, ebenso an der denkmalgeschützten Muritzenkapelle mit dem für die Gegend unüblichen

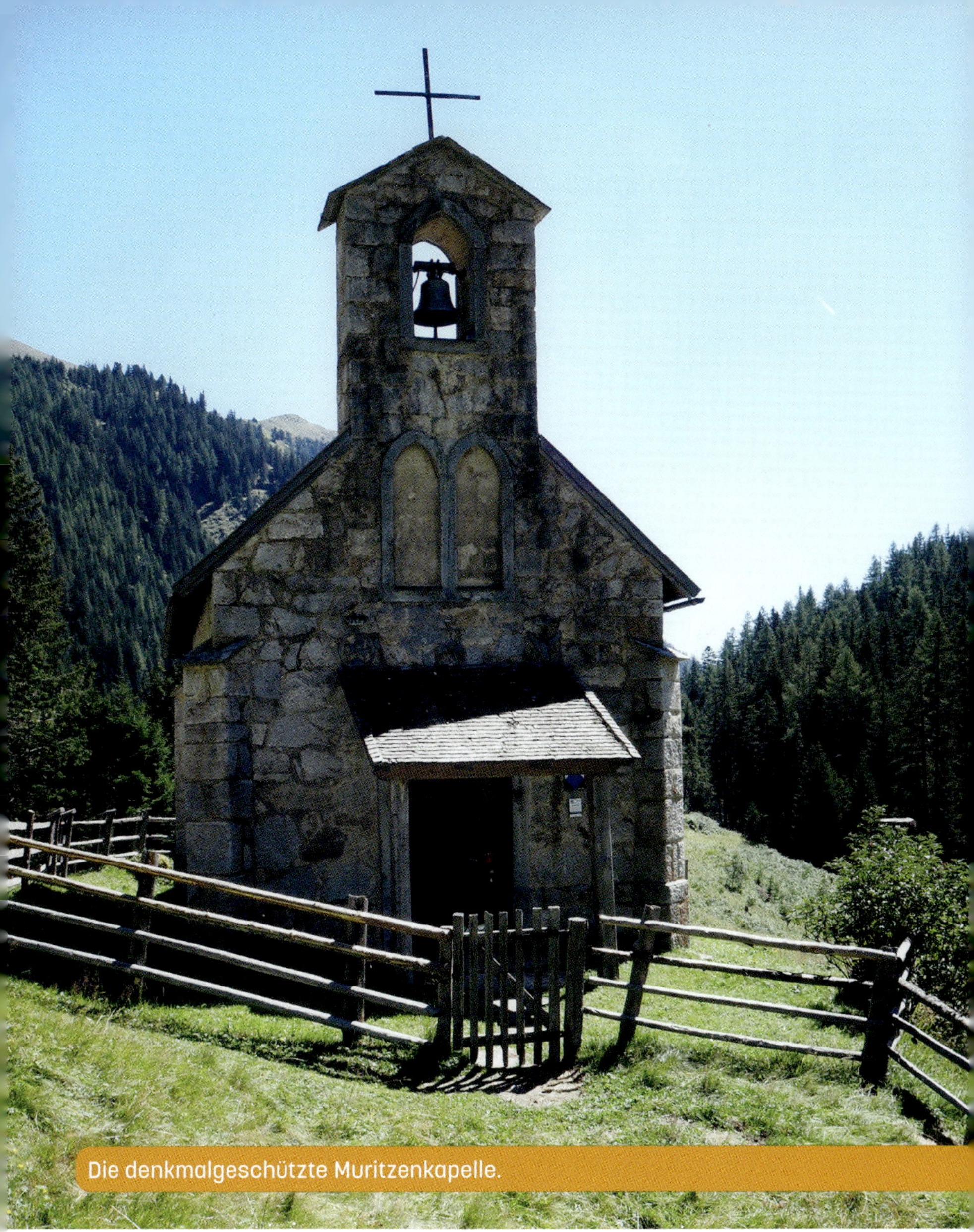

Die denkmalgeschützte Muritzenkapelle.

Glockenturm, der an eine griechische Bergkapelle erinnert. Auch den letzten großen Abschnitt bis zur Sticklerhütte auf 1752 Metern bildet eine gut befestigte Straße, auf der auch vereinzelt Autos unterwegs sind. Nach einer ausgedehnten Erholungspause starten wir die Rückfahrt beim offiziellen Ausgangspunkt des Mur-Radweges nahe der Sticklerhütte.

43 Arsen ohne Spitzenhäubchen

Zum Rotgüldensee

Regionalbus 700/710, Haltestelle Arsenhaus · 7,5 km (hin und zurück) · 3 h · 420 hm · Rotgüldensee-Hütte

Einfach im ersten Abschnitt, herausfordernd im zweiten

Für die Schönheit, gegen das Altern und als „Dopingmittel" nicht nur für Pferde: Das aus dem Arsenkies extrahierte Element mit der chemischen Formel As, ein durch Erhitzen gewonnenes Substrat, ist hochgiftig, soll jedoch in entsprechend feiner Dosierung wahre Wunder wirken. Seit der Antike galt es als Heilmittel gegen Fieber, Rheuma, Migräne, Malaria, Tuberkulose und Diabetes. Im 18. Jahrhundert machte die Fowlersche Lösung – eine Mischung aus Kaliumarsenit und Lavendelwasser – als Fiebersenker, Heilwasser und Aphrodisiakum Furore. Hierzulande wurde mit dieser Lösung bis in die 1960er-Jahre versucht, Schuppenflechte zu behandeln. Dass Arsen bis in das beginnende 20. Jahrhundert als Erbschleichergift galt, ist ebenso belegt wie seine Funktion als Stärkungs- und Aufputschmittel. Pferdehändler verabreichten es, um den Tieren zu besserem Appetit und glänzendem Fell zu verhelfen und machten sich dadurch zu Rosstäuschern. In der Aussteuer durfte es nicht fehlen, weil Frauen damit ihren Teint auffrischten und Männern zu mehr Potenz und Kraft verhalfen. So ist belegt, dass Sennerinnen rund um Murau ihren Burschen Arsenpulver in den Schnaps streuten und einen Käse auftischten, in dem das begehrte Pulver verarbeitet war. Und sie selbst verwendeten es, um ungewollte Schwangerschaften zu verhindern. Heute wird Arsen in der Halbleitertechnik verwendet und findet Einsatz in der Behandlung bestimmter Leukämieformen. Obwohl der Goldbergbau in Rotgülden bereits zu Beginn der Neuzeit eingestellt wurde, weckt das Edelmetall bei den Inhabern der Schürfrechte immer wieder Begehrlichkeiten, so auch im Herbst 2011, als ein weiteres Mal Probebohrungen unternommen wurden. Ein britisches Unternehmen hatte die Schürfrechte erworben; als Ziel wurde ausgegeben, 100 000 Unzen Gold nachzuweisen. Letztendlich blieb es aber bei einem Versuch.

Die Wanderung beginnt beim Arsenhaus in Hintermuhr. Dort steigen wir auf der linken Straßenseite in den Lehrpfad ein. In Serpentinen geht es etwa eine Stunde lang zur Rotgüldensee-Hütte, die auf 1 702 Meter liegt, aufwärts. Auf Schautafeln werden wir über die Besonderheiten der Gegend,

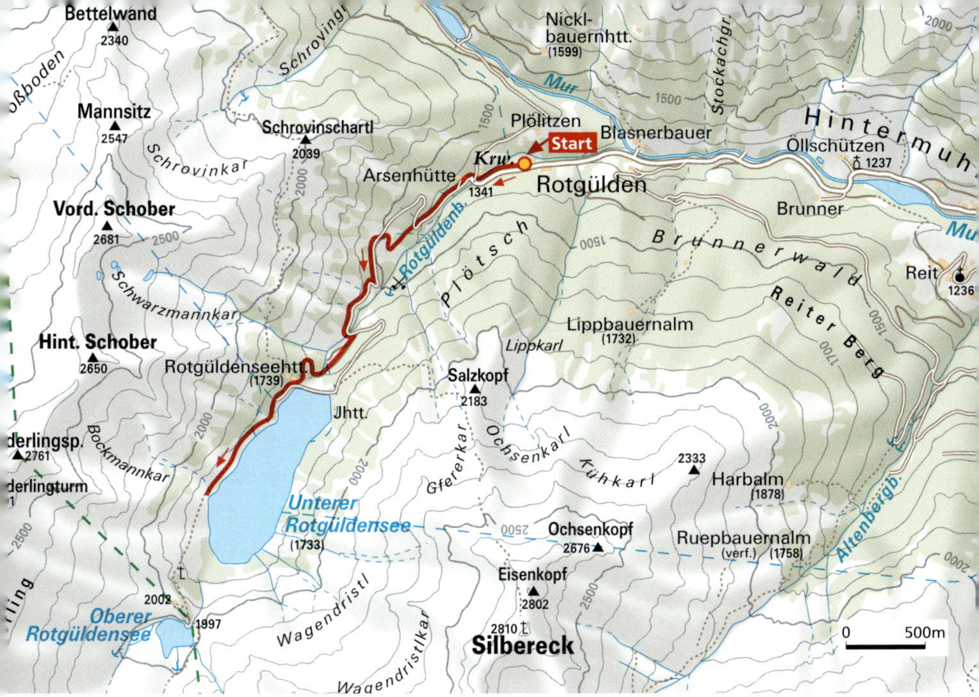

vor allem auch über den Arsenabbau informiert. Nach gut der halben Strecke sieht man linker Hand einen ehemaligen Stolleneingang, wo bis zum Ende des 19. Jahrhunderts Arsen abgebaut wurde, ehe der Preisverfall auf dem Weltmarkt durch die großen Arsenvorkommen in Südamerika den Abbau hier unrentabel gemacht hat.

Der untere Rotgüldensee ist Teil des Kraftwerks Hintermuhr und dient als Speichersee, der auch von der Mur durch eine Leitung von der Sticklerhütte gespeist wird. Wie bei der gesamten Anlage wurde auch hier auf eine möglichst optimale Integration des Dammes in die umgebende Natur geachtet. Der Blick zum oberen See hinauf, von dem das Wasser in Bändern über die Felsen in den unteren fließt, ist verführerisch. Wer den entsprechenden Weg gehen will, muss wissen, dass dafür Schwindelfreiheit und Trittsicherheit absolute Voraussetzung sind, denn es geht abschnittsweise an Seilen entlang und über Leitern hinauf. Wegen Steinschlaggefahr darf der Weg nur in Gruppen begangen werden. An der Nordseite des Sees führt der Weg bis zum hinteren Ende und der Blick geht zum Hafner hinauf, dem östlichsten Dreitausender der Hohen Tauern. Der Blick von oben auf den unteren See und auf das umgebende Bergpanorama entschädigt sofort für jegliche Mühe. Der Abstieg entspricht der Aufstiegsroute.

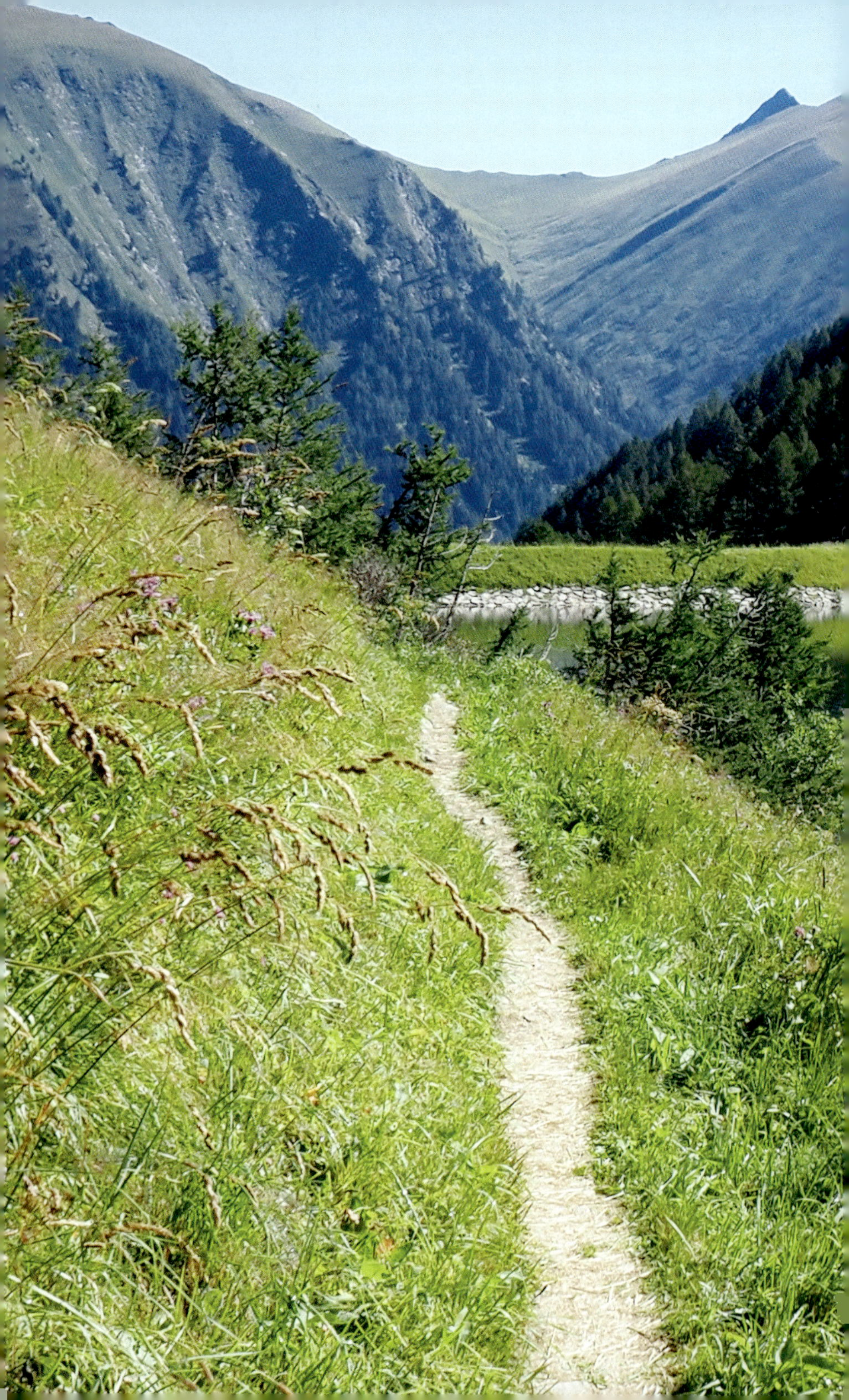

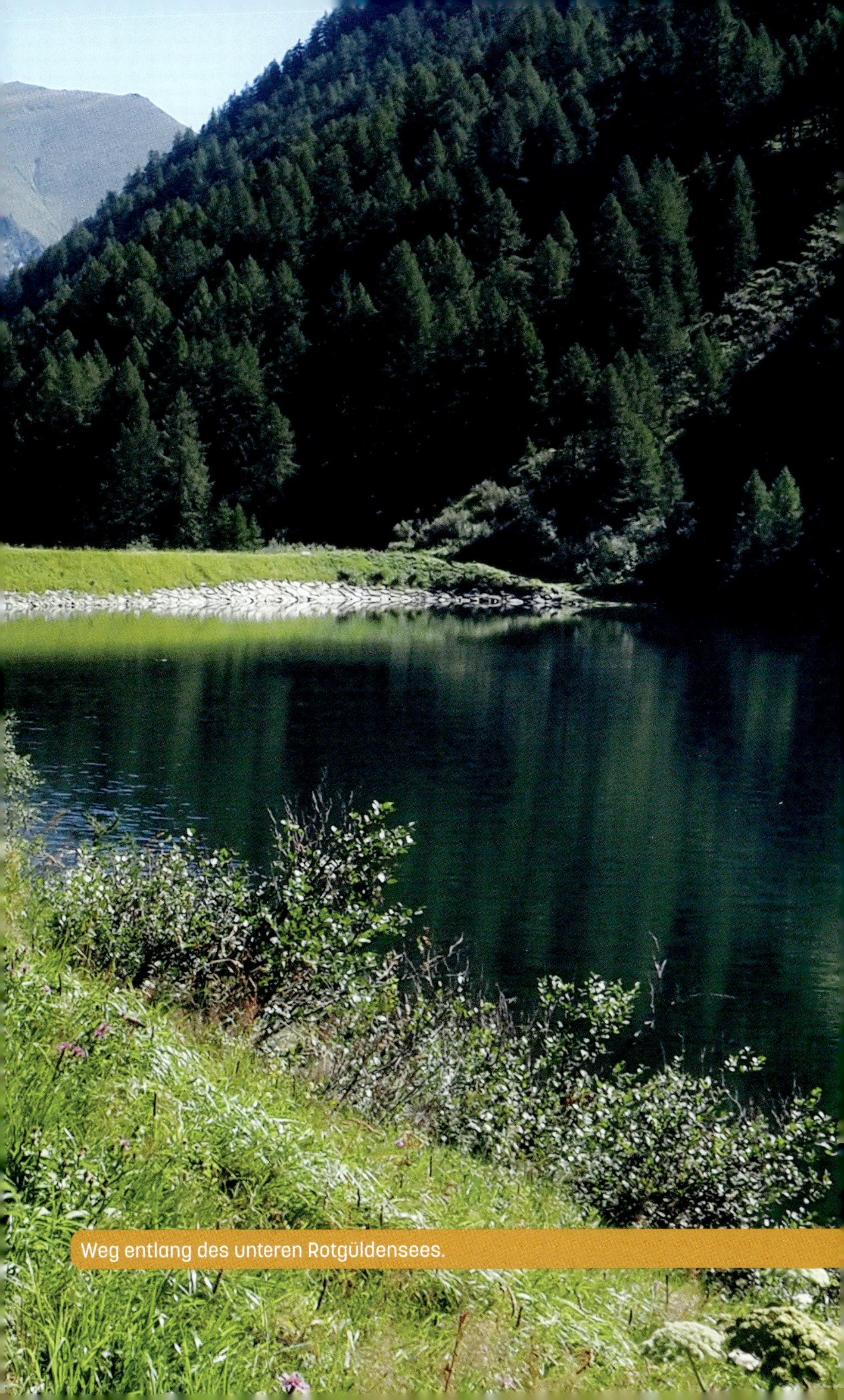

Weg entlang des unteren Rotgüldensees.

44 Und zwischendurch ein Wasserfall

Unterwegs auf dem großen Muhr-Rundweg

Regionalbus 700/710, Haltestelle Muhr (Ortsmitte) 6 km
2,5 h 250 hm Kraftwerk im Berginneren

Kleine Familienwanderung

Wofür ein stummes „h“ alles gut sein kann. Im Fall der kleinen Nationalparkgemeinde Muhr hat es sogar eine identitätsstiftende Funktion übernommen. Das für die Dehnung des Vokals eingefügte „h“ sollte einen Unterschied zwischen dem Namen des Flusses und dem des Dorfes herstellen. Wobei sich die Differenzierung ohnedies nur in der Schreibweise zum Ausdruck bringen lässt, denn das „u“ in Mur wird ebenfalls als lang gezogener Vokal gesprochen. Bekannt ist Muhr wie Zederhaus für die Prangstangen, die am 29. Juni, dem Peter-und-Paul-Tag, in feierlicher Prozession durch den Ort getragen werden. Noch mehr Bekanntheit erlangte Muhr allerdings, als der Nationalpark Hohe Tauern Anfang der 1990er-Jahre ausgeweitet wurde und Muhr zu einer Nationalparkgemeinde geworden war – der Abwanderung konnte das allerdings keinen Riegel vorschieben. Während eines Ausflugs auf dem Muhr-Rundweg lässt sich der Ort und seine Umgebung am besten erkunden.

Wir starten mit der Wanderung vor der Kirche, in der die Prangstangen vom 29. Juni bis zum 15. August, dem Fest Mariä Himmelfahrt, aufgestellt sind. Von der Kirche spazieren wir zur Landesstraße hinunter, überqueren diese sowie die junge Mur und folgen den Schildern mit dem Hinweis „Großer Muhrrundweg“. So kommen wir zuerst beim Pfeifenberger-Hof und später beim Grießner-Bauern vorbei, wobei es meist leicht aufwärts geht. Zum Ensemble des Grießner-Bauern gehört einer der schönsten Troadkästen des Lungaus – darunter versteht man jene gemauerten Vorratsspeicher, die österreichweit in dieser Form sonst nirgends zu finden sind und ein wenig an die steinernen Vorratskästen (Horreos) im spanischen Galicien erinnern. Dort stehen diese Kästen allerdings wie Sarkophage auf vier Beinen in der Landschaft. Weil die hölzernen Vorgänger weder dem Feuer noch den lästigen Nagetieren standhalten konnten, wurden sie ab dem Ende des 16. Jahrhunderts, als friulanische Maurer und Handwerker vermehrt durch den Lungau in die Städte nördlich der Alpen zogen, aus Stein gebaut, verputzt, weiß gestrichen und an den Ecken verziert. In diesen Troadkästen lagerte man vor

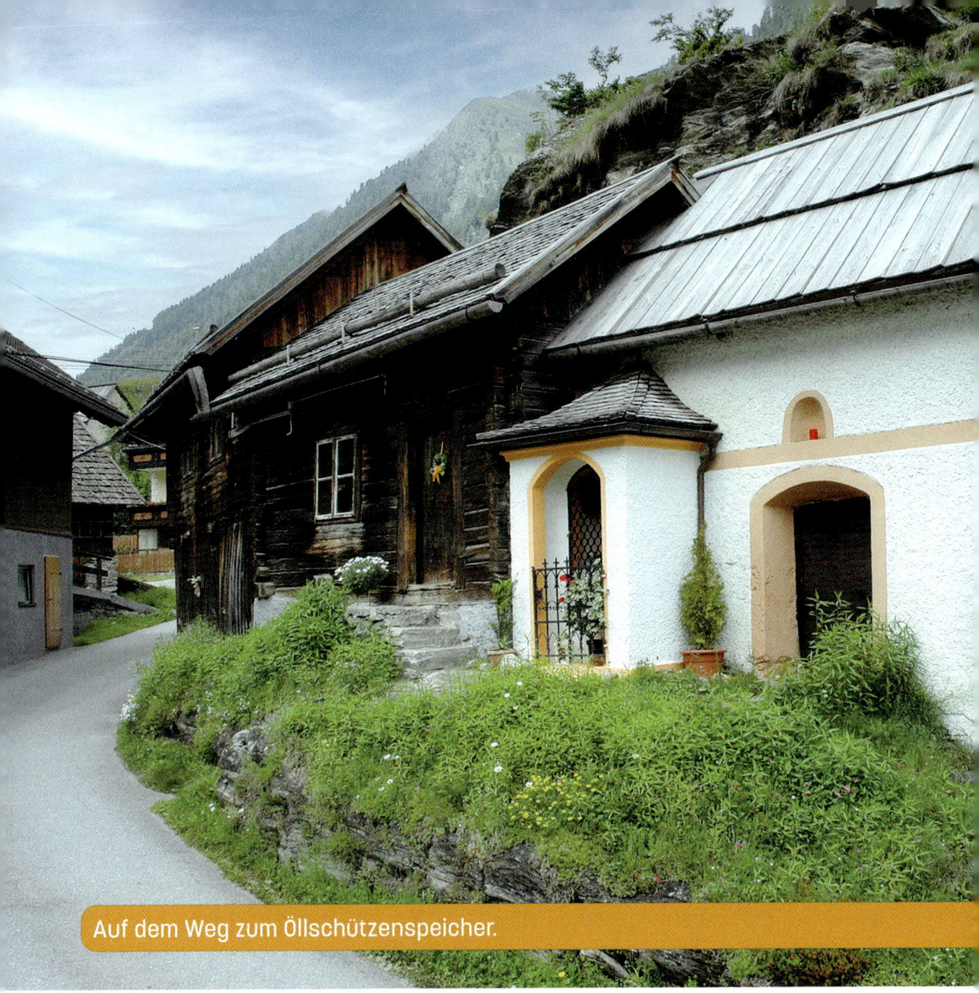

Auf dem Weg zum Öllschützenspeicher.

allem das Saatgut für das nächste Jahr. Neben Speck und sogar Geld kamen auch Leinenballen und Wolle zur Aufbewahrung hinein.

Vom Grießner-Bauern geht es weiter in nordwestlicher Richtung, wo wir nach etwa einem halben Kilometer zu einer Geländestufe kommen und die Straße in zwei Kehren bis zu einem Gasthof geführt wird. Nach weiteren 500 Metern liegt auf der linken Seite der Straße, auf die wir vom Wanderweg einbiegen, der Öllschützenspeicher, der errichtet wurde, um die Leistung des Kraftwerks Murfall, das zur Kraftwerksgruppe Lungau gehört, optimal an den Stromverbrauch anzupassen.

Wir wandern bis zum nordwestlichen Ende des Sees und an seiner Südseite zurück. Nach etwa einem Kilometer kommen wir zur Ortschaft Reit, die vom Murfall dominiert wird. Danach geht es abwechselnd einmal links und einmal rechts der Mur entlang zurück bis in den Ort Muhr.

45 Miteinander von Natur und Technik

Kraftwerkweg in Hintermuhr

Regionalbus 700/710, Haltestelle Muhr-Ortsmitte · 15 km (hin und zurück) · 6 h · 600 hm · Kraftwerk im Berginneren

Kombinierte Rad- und Fußwanderung

Die Energiefrage, allem voran die Frage nach der Sicherung von Energie für das tägliche Leben und für die Aufrechterhaltung industrieller Produktionsketten, ist mit dem Ausbruch des von der Russischen Föderation initiierten Angriffskrieges auf die Ukraine zu einem höchst aktuellen Problem geworden. Ganz allgemein ist das Thema schon seit Längerem brandaktuell, zum einen wegen des Klimawandels und zum anderen wegen der daraus resultierenden Dringlichkeit in der Durchführung der Energiewende – von der Karbonisierung hin zu den erneuerbaren Energieträgern.

Die Zukunft der Energieversorgung, wie wir sie uns jetzt vorstellen können, wird auf den erneuerbaren Energien – gewonnen aus Solar-, Wasser-, Wind- und Bioenergie-Kraftwerken – fußen. Die Diskussionen um das Thema Windenergie in den alpinen Regionen laufen heiß. Deshalb kühlen wir uns ab und interessieren uns für die durch Wasserkraft gewonnene Energie. Und im Lungau gibt es sehr viel Wasser.

Aber wie ist der Ausbau von Wasserkraftwerken mit dem Schutzgedanken der Umwelt unter einen Hut zu bringen? Wer auf diese Frage möglichst anschauliche Antworten verlangt, sollte einen Ausflug nach Muhr unternehmen, wo in Hintermuhr 1991 das erste Kavernenkraftwerk im Bundesland Salzburg in Betrieb ging, das mittlerweile um eine Pumpspeicheranlage erweitert wurde. Alle wesentlichen Anlagen wie Krafthaus, Wasserüberleitung, Druckstollen sowie die Schalt- und Umspann-Anlage wurden dabei im Berg untergebracht. Der aufgeforstete Schutzwald dient zudem dem Lawinenschutz, so wie der Stausee Rotgülden Schutz bei Hochwasser bietet. Eine der Umweltschutz-Auflagen bestand darin, für den Bewuchs der talseitigen Dammböschung auf die Pflanzenwelt aus dem Staubereich zurückzugreifen, um eine möglichst naturnahe Gestaltung zu gewährleisten.

Zur Kraftwerkssgruppe Lungau der Salzburg AG zählen neben dem Pumpspeicherkraftwerk Hintermuhr das 1922 erstmals in Betrieb gegangene Kraftwerk Murfall, das Kraftwerk Rotgülden sowie das Kraftwerk Zederhaus. Insgesamt werden jährlich 150 Millionen Kilowattstunden Strom erzeugt,

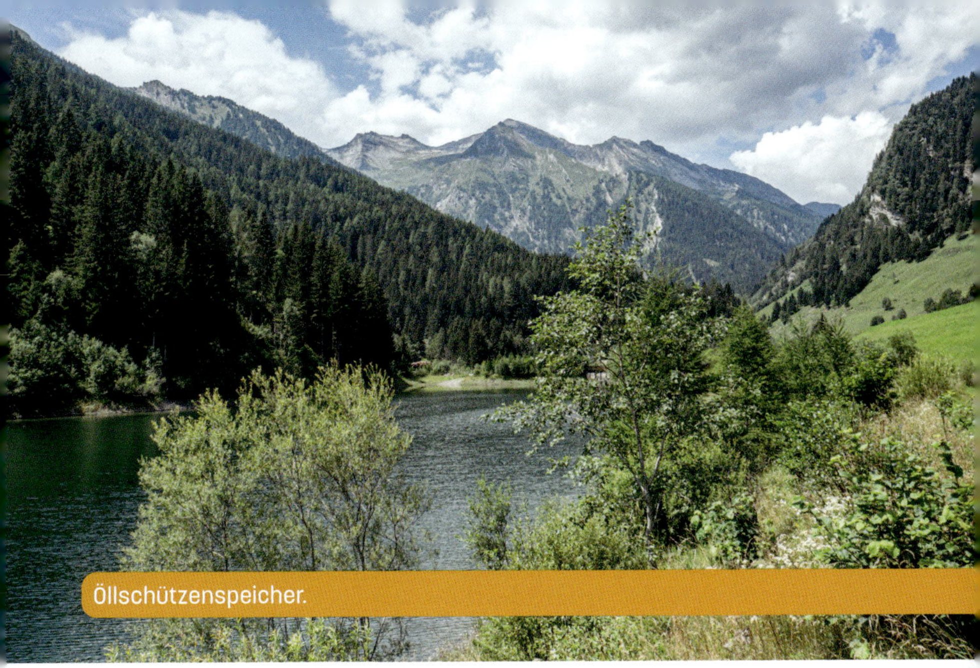

Öllschützenspeicher.

womit die Versorgung des Lungaus selbst bei großräumigen Störungen gewährleistet ist.

Wir beginnen mit dieser Tagestour, die wir teils mit dem Fahrrad und teils zu Fuß zurücklegen, beim Speicherkraftwerk Hintermuhr, wo wir im Rahmen einer Führung nicht nur Einblicke in die Besonderheiten eines Kavernenkraftwerks geboten bekommen, sondern auch die stärkste Turbine begutachten, die derzeit im Land Salzburg im Einsatz ist. Aus der Unterwelt der Stromerzeugung ans Tageslicht zurückgekehrt, fahren wir auf dem Mur-Radweg taleinwärts zum Öllschützenspeicher und erinnern uns an all die historischen und technischen Daten über das Kraftwerk Murfall, wofür der Speicher 1949 zur Optimierung der Produktion errichtet wurde. Mittlerweile arbeitet der erweiterte Speicher, der aktuell ein Fassungsvermögen von 150 000 Kubikmeter aufweist, als Teil des neuen Pumpspeicherkraftwerks und ist mit dem Rotgüldenspeicher verbunden. Dass es sich dabei um einen angelegten Speichersee – aus dem natürlichen See wurde ein Stausee – handelt, nimmt der Besucher erst auf den zweiten und dritten Blick wahr.

Anschließend radeln wir weiter taleinwärts, bis wir zum Arsenhaus kommen, wo sich der Weg gabelt. Wir stellen die Räder ab, halten uns beim Informationskiosk des Nationalparks Hohe Tauern links und folgen der Beschilderung des Lehrpfads. Beim See oben angekommen, staunen wir darüber, wie wenig von der Staumauer und den anderen technischen Einrichtungen zu sehen ist. Zurück nehmen wir die Aufschließungsstraße und radeln auf dem Mur-Radweg bis zum Kavernenkraftwerk zurück.

Brauchtum

Die Lungauer lieben ihr Brauchtum und fühlen sich der Tradition verpflichtet. Sie sind ganz bei der Sache, ohne sich dabei von einem heiligen Eifer antreiben zu lassen. Und sie feiern gerne und bleiben dabei am liebsten unter sich. Folklore mag woanders funktionieren, die Lungauer sind dafür weniger gut geschaffen.

So gibt es in den meisten der 15 Lungauer Gemeinden zusätzlich zum landesüblichen Festkalender Veranstaltungen, bei denen alle Bewohner auf irgendeine Art und Weise beteiligt sind. Die Prangstangen in Zederhaus und Muhr sind ein markantes Beispiel dafür, die Samson-Umzüge ein anderes.

Bevor in Zederhaus am 24. Juni und in Muhr am 29. Juni, dem Hochfest von Peter und Paul, die üppig mit Blumen bestückten Prangstangen in einer feierlichen Prozession durch den Ort und schließlich in die Kirche getragen werden, beschäftigen wochenlange Vorbereitungen das gesamte Dorf. Es ist nicht wirklich belegt, was es mit dem damals gegebenen Gelübde auf sich hat. War es tatsächlich die häufig beschriebene Heuschreckenplage, die kahle Wiesen zurückließ, auf denen nur die Blüten der Margeriten nicht dem Fraß zum Opfer fielen? Oder ist der Brauch doch vielmehr ein Überbleibsel der barock-opulenten Schauumzüge, die von den Kapuziner-Mönchen veranstaltet wurden, um der Bevölkerung in gegenreformatorischer Absicht Geschichte und Themen aus der Bibel – und damit den katholischen Glauben – wieder näherzubringen? Indizien gibt es für beide Auslegungen der Legende, denn die Verwüstung einer Landschaft und der Ernte durch Heuschreckenschwärme ist eine der zehn biblischen Plagen. Deshalb erscheint es auch nicht gänzlich ausgeschlossen, dass die Prangstangen im Sinne einer präventiven Maßnahme durch den Ort getragen werden. Am Gelübde wurde auch in Kriegszeiten festgehalten, während der Zeit des Nationalsozialismus ersetzte man das biblische Signum IHS durch das Hakenkreuz. Selbst die Pandemie konnte der Tradition nichts anhaben. So wurde im kleinen Kreis mit sieben Prangstangen und einer Messe unter freiem Himmel das Gelübde wiederholt.

Wie es das Schicksal wollte, standen just in diesem Sommer die Wiesen in voller Farbenpracht, sodass es ein Leichtes war, die etwa 60 000 Blüten pro Stange zu sammeln. Neben unendlich vielen Margeriten sind es vor allem Kohlröschen, Frauenmantel, Arnika, Wundklee und Pechnelke, die den Stangen das bunte Gepränge verleihen. Die Blütenblätter der Pfingstrosen ergänzen die Blumenauswahl.

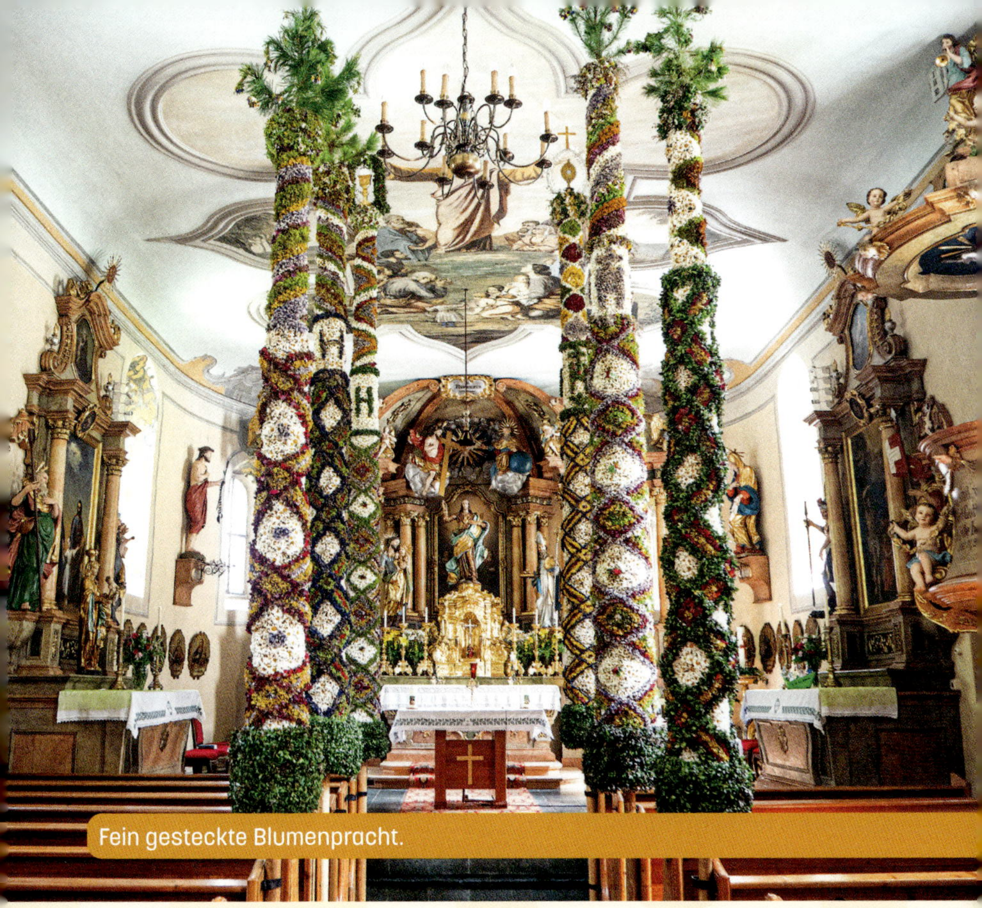

Fein gesteckte Blumenpracht.

Obwohl die Stangen bis zu 80 Kilogramm schwer sein können, ist es noch zu keinen gröberen Unfällen gekommen, zumindest ist in den Chroniken nichts Entsprechendes vermerkt. Jeder Träger hat einen Aufpasser an seiner Seite, der beim Anheben und Abstellen der Stangen behilflich ist. Sollte doch einmal eine Stange zu Boden gehen, wird schnell gehandelt. Das Ornamentum oder der „Boatzen", die Zirbenbaumspitze, wird wieder an der Stangenspitze befestigt und ohne großes Aufsehen erhebt sie sich rasch wieder über die Köpfe der Festgemeinde.

Während die Prangstangen in Lungau auf die Gemeinden Zederhaus und Muhr beschränkt bleiben, tritt der Riese Samson, meist von zwei Zwergen begleitet, in acht Lungauer Gemeinden auf: Mariapfarr, Mauterndorf, Muhr, Ramingstein, St. Andrä, St. Margarethen, St. Michael und Unternberg. Auch Wölting – heute Tamsweg eingemeindet – hat einen eigenen Riesen. Als die Lungauer 2021 über ihre Samsone in einem Schönheitswettbewerb abstimmten, kürten sie den von Krakaudorf zum feschesten, auf den Plätzen 2 und 3 landeten die Riesen von Tamsweg und Ramingstein.

Im Brauchtumskalender der Lungauer Samson-Gemeinden sind in der Regel jährlich drei Umzüge eingetragen. Traditionell hat der Samson zu Fronleichnam und zum Patronatsfest der Pfarrkirche seinen großen Auftritt. Über die Ursprünge der Riesenfigur wurde und wird nach wie vor viel spekuliert. Einig sind sich die Historiker jedoch darin, dass der Samson ein Überbleibsel jener großen, von den Kapuzinermönchen veranstalteten Umzüge ist, die die Bevölkerung wieder zum katholischen Glauben zurückbringen sollten. Fürsterzbischof Paris Graf Lodron berief den Orden in der ersten Hälfte des 17. Jahrhunderts in den Lungau, um die Einwohner wieder „katholisch zu machen". Doch nach 120 Jahren war ihre Zeit auch schon wieder abgelaufen, denn ihre Volksfrömmigkeit passte nicht in das Konzept der aufgeklärten Geister. Es war Fürsterzbischof Hieronymus Graf Colloredo, der das ehemalige Kloster in ein Verwaltungsgebäude umwandeln ließ.

Doch die Riesen hatten ganz offensichtlich die Herzen der Lungauer längst erobert und bereits ab Mitte des 19. Jahrhunderts tauchten sie wieder auf. Ein Gemeinderatsbeschluss von 1859 führte schließlich zur offiziellen „Rehabilitierung". Ab 1900 stand das Samsontragen in Tamsweg, St. Michael, Mauterndorf und Muhr wieder im Festkalender; weitere Gemeinden folgten. St. Margarethen hatte zwar erst ab 1927 einen Samson – er gelangte durch einen Erbfall von Unternberg hierher –, dieser wurde allerdings nur wenige Male herumgetragen und geriet bald in Vergessenheit. Dafür darf sich der Ort damit brüsten, mit einem der schwersten Riesen des Lungaus aufwarten zu können. „Groaß muaß a nit sei, oba schea!" So wurde es 2001 in der Samsonversammlung beschlossen. Als der Neue anlässlich des Patronatsfestes der Pfarrkirche erstmals der Öffentlichkeit vorgestellt wurde, hatte er schon etwas Speck verloren, soll heißen, er wurde durch Umbauten leichter gemacht. Die Prozedur sollte sich ein paar Jahre später wiederholen. Offiziell wird der Riese von St. Margarethen in der Rangliste mit einer Größe von 6,10 Metern und einem Gewicht von 95 Kilogramm geführt. Diese Last wird nur von einem Mann geschultert, dem jedoch eine Handvoll „Aufhaber" zur Seite stehen: jene Männer, die beim Anheben und Abstellen behilflich sind und auch während der Prozession einspringen, sollte es beim Walzertanzen zu Komplikationen kommen.

Neben den großen Lackeln und den blumengeschmückten „Wolkenkratzern" in Form der Prangstangen sind es vor allem die Kasamandln – listige und lustige Spukgestalten –, die neben den vielfältigen Osterbräuchen eine Lungauer Besonderheit darstellen.

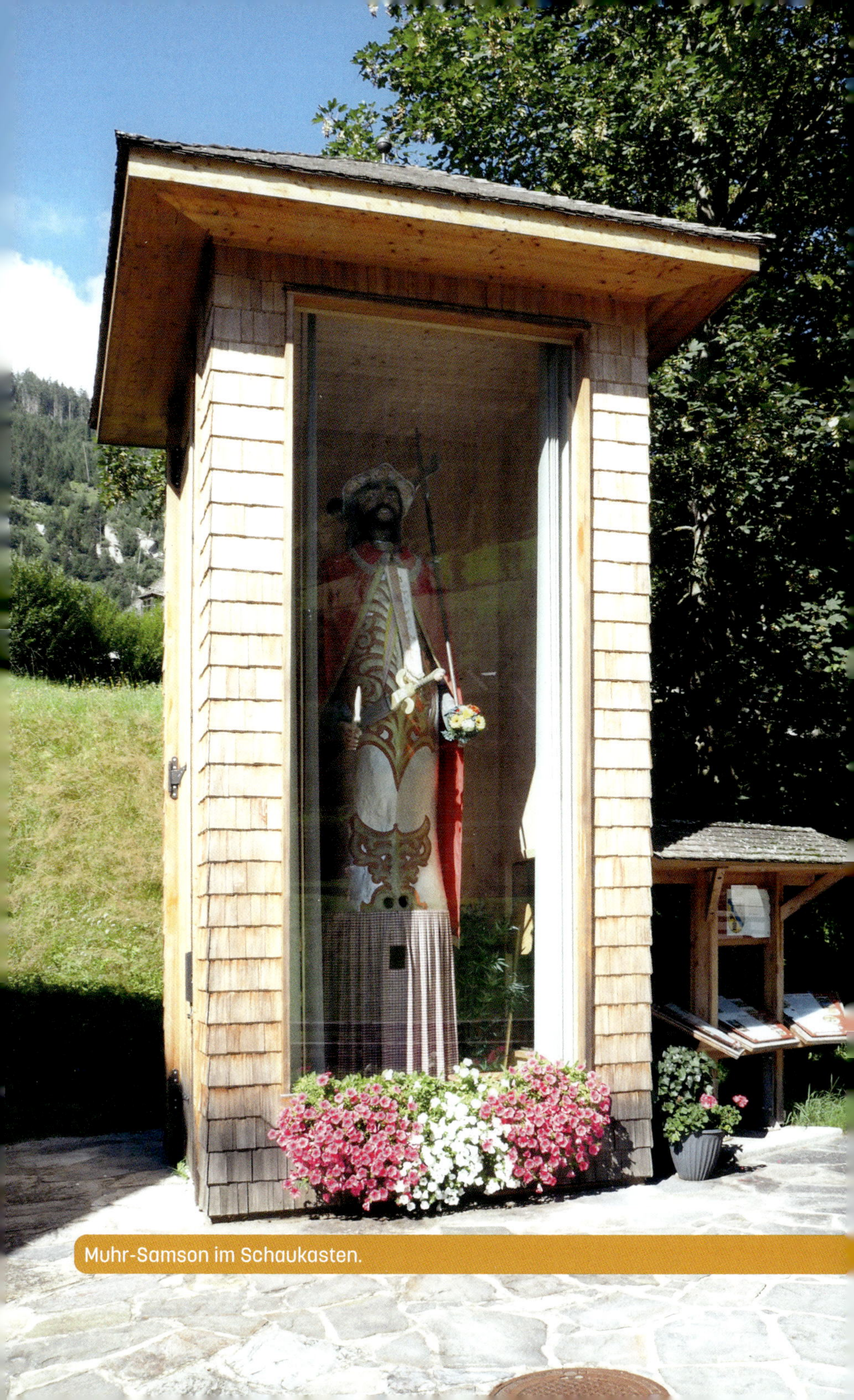

Muhr-Samson im Schaukasten.

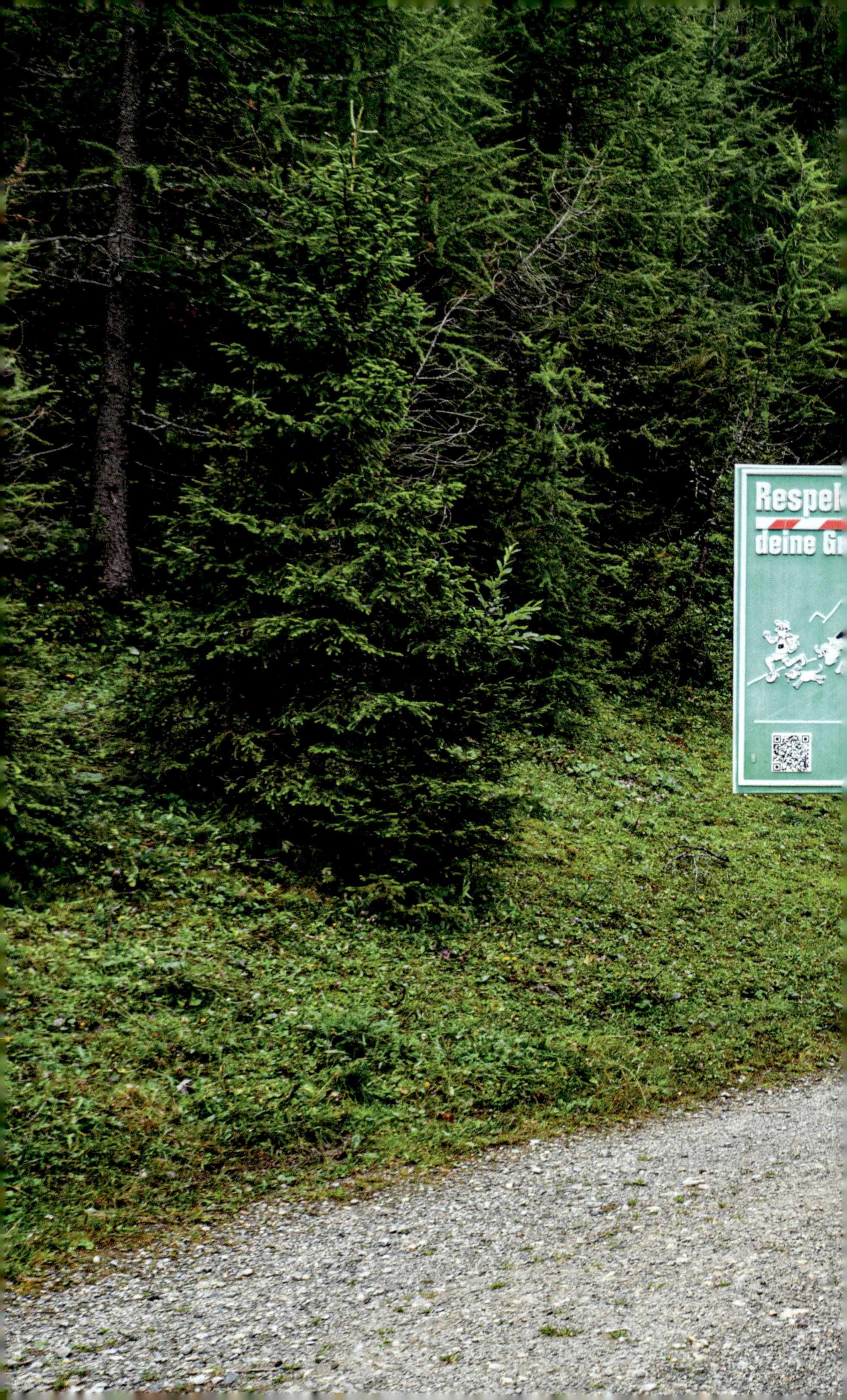

Abschnitte der Weitwander- und Radwege
im Lungau

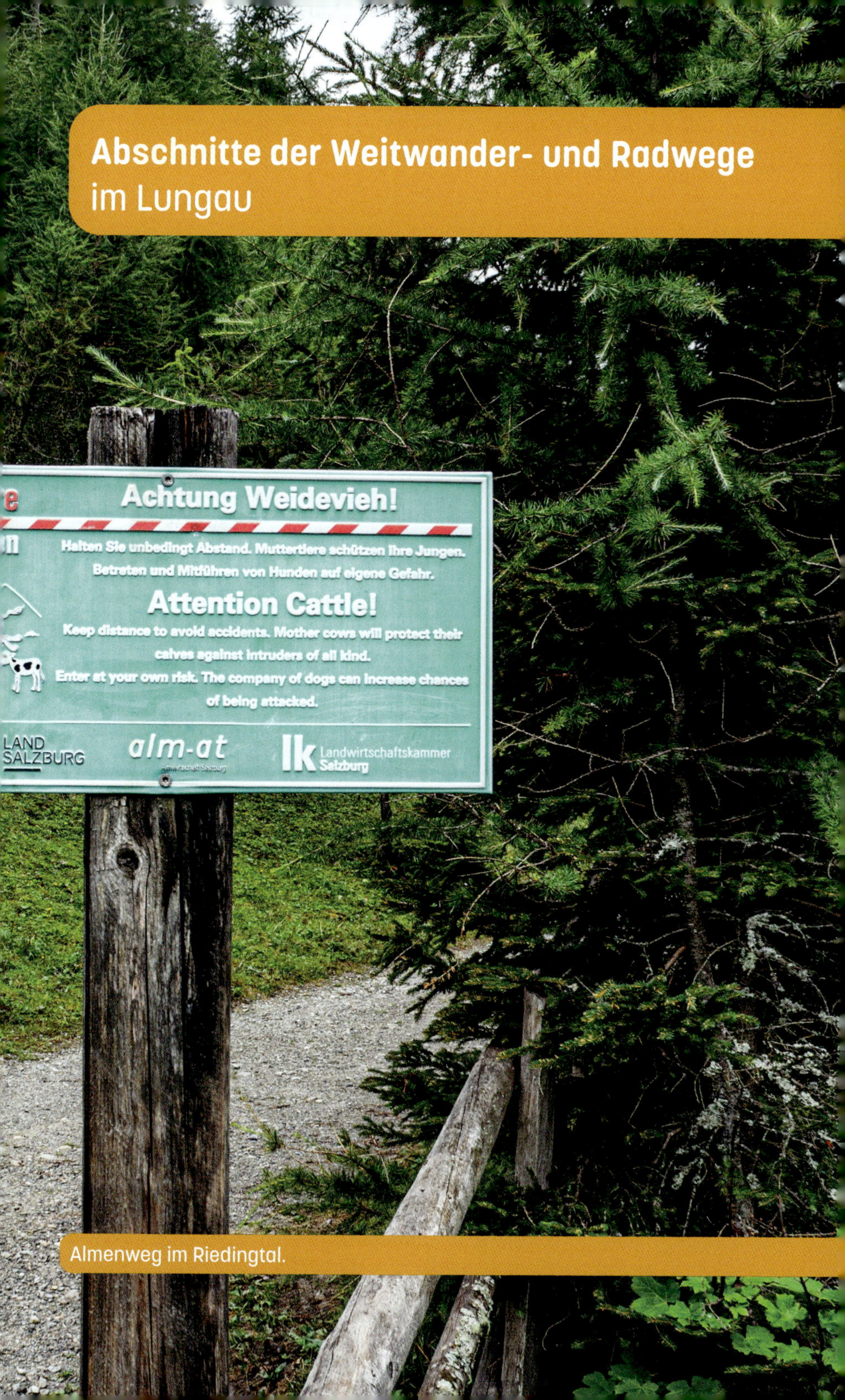

Almenweg im Riedingtal.

Abschnitte der Weitwander- und Radwege
im Lungau

Weitwanderwege

Arnoweg

Dieser Weg, auf dessen Abschnitten das Land Salzburg in seinen heutigen Grenzen umwandert werden kann, ist nach dem Salzburger Bischof Arno, er war auch Abt von St. Peter, benannt. Er wurde auf Weisung Kaiser Karls des Großen im Jahr 798 n. Chr. zum Erzbischof erhoben. Aus Anlass des 1200-jährigen Jubiläums der Erzdiözese wurde der Rundwanderweg, der an das europäische Fernwegenetz angeschlossen ist und weitgehend auf bereits vorhandenen gewesenen Wegen geführt wird, angelegt. Im Rupertiwinkel, an der Grenze zu Deutschland, und südlich von Großglockner und Sonnblick, an der Grenze zu Kärnten, verlässt er Salzburger Boden. In seiner längsten Variante umfasst der Arnoweg eine Strecke von 1200 Kilometer.

In den Lungau führt der Arnoweg über das Murtörl, einen alten Übergang vom Pongau in den Lungau. Vorbei am Mururspsrung verläuft der Weg im Weiteren über Schrovinscharte und Rotgüldensee nach Muhr, wo er den Nationalpark Hohe Tauern verlässt und in südlicher Richtung über die Kämme der Nockberge entlang der Grenze zwischen Salzburg und Kärnten. Den nächsten Abschnitt bildet die Strecke von Ramingstein über die Ortschaft Keusching nach Tamsweg. Von dort führt er zunächst weiter ins Lessachtal. Über die Wildbachhütte läuft der Weg anschließend vom Lessachtal ins Göriachtal. Vorbei am Almdorf geht es auf dem letzten Abschnitt hinauf zu den Landawirseen und von dort in den Pongau auf die nördliche Seite der Schladminger Tauern.

Lungauer Kulturwanderweg

Das weitverzweigte Wegenetz dieses Kulturwanderwegs umfasst die meisten Orte des Lungaus und ist gut ausgeschildert. Der Weg führt uns zu den jeweils kulturhistorisch bedeutsamen Plätzen, Bauten und Denkmälern. Darüber hinaus wird auch auf die Verbindungswege zu den jeweiligen Nachbargemeinden verwiesen. So kann, unabhängig davon, in welcher Gemeinde begonnen wird, der gesamte Lungau abschnittweise durchwandert werden. Wenn der Kulturwanderweg als Weitwanderweg durch den gesamten Bezirk geplant wird, könnte die Wegstrecke folgendermaßen verlaufen: Tamsweg – St. Andrä – Lessach – Göriachtal – Mariapfarr – Weißpriach – Mauterndorf – St. Michael – Zederhaus – Muhr – Leißnitzbachgraben bei St. Margarethen – Bundschuhtal – Thomatal – Ramingstein – Dörfl – Tamsweg – Unternberg – St. Margarethen – Tamsweg.

Pilgerweg

Leonhardsweg

Der Weg wurde 2008 ins Leben gerufen, um an die frühere Tradition der Wallfahrten nach St. Leonhard anzuschließen. Die 1990 wieder begründete Erzbruderschaft an der Wallfahrtskirche St. Leonhard zu Tamsweg zählt es zu ihren Aufgaben, diese Tradition lebendig zu halten.

Der Pilgerweg beginnt in der Stadt Salzburg und führt über Bad Vigaun, Annaberg, Filzmoos und Forstau auf den Oberhüttensattel in den Schladminger Tauern. Auf der Tauern-Südseite geht es durch das Weißpriachtal entlang der Lonka nach Weißpriach. Von dort führt der Weg über Mariapfarr in die Ortschaft Mörtelsdorf, die zu Tamsweg gehört, und schließlich nach Überquerung der Mur auf den Vorhügel des Schwarzenbergs, wo die spätgotische Wallfahrtskirche St. Leonhard steht.

Radweg

Mur-Radweg

Der Mur-Radweg wird als einer der abwechslungsreichsten Radwege innerhalb Österreichs geschätzt. Ausschlaggebend dafür ist, dass er die Mur fast von der Quelle an begleitet. Jedenfalls liegt der offizielle Start auf einer Höhe von 1 752 Metern. Nach 465 Kilometern endet er in Bad Radkersburg an der österreichisch-slowenischen Grenze.

Der Lungauer Abschnitt führt von der Sticklerhütte im hinteren Murtal über Muhr nach St. Michael und Unternberg sowie weiter über Tamsweg und nach Ramingstein, wo die Mur in südöstlicher Richtung nach der Ortschaft Kendlbruck Salzburger Boden verlässt.

Register

Bildnachweis

Biosphärenpark Lungau: S. 123, 149
Bliem, Carina: S. 154, 155
Ferienregion Lungau/Biosphärenpark: S. 57 , 65, 70
Salzburger Lungau: S. 15 , 29, 32, 34, 118, 173
Schlick, Eva-Maria: S. 66
Shutterstock.com: St.Grafix S. 44;
Icons: Lightkite, Emiliya Hva, Reservir Dots, KASUE
TVB Salzburger Lungau Katschberg: S. 161
www.oberkaernten.info: S. 113
Alle weiteren Fotos stammen von Siegfried Hetz.
Karten: ARGE Kartographie

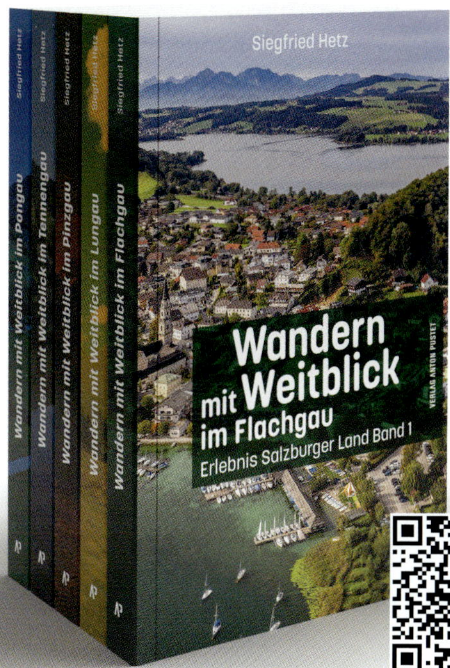
Siegfried Hetz
Wandern mit Weitblick im Flachgau
Erlebnis Salzburger Land Band 1
VERLAG ANTON PUSTET
Wandern mit Weitblick im Pongau
Wandern mit Weitblick im Tennengau
Wandern mit Weitblick im Pinzgau
Wandern mit Weitblick im Lungau
Wandern mit Weitblick im Flachgau